초고령사회,
조직의
지속가능한 미래

초고령사회, 조직의 지속가능한 미래
고진수 · 남재혁 지음

초판 인쇄 2025년 05월 10일
초판 발행 2025년 05월 15일

지은이 고진수 · 남재혁
펴낸이 신현운
펴낸곳 연인M&B
기 획 여인화
디자인 이희정
마케팅 박한동
홍 보 정연순
등 록 2000년 3월 7일 제2-3037호
주 소 05056 서울특별시 광진구 자양로 73(자양동 628-25) 동원빌딩 5층 601호
전 화 (02)455-3987 팩스 02)3437-5975
홈주소 www.yeoninmb.co.kr
이메일 yeonin7@hanmail.net

값 35,000원

ISBN 978-89-6253-603-4 03320

정년연장 & 정년 후 계속고용 매뉴얼

초고령사회, 조직의 지속가능한 미래

고진수·남재혁 지음

기업 성과 향상과 고령자 고용 안정의
두 마리 토끼를 모두 잡을 수 있는 전략과 기법!

연인M&B

머리말

　2025년, 우리나라는 65세 이상 인구가 20%를 넘어 초고령사회에 진입했다. 기업 내 구성원들의 평균연령도 빠르게 상승해 2003년 37.1세에서 2023년에는 43.8세로 증가했다. 대한상의의 보고서(2023)에 따르면, 2030년 49.0세, 2035년 50.2세, 2050년 53.7세에 이를 것으로 예측된다.

　한국고용정보원은 저출산·고령화의 영향으로 우리나라가 장기 경제성장 전망치(2.1~1.9%)를 달성하기 위해서는 2032년까지 89.4만 명의 추가 인력이 필요할 것으로 전망했다.

　이러한 상황에서 정부와 정치권은 현재의 60세 정년을 넘어 더 오랫동안 일을 하게 하는 제도적 개선 방안을 논의하고 있다. 60세 정년 후 정년연장과 정년 후 재고용에 대해 노사 간의 의견은 엇갈리고 있다. 이런 제도적 논의와 별개로, 기업들은 고령화되는 재직자를 대상으로 능력 향상과 건강 및 안전관리를 통해 생산성을 높이고 인력 부족에 대처할 준비를 서둘러야 할 시점에 도달했다. 지금의 짧은 골든타임을 놓치면 인력 문제로 인해 심각한 어려움에 직면할 가능성이 크다.

　우리나라보다 먼저 고령화를 경험한 국가들의 기업들은 고령자에게 중요한 인적자원관리 핵심 영역을 관리하는 '연령관리(age management)'

를 시행해 왔다. 초고령사회에 진입한 우리나라 기업들도 조직의 지속 가능한 미래를 준비하기 위해 연령관리를 준비해야 한다. 이번에 60세를 초과하는 정년연장 또는 계속고용 조치를 한다면 연령관리 중 우선적으로 퇴직관리 영역부터 개선해 나갈 필요가 있다.

본 서는 우리나라보다 먼저 인력 고령화를 경험한 선진국 중 정년이 존재하고 유사한 연공급 임금체계를 갖고 있던 일본 기업들의 사례를 주로 참고하여 정년연장 또는 계속고용을 실현하기 위한 관리기법을 소개하고자 노력했다.

인사 제도는 당연히 우리나라의 실정과 기업의 상황에 맞게 설계되어야 수용성과 지속성이 보장된다. 그런 점에서 향후에 우리나라 선도 기업들의 다양한 사례가 축적되면 우리 기업들에게 보다 적합한 모델들을 소개할 수 있을 것으로 기대한다.

모쪼록 본 서가 60세 이후 또는 65세 이후 고용을 설계하는 기업들에게 기업 성과와 고령자 고용 안정이라는 두 마리 토끼를 모두 잡을 수 있는 전략과 기법을 제공하는 실마리가 되기를 바란다.

2025년 3월
저자 일동

| 차례 |

제2편 기업 운영사례

제1장 정년연장

제3장 무정년과 정년 폐지

제1편
정년(고용)연장 이론과 실무

제1장 현상 분석과 인력 활용 방향 설정

제1절 현상 분석

1. 인원 분석

가. 장래 직원 연령 분포 추계

인원 분석의 목적은 회사의 중장기적인 인원 구성(연령 분포)의 변화를 예측하는 과정에서 고령층 활용의 방향성을 검토하기 위함이다.

조직의 인원 구성의 변화에 관한 기본적인 방향에 대해서는 장래에 고령층의 비중이 증가/감소 중 어느 방향으로 갈 것인가, 그래서 실제로 조직이 그 상태가 되었을 때 어떤 문제가 발생할 것인가를 추정하여 대안을 찾으려는 것이다(森中謙介, 2020).

가장 단순한 인원 분석 기법은 직원의 연령 구성의 변화 흐름을 계산하는 방법이다. 예를 들어 현재 직원 수가 200명인 경우 200명을 유지한다는 가정하에 5년 후, 10년 후, 15년 후의 구성원 연령 변화를 계산한다(〈그림 1-1〉 참조).

〈그림 1-1〉 구성원의 연령 분포 변화(10년 후)

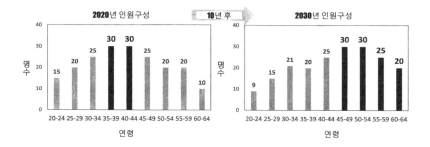

우리는 기본 모델에서 현재 인원이 계속 유지된다고 가정했다. 그러나 실제로는 입직과 퇴직으로 인원 변동이 상시로 발생한다.

정년을 65세로 정하고 퇴직자가 있으면 그해에 퇴직 인원만큼 신입사원을 채용한다고 가정할 수 있다. 또한, 인원수를 고정하지 않고 최근 몇 년간 정년퇴직률과 직원입직률을 가정하여 설정할 수도 있다.

그렇지만 우리는 현상 분석의 단계에서 장래의 조직의 운영상 과제를 쉽게 찾으려고 단순화된 기본 모델을 검토한 것이다.

나. 인원 구성의 기본 패턴과 특징

회사의 구성원의 연령 분포에 대해 장래 예측을 해 보면, 고령자를 활용함에 있어서 특징적인 패턴을 발견할 수 있다. 중년층이 적은 표주박형(ひょうたん型), 중년층이 많은 마름모꼴형(ひし型), 고령층이 많은 와인글라스형(ワイングラス型), 피라미드형(ピラミッド型), 역피라미드형(逆ピラミッド型), 사다리형(はしご型), 종형(釣鐘型)이 있다(パーソル総合研究所, 2020. 11.).[1] 앞의 4가지 유형은 고령층 편중 유형, 뒤의 3가지 유형은 청년층

---

1) 일본의 퍼솔켈리총합연구소의 800개 기업 대상 '기업의 시니어 인재 매니지먼트에 관한 실태조사(2020)'에서는 고령층 편중 조직인 표주박형 25.8%, 마름모꼴형 23.0%, 와인글라스형 22.0%, 역피라미드형 13.3%, 청년층 편중 조직인 피라미드형 4.9%, 사다리형 4.0%, 종형 2.1%로 나타났다.

편중 유형이다.

여기서는 고령층 편중 유형 중 가장 많이 나타나는 표주박형, 마름모꼴형, 와인글라스형의 3가지 패턴의 특징을 살펴보자(森中謙介, 2020).

〈그림 1-2〉 인원 구성의 기본 패턴

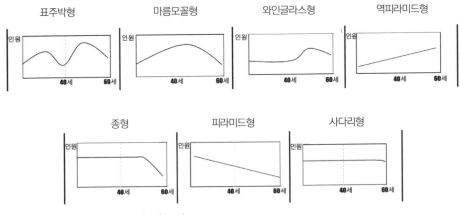

자료: パーソル総合研究所(2020)

(1) 표주박형(ひょうたん型) 조직

표주박형 조직은 20대 후반과 30대 초반, 40대 후반과 50대 초반 연령층의 인원수는 많으나 30대 중반부터 40대 초반 연령층의 인원수가 적다.

현재 40대 후반~50대 초반 베테랑 연령층이 많아서 안정적인 조직 구성이라고 할 수 있다. 그러나 5년 후, 10년 후에는 퇴직 연령에 근접한 고령층이 급증하고 관리자급 기간 인력이 매우 부족하게 된다.

그런 측면에서 표주박형 조직은 중장기적으로 고령층을 활용할 필요성이 매우 높다. 이 경우 고령층의 역할은 다음의 두 가지 중 하나가 될 수 있다. 즉, ① 그들이 현역의 관리자 역할을 계속하게 한다. ② 권한을 후배에게 이양하고 후진 양성을 하게 한다. 어느 방향으로 결정하는가에 따라 그들에 대한 처우도 달라져야 한다.

전자의 경우에는 몇 년간의 정년연장 또는 고용연장을 해서 고령층을 현역으로 계속 활용하고, 후자의 경우에는 청년층에 대한 발탁 인사를 확대하고 고령층이 그들에게 조기에 핵심 기술을 전승시키는 등의 대책을 강구해야 한다.

(2) 마름모꼴형(ひし型) 조직

마름모꼴형 조직은 30대 후반부터 40대 초까지 중간층이 큰 피크 존(peak zone)을 형성하는 특징을 보인다. 고령층의 활용 측면에서는 표주박형보다 문제는 적다고 할 수 있다. 현재의 시점에서 고령층의 절대인원수는 적고 피크 존이 고령층에서 형성되기까지는 10~20년 정도의 시간적 여유가 있다.

그렇다고 하더라도 중년층이 대량으로 정년을 맞을 때가 오기 때문에 그 전에 중장기적인 고령층 활용 대책을 마련해야 한다. 즉 가까운 장래에 발생할 수 있는 포스트 부족 문제에 대비할 필요가 있다.

조직을 확대한다면 부족한 포스트를 해결할 수 있으나, 조직을 그대로 유지한다면 고령층을 자회사나 계열사로 출향(出向) 또는 전적으로 보내거나 그들을 전문직으로 활용하는 방안을 고려할 수 있다.

다음으로 연공급 임금체계를 가진 경우 장기적으로 인건비 증가에 대한 대책을 마련해야 한다. 중년층 연령대에서 높은 생산성을 유지하기 어렵다면 그 연령대 임금 수준을 낮추고 이를 재원으로 청년층과 고령층의 임금 수준을 높이는 제도 개선을 할 수도 있다.

〈그림 1-3〉 임금커브의 재설계

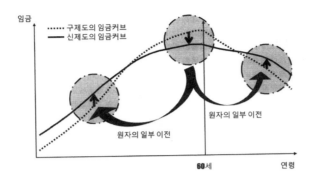

또한, 세컨드 커리어(second career) 지원 제도, 명예퇴직제 등을 도입하여 적정 이직률을 확보하는 대책도 검토해 볼 수 있다.

(3) 와인글라스형(ワイングラス型) 조직

와인글라스형 조직은 고령층이 매우 많은 유형이다. 이 유형은 고령층 활용을 다음과 같이 두 가지 방향으로 검토할 수 있다.

첫째, 현재 고령층의 평생 현역화를 추진한다. 청년층과 중년층 인력이 부족하기 때문에 인력 부족을 해결하기 위하여 정년(고용)연장을 기본으로 하는 인사 제도 개혁을 검토해야 한다.

둘째, 고령층 평생 현역화를 추진하되, 고령층 개개인의 특성에 따라 활용함으로써 의도적으로 조직의 활력을 유도한다.

(4) 역피라미드형 조직

마지막 고령자 편중형 조직에는 역피마미드형이 있다. 인원 구성의 특징과 인력 활용 대책은 와인글라스형과 거의 같다.

2. 인건비 분석

인건비 분석을 하는 목적은 중장기적으로 회사 조직의 인원 구성(연령 분포)이 변하는 과정에서 최적의 고령층 활용을 실현하기 위해 인건비 측면에서 합리화를 기하기 위함이다.

인건비 측면에서는 기본적으로 전사적인 고령화에 동반한 총액 인건비의 상승을 어떻게 억제할 것인가를 결정해야 한다. 또한, 정년 후 계속고용 시 고령층 사기 저하를 극복하려고 단순히 임금 인상을 할 것이 아니라 개인의 역할의 크기와 직무의 성과에 따라 임금의 최적화 달성을 추구하는 것이 바람직하다. 그래야 사내 임금 수용성과 사외 경쟁력(임금 매력도)을 동시에 확보할 수 있다(森中謙介, 2020).

가. 총액 인건비

고령층을 활용함에 있어서 중장기적으로 총액 인건비가 어떤 추이를 보일 것인가를 예측하는 것은 매우 중요하다. 총액 인건비 계산은 인원 분석과 함께 이루어져야 효과를 발휘할 수 있다.

향후 5년 후, 10년 후 조직에 있어서 고령층 인원 구성의 비율이 높아진다. 먼저 인원 분석을 전제로 총액 인건비를 예측하는 가장 간단한 표준적인 방법에 대해 살펴보자. 기존의 인원수를 그대로 유지한다고 가정하자. 또 연령별 평균임금을 그대로 유지한다고 가정하자. 그러면 현재 인원의 연령 변화를 반영하여 5년 후 또는 10년 후 연령 계층별 인건비를 산출할 수 있다(〈표 1-1〉 참조).

여기에 승진(평균 소요년 수를 반영)과 승급, 베이스업, 연령별 평균 이직률 등을 반영하면 근사한 값을 도출할 수 있다.

〈표 1-1〉 인건비 변동 예측

[현재 인건비]

(단위: 만 원, 명)

연령	평균연봉	평균인건비	인원수	총인건비
20-24세	3,040	3,648	15	54,720
25-29세	3,910	4,692	20	93,840
30-34세	4,700	5,640	25	141,000
35-39세	5,620	6,744	30	202,320
40-44세	6,370	7,644	30	229,320
45-49세	7,360	8,832	25	220,800
50-54세	7,620	9,144	20	182,880
55-59세	7,510	9,012	20	180,240
60-64세	4,506	5,407	10	54,072
계			195	1,359,192

[10년 후 인건비]

(단위: 만 원, 명)

연령	평균연봉	평균인건비	인원수	총인건비
20-24세	3,040	3,648	20	72,960
25-29세	3,910	4,692	10	46,9200
30-34세	4,700	5,640	15	84,600
35-39세	5,620	6,744	20	134,880
40-44세	6,370	7,644	25	191,100
45-49세	7,360	8,832	30	264,960
50-54세	7,620	9,144	30	274,320
55-59세	7,510	9,012	25	225,300
60-64세	4,506	5,407	20	108,144
계			195	1,403,184

총액 인건비가 급격히 상승하는 것을 억제하기 위해서는 두 가지 방향을 설정할 수 있다. 첫째, 고령층 인원을 계획적으로 줄여서 인건비를 줄여 나가는 방안이다. 둘째, 고령층을 현역으로 적극적으로 활용하되, 임금 수준을 삭감하는 방안이다. 이때 고령층 임금 수준만 삭감하지 말고 전사적으로 임금커브를 재설계하는 방안을 고려할 수 있다.

나. 개인별 임금

고령층의 개인별 임금의 타당성을 검토할 때의 포인트는 두 가지이다. 즉, ① 고령층 자신의 납득감, ② 임금 수준의 대외적 경쟁력(매력도)이다.

첫째, 고령층 자신의 수용성이다. 정년 후의 계속고용 기간 중 임금 수준은 일반적으로 정년 전과 비교하여 하락하는 경우가 많다. 이 경우에 고령층들이 그들의 임금 수준을 수용하지 못하는 경우도 있다. 특히 정년 전과 동일한 직무를 하면서 임금 수준이 감소하는 경우에는 합당한 이유를 들어 수용할 수 있게 하는 것이 중요하다.

둘째, 임금 수준의 매력도이다. 고령층의 임금 수준을 장기간 그대로 두어 결과적으로 동종업계 타사보다 낮게 유지되는 경우가 있다. 그 경우 우수 인력의 유출은 불가피하다. 기업의 고령층 임금 수준을 정하는 임금 정책에는 선도 전략, 동행 전략, 추종 전략이 있다.

〈표 1-2〉 임금 수준 추진 전략

구분	선도 전략	동행 전략	추종 전략
보상	높은 보상을 제공	비슷한 보상을 제공	낮은 보상을 제공
전략	우수한 인적자원 확보 및 유지 구성원들의 보상에 대한 불만을 최소화	대부분의 조직들은 동행 전략을 시행	재정상태가 좋지 않거나, 구성원에게 임금 이외 다른 욕구를 충족시키려 할 때 활용
장점	생산성 향상 우수한 인적자원 확보 및 유지	다른 업체들에 대한 견제가 가능	보상에 대한 부담 경감
단점	보상의 삭감이 어려움	우수한 인적자원 확보 어려움	우수한 인적자원 확보 어려움

3. 고용 환경 및 활용력 분석

고용 환경 및 활용력 분석에는 간이 분석과 상세 분석이 있다(森中謙介, 2020).

가. 간이 분석

간이분석 방법으로 일본의 고령장해구직자고용지원기구(高齡障害求職者雇用支援機構)가 발간한 65세 초과 고용추진 매뉴얼(2019)에서 제시한 '65세 초과 고용력 평가 체크리스트'를 소개한다.

회사 내 고령층 인원수가 적고 고령층 활용에 대한 의견이 계층별로 다른 경우에 이 간이 분석법을 사용하는 것이 좋다.

이 체크리스트는 60세를 넘은 고령자를 어떻게 활용할 것인가에 대한 힌트를 찾으려는 것이다.

다음 간이조사 질문지에서 각각의 항목에 대해 적합한 것 하나에 ○표를 하고 그 총점을 레이더 차트에 적는다.

〈표 1-3〉 간이조사 체크리스트

대항목	소항목	적합하다	조금 적합하다	조금 적합하지 않다	적합하지 않다
활용 풍토	회사는 고령 사원이 전력이라는 방침을 가지고 있다	4	3	2	1
	경영자와 관리자들은 60세 이후의 직원들에게 전력화의 중요성을 촉구하고 있다	4	3	2	1
	사업장의 모든 직원은 60세 이후의 직원이 회사에 있어서 전력인 것을 이해하고 있다	4	3	2	1
일하기 좋은 직장 만들기	업무 내용을 결정할 때는 60세 이후의 직원의 희망을 고려하고 있다	4	3	2	1
	업무 내용을 결정할 때는 60세 이후 직원의 강점과 약점을 고려하고 있다	4	3	2	1
	60세 이후의 직원이 일하기 쉽도록 시스템이나 배치 등을 개선하고 있다	4	3	2	1
성장 기회의 제공	60세 이후의 직원이 능력을 발휘하기 쉬운 직장이 되도록 궁리하고 있다	4	3	2	1
	50세 이후의 사람에 대해서도 교육훈련, 자기계발 지원을 실시하고 있다	4	3	2	1
	오래도록 전력으로 일할 수 있도록, 젊었을 때부터 전문 능력과 기능을 몸에 익히도록 하고 있다	4	3	2	1
전력화	60세 이후의 직원에게는 원칙적으로 지금까지와 같은 수준의 일을 시키고 있다	4	3	2	1
	60세 이후의 직원에 대해서도 평가를 실시하고 있다	4	3	2	1
	60세 이후의 직원에게도 상여금을 지급하고 있다	4	3	2	1
일의 동기 부여	60세 이후의 직원에게 상사와의 면담 기회를 마련하고 있다	4	3	2	1
	60세 이후의 직원에게 근로 의욕이나 능력의 유지 향상에 힘쓰도록 동기를 부여하고 있다	4	3	2	1
	회사의 기대와 역할을 60세 이후의 직원들에게 명확히 전달하고 있다	4	3	2	1

자료: 高齢障害求職者雇用支援機構(2019)

〈그림 1-4〉 활력도 레이더 차트

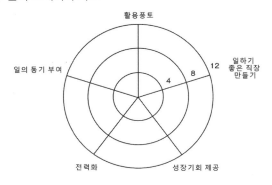

자료: 高齡障害求職者雇用支援機構(2019)

다음은 일본 고령장해구직자지원기구가 벤치마킹 기업(60~65세 직원의 활동상에 만족하고 있는 기업)들의 항목별 평균점을 기재한 레이더 차트와 설명 자료이다.

〈그림 1-5〉 일본 벤치마킹기업 레이더 차트

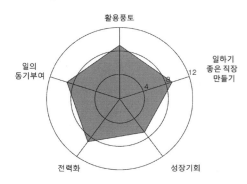

회사의 설문 결과와 〈표 1-4〉를 비교하여 점수가 적은 부분에 대해 해결 과제를 도출해 낼 필요가 있다.

〈표 1-4〉 간이조사 설명표

대항목	소항목	평균점	해설
활용 풍토	회사는 고령 사원이 전력이라는 방침을 가지고 있다	3.43	기본이 되는 항목이다. 회사의 기본 방침이라는 것을 보여 주는 것이 중요하다
	경영자와 관리자들은 60세 이후의 직원들에게 전력화의 중요성을 촉구하고 있다	3.08	이것이 핵심 포인트이다. 경영자나 관리자의 직원에 일에 대한 동기부여가 중요하다
	사업장의 모든 직원은 60세 이후의 직원이 회사에 전력인 것을 이해하고 있다	3.13	회사마다 차이가 나기 쉬운 항목이다. 경영자·관리자와 직원 간에 이해도 차이가 있는 경우가 있다. 직원에게 고령 직원의 역할 등을 알기 쉽게 보여 줄 필요가 있다
일하기 좋은 직장 만들기	업무 내용을 결정할 때는 60세 이후의 직원의 희망을 고려하고 있다	3.18	의외로 차이가 나는 항목이다. '고려'는 중요하지만, 지나친 '배려'를 하지 않는 것도 중요하다
	업무 내용을 결정할 때는 60세 이후 직원의 강점과 약점을 고려하고 있다	3.26	본인의 가치관과 흥미를 바탕으로 강점과 약점을 아는 것이 중요하다
	60세 이후의 직원이 일하기 쉽도록 시스템이나 배치 등을 개선하고 있다	2.73	시스템이나 배치에 더해 업무의 내용이나 작업 환경 등도 중요하다
성장 기회의 제공	60세 이후의 직원이 능력을 발휘하기 쉬운 직장이 되도록 궁리하고 있다	2.49	경험, 축적된 기능 등을 주저하지 않고 발휘할 수 있도록 하는 것이 필요하다
	50세 이후의 사람에 대해서도 교육훈련, 자기계발 지원을 실시하고 있다	2.23	잘 대응이 되지 않은 항목이다. 적어도 65세까지 일하는 것을 목표로 인재 육성 체계를 재구축할 필요가 있다
	오래도록 전력으로 일할 수 있도록, 젊었을 때부터 전문 능력과 기능을 몸에 익히도록 하고 있다	2.88	많이 차이가 나는 항목이다. 인센티브를 마련하는 등 적극 노력할 필요가 있다
전력화	60세 이후의 직원에게는 원칙적으로 지금까지와 같은 수준의 일을 시키고 있다	3.64	전력화를 결정하는 포인트이다. 가지고 있는 능력, 지식, 노하우를 살리려면 같은 직무를 하는 것이 우선이다. 본인의 힘이나 희망을 판별해 구체적인 역할이나 직무를 부여하는 것이 필요하다
	60세 이후의 직원에 대해서도 평가를 실시하고 있다	3.11	재고용 직원의 경우 평가를 실시하지 않는 경우도 있다. 그렇지만, 평가는 직무 성과에 큰 영향을 주는 중요한 포인트이다
	60세 이후의 직원에게도 상여금을 지급하고 있다	3.03	재고용 직원의 경우 상여금 지급은 직무 성과에 상당한 영향이 있다
일의 계기	60세 이후의 직원에게 상사와의 면담 기회를 마련하고 있다	3.07	기업 간 차이가 많이 나는 항목이다. '면담'은 기본 중의 기본이라고 할 수 있다.
	60세 이후의 직원에게 근로 의욕이나 능력의 유지 향상에 힘쓰도록 동기를 부여하고 있다	2.98	모티베이션 제고에는 자신이 쓸모가 있다는 실감(자기 효능감)과 이루어 낸 성과가 인정되는 것(승인)이 필요하다.
	회사의 기대와 역할을 60세 이후의 직원들에게 명확히 전달하고 있다	3.21	기업 간 차이가 나는 항목이다. 역할을 명확하게 전달하는 것이 중요하다

자료: 高齢障害求職者雇用支援機構(2019)

나. 상세 분석

상세 분석은 기업적 측면과 고령자 개인적 측면을 모두 살펴보아야 한다. 모리나카켄스케(2020)는 이 두 가지 측면을 모두 고려하는 체크리스트를 제시하였다. 물론 기업적 측면만 가지고 분석을 할 수도 있다. 후자인 연령관리(age management)에 대한 분석 수단으로 EU의 지침(Proposed European Code of Good Practice)과 캐나다 시니어 포럼의 체크리스트를 대표적 사례로 들 수 있다.

(1) 모리나카켄스케(森中謙介)의 체크리스트

고령자 고용 환경 분석을 위해서는 고령자 자신의 일에 대한 의욕에 대한 조사와 기업의 구조에 대한 조사를 함께해야 한다. 전자에는 일에 대처할 의욕 또는 일에 대한 보람, 일하는 방식에 대한 불안, 직장내 인간관계에 대한 불안, 금전 측면의 불안, 건강 측면의 불안 등이 있고, 후자에는 인사 제도(임금 제도, 평가 제도 등)에 대한 만족도, 업무 환경에 대한 만족도, 능력 개발 기회의 제공, 정년연장에 대한 희망 등이 있다.

모리나카켄스케(2020)는 구체적인 설문 항목을 개발하기 위한 관점을 다음과 같이 제시하였다.

〈표 1-5〉 상세 분석의 관점(예시)

구분	예비 고령층(55세~59세)	고령층(60세 초과 계속고용자)
계속고용제에 대한 이해	자사의 계속고용 제도에 대해 충분히 이해하고 있나	자사의 계속고용 제도에 대해 충분히 이해하고 있나
65세까지의 커리어 의식	몇 세까지 일을 하기를 원하나 60세를 넘어서도 일을 하기를 원하는 이유는 무엇인가	몇 세까지 일을 하기를 원하나 정년 후에도 계속고용으로 일을 하기를 원하는 이유는 무엇인가
	정년 후에는 어떠한 일의 방식(시간과 장소, 업무 내용)을 선호하나 자신의 스킬과 향후 성장(향상)에 대해 불안한가	60세 이전의 근무와 비교해 일을 대하는 기분은 변하였나 커리어 지속에 대한 의식은 높은가
65세까지의 생활 전반	60세 이후에 일과 생활에 대해 생각하는가 60세 이후 연간수입 감소를 상정해 저축하는 등 라이프 플랜을 세워 생활을 할 수 있나	현재의 일하는 방식과 처우에 대해 종합적으로 만족하나 향후에도 일을 계속할 수 있을지에 대해 불안과 장애가 있나
시니어 활용 직장 환경 정비	시니어가 회사에 대하여 완수해야 할 역할에 대해 생각하나 시니어에 대한 직장 환경 정비는 충분하다고 느끼나 시니어와 청년·중견 직원, 관리자 간의 협력관계는 양호하다고 느끼나	시니어로서 자신의 역할에 대하여 어떤 의식을 갖고 있나 시니어에 대한 직장 환경 정비는 충분하다고 느끼나 시니어와 청년·중견 직원, 관리자 간의 협력관계는 양호하다고 느끼나 시니어의 새로운 직무와 역할에 대해 생각할 수 있는 것은 무엇인가

 직원들에 대한 설문 조사와 면담을 실시한 후에 그 분석 결과를 다음과 같이 요약할 수 있다.

〈표 1-6〉 환경 분석 결과 요약 및 기본 방향 정리(예시)

구분	현행 제도의 과제		시니어 활용 기본 방향
	시니어(60세 이상)의 의견	관리자의 의견	
계속고용 이후 일하는 방식	본인의 의향에 따라 유연한 근무 제도 선택 → 계속 고용 후의 담당 업무의 업무량과 책임의 차이가 큼		(1) 유연한 일하는 방식의 실현 풀타임이나 파트타임을 선택할 수 있음
시니어의 역할	확실한 업무의 지속 지식과 기술의 전승 플레이어로서의 성과	통상업무에 더해 경험에 걸맞는 챌린지를 해 달라고 요청 후속자 육성 등 적극적인 지도자로서의 역할을 기대	(2) 활력을 가질 수 있는 영역의 확대 주체적으로 형성된 도전 목표에 대하여 회사가 기회를 부여(상응한 책임과 권한도 부여)
처우에 반영	인사 평가가 처우에 반영되지 않음	일률적인 평가가 아니라 일하는 방식과 도전의 내용에 대해 평가 기준의 변경이 필요하고, 성과에 대하여 시니어에게도 상응한 처우를 함	(1) 일하는 방식 개편에 맞는 평가 기준의 설정 파트타이머 코스에서는 인사 평가의 기준을 완화하고, 기본적으로 처우에 반영도 하지 않음
	평가자에 의한 피드백이 없음	시니어의 역할을 의식하게 하고, 그 수행도를 피드백함	도전 목표에 임하는 시니어는 목표 달성도에 상응한 처우(상여금 등)

(2) EU의 지침(Proposed European Code of Good Practice)

이 지침은 노동력 중에 고령자의 보유를 증진시키고 그들의 가치를 인식하도록 하기 위한 가이드라인으로서 8개국(독일, 스페인, 핀란드, 프랑스, 이탈리아, 네덜란드, 스웨덴, 영국)의 전문가들에 의해 만들어졌다. 기초조사는 European Foundation for Improvement of Living and Working Conditions가 7개 국가 150개 이상의 기업 사례를 조사하여 발간한 "Combating Age Barriers in Employment(1995~1998)"을 토대로 하였다.

Good Practice는 연령 장벽을 극복하거나 최소화하는 특별한 수단의 조합이고, 개인이 연령에 의해 불이익을 받지 않고 그들의 잠재력을 달성할 수 있는 작업 환경을 제공하는 일반적인 고용 또는 인적 자원 정책으로 정의된다(Walker, 1999, p.3).

① 학습, 훈련과 개발(Learning, Training and Development)

① 학습과 훈련 기회가 순수하게 직무특수적(job specific)이 아니라 경력 계획의 통합 부분이라는 것을 확실히 한다
② 모든 직원의 학습, 훈련과 개발 니즈가 정규적으로 검토되고 연령이 훈련의 장애로 활용되지 않도록 확실히 한다
③ 학습과 훈련 기회를 받아들이도록 모든 연령의 근로자를 권장한다
④ 훈련과 개발 기회를 제공할 때 조직의 니즈뿐만 아니라 개인의 니즈에 중점을 둔다
⑤ 다른 학습방식과 니즈, 이전의 직종과 기술의 다양성이 훈련의 전달에서 고려되도록 한다
⑥ 청장년 근로자와 관리자 간에 배우는 능력과 동기에 관한 부정적인 연령 고정관념과 싸운다

② 유연한 근로 관행과 작업의 현대화(flexible working practices and the modernization of work)

① 모든 수준에서 근로자들의 변화하는 니즈/능력을 만나도록 이용 가능한 전체 직무 범위에 대해 유연한 작업 기회가 제공되도록 한다
② 근로자들이 근로시간과 작업 조건에서 더 큰 유연성을 갖도록 한다
③ 작업 조건과 작업 조직에서의 전체 연령의 근로자가 변화의 실행에 포함되도록 권장하고 지원한다
④ 라이프 사이클의 다른 단계에서 돌봄 책임이 인식되고 다른 권리(예, 연금권)에 간섭하지 않게 한다

③ 작업장 디자인과 건강 증진(workplace design and health promotion)

① 신체적·정신적 쇠퇴를 예방·보상하고 나이듦(ageing)에 따른 변화를 고려하기 위해 작업장 설계를 창조적으로 한다
② 직무 관련 질병과 장애의 단축과 근로자들의 건강 증진을 목표로 한다
③ 근로자들이 건강한 라이프 스타일과 안전한 근무 관행을 유지하도록 권장한다
④ 고령자 재고용이 용이하도록 작업장 설계를 한다
⑤ 작업장에서 안전과 보건에 관한 모든 법률이 지켜지도록 한다

④ 채용(recruitment)

① 채용 광고에서 연령 제한이나 연령 범위를 정하지 않는다
② 광범위한 연령 범위에 도달해 유인하기 위해 광고를 겨냥한다
③ 후보자의 연령이 아니라 기술, 능력, 경험, 잠재성에 중점을 둔다
④ 직원 선발에 포함된 모든 사람들이 편견과 고정관념에 기반한 결정을 피하기 위해 훈련을 시킨다

⑤ 승진과 내부 직무 변화(promotion and internal job changes)

① 직무 수행에서 능력과 잠재성을 발휘한 모든 직원들에게 확실히 승진 기회가 주어지도록 한다
② 후보자를 가려낼 때 그들의 기술, 능력, 경험과 잠재성에 중점을 둔다
③ 승진 결정에 책임이 있는 모든 사람들이 편견과 고정관념에 기반한 결정을 피하기 위해 훈련을 시킨다
④ 조직 내외로부터 유연한 후기경력개발(late career development)을 위한 기회를 제시한다

⑥ 고용 종료와 퇴직 전환(employment exit and retirement transition)

〈고용 조정(redundancy)〉
① 고용 조정 후보자를 정할 때 연령이 아니라 객관적이고 직무 관련한 기준을 활용한다
② 파트타임 근로, 텔레워킹, 잡 셰어링, 경력단절(career breaks), 단기계약과 같은 고용 조정에 대한 유연한 대안을 찾는다
③ 고용 조정된 근로자들이 구직이나 재고용을 준비하도록 돕는다

〈퇴직(retirement)〉
① 가능한 한 개인에게 퇴직 방식에 대해 선택할 수 있게 한다
② 조직과 개인에 대한 영향을 평가하지 않고 조기퇴직을 활용하지 않는다
③ 유연한 작업 계획이나 유연한 또는 단계적 퇴직 계획을 활용한다
④ 근로자들이 원한다면 아웃소싱을 포함 연금수급 연령을 초과하여 일할 기회를 허용한다
⑤ 고령 근로자들이 퇴직하기 전에 그들의 경험과 기술을 완전히 활용하도록 한다
⑥ 근로자들에게 유용한 퇴직 준비를 하게 한다

⑦ 조직 내 변화 태도(changing attitudes within organizations)

① 부정적인 연령에 대한 고정관념의 수용과 활용에 도전한다
② 라인 관리자와 채용 관계자와 같은 핵심적 개인에게 연령 인지훈련을 도입하고,
　 이를 모든 근로자에게 확장하도록 한다
③ 연령 다양성의 혜택에 대한 메시지를 정기적으로 강조한다
④ 다른 조직의 good practice를 배운다
⑤ 단체협상에 연령차별 금지를 포함한다
⑥ 작업평의회(work councils)나 다른 조직에서 광범위한 연령 범위를 권장한다
⑦ 근로자들의 연령 다양성을 평가하기 위해 조직의 연령 파일을 정기적으로 분석한다
⑧ 이 good practice의 코드를 널리 확산시킨다

(3) 캐나다 시니어포럼(Canada Federal/Provincial/Territorial Ministers Responsible For Seniors Forum)

캐나다 시니어포럼의 체크리스트는 캐나다의 Federal/Provincial/ Territorial Ministers Responsible For Seniors Forum이 연령 친화적 사업장을 자체 평가하기 위한 도구로 개발해 제공하였다.

이 체크리스트는 4개 부문으로 구성되어 있다. 즉, 인적자원 계획(human resource planning), 채용(recruitment), 훈련과 개발(training and development), 보유(retention)이다(Canada, 2012).

이 체크리스트의 질문 한 항목당 1점을 부여하는데, 만점은 인적자원 계획 7점, 채용 14점, 개발 13점, 보유 33점으로 총 67점으로 되어 있다. 자체적으로 체크한 점수가 1~16점이면 '개선이 필요', 17~32점이면 '약간 연령 친화적', 33~48점이면 '연령 친화적', 49~67점이면 '매우 연령 친화적'으로 진단한다.

① 인적자원 계획(human resource planning)

* 각 질문에 해당하면 표의 오른쪽 빈칸에 체크(√)한다.

항목	체크
우리는 직원들의 연령 프로파일을 알고 있다	
우리는 퇴직의 재정적 및 비재정적 측면(예를 들어, 단계적 퇴직)을 포함한 효율적인 퇴직 계획을 지원한다	
우리 조직에서는 고령 근로자의 채용과 보유에 대한 이해가 잘 되어 있다	
우리는 근로자의 다양성(고령 근로자를 포함)을 인정하는 정책을 갖고 있다	
우리는 간호 휴가 후 복직 시 고용 안정성과 유연한 근로시간을 포함하는 간호 제공자인 고령 근로자를 인정하는 정책을 갖고 있다	
우리의 연금 계획은 근로시간의 점진적 감소와 연금 수혜의 증가를 동반하는 점진적 퇴직의 옵션을 제공한다	
우리는 질병 휴가로부터 복직한 근로자들의 특별한 니즈(인간공학적 작업장, 스케줄 등) 인정을 목표로 하는 정책을 실시하고 있다	

② 채용(recruitment)

* 우리는 채용 광고에 다음을 기술한다.

항목	체크
광범위한 경험과(또는) 기술의 보유	
다양한 배경	
다른 사항:	

* 우리는 지원자와 인터뷰를 할 때 우리는 다음과 같이 한다.

항목	체크
기술과 경험에 집중한다	
적절하다면 선발 패널에서 다른 연령의 사람을 활용한다	
지원자가 이동하고 커뮤니케이션하면서 인터뷰를 하도록 세팅을 한다.	
다른 사항:	

* 우리는 고령자들이 보기 쉽도록 채용 광고를 다음에 한다.

항 목	체크
지역 신문	
인터넷 채용 웹사이트와 인재은행	
쇼핑센터	
시니어센터 또는 지역고용센터	
채용 대행사	
전문가/노조/협회 뉴스레터	
다른 사항:	

③ 훈련과 개발(training and development)

* 우리는 다음과 같은 유연한 훈련 기회를 제공한다.

항 목	체크
OJC(on-the-job-coaching)	
동료 훈련(peer training)/장년과 청년근로자 교차 멤버십(cross membership between older and younger employees)	
개인별 훈련(individualized training)	
직무 순환(job rotation)	
교차 훈련(cross training)	
특별 프로젝트(special projects)	
직무 관찰(job shadowing)	
다른 사항:	

* 우리는 고령자를 포함한 모든 근로자의 기술 유지를 돕기 위해 다음을 행한다.

항 목	체크
훈련 니즈 평가를 한다	
근로자들의 개인별 학습 계획을 발전시키도록 돕는다	
근로자들이 승인된 훈련을 받도록 훈련비를 제공한다	
산업별 회의에 회비를 지원하거나 참여케 한다	
다른 사항:	

④ 보유(retention)

* 우리는 다음에 의해 근로자의 가치를 부여한다.

항목	체크
정기적으로 긍정적이고 건설적인 피드백을 제공한다	
직원들을 격려하고 그들의 의견을 경청하며 피드백으로부터의 제안을 실행한다	
정기적으로 직원과 미팅을 한다	
사업장에서 존경의 문화를 설정한다	
근로자들의 성취를 축하한다	
고령자가 조직과 함께 체류토록 하기 위해 그들이 필요한 것을 찾아내기 위한 체류 인터뷰(stay interview)를 행한다	
인생 전환 이슈(퇴직, 간호, 건강한 노후, 만설질병 예방 등)에 관한 정보를 제공한다	
접근이 용이한 빌딩의 지원기구를 활용해 개인의 니즈를 처리한다	
파트타임 근로자에게 유사하거나 비례배분한 혜택을 제공한다	
다른 사항:	

* 우리는 직무 수행과 관련 근로자를 지원하기 위해 다음의 편의를 제공한다.

항목	체크
확장된 전화 장비	
컴퓨터 스크린	
인간공학적 키보드/의자	
잘 보이도록 한 전등	
들기를 최소화한 신체적 작업 부담 감소	
어깨 위 작업과 자세 요구의 감소	
굽힘을 줄이는 악력 사용 도구나 긴 손잡이 도구	
과업의 각 단계별 시간을 증가	
다른 사항:	

* 우리는 다음과 같은 유연한 작업 옵션을 제공한다.

항목	체크
파트타임 작업	
파견 작업	
계절적 작업	
컨설팅	
직무 공유(job sharing)	
유연 근로시간	
텔레워크나 재택근무	
원격 근무	
단계적 퇴직 계획	
다른 사항:	

* 우리는 다음의 직원 교육을 한다.

항목	체크
연령차별을 포함한 차별법	
고령자 채용과 승진의 혜택	
사업장에서 고령화와 세대통합형 이슈의 논의와 처리의 중요성	
다른 사항:	

제2절 인력 활용 유형과 제도 설계의 방향 설정

1. 인력 활용의 유형

가. 모리나카켄스케 분류

모리나카켄스케(2020)는 고령자 인력 활용의 유형을 한정 활용형, 유연 활용형, 생애 현역형의 3가지로 구분했다. 이제 각각의 유형에 대해 구체적으로 살펴보자.

〈그림 1-6〉 고령층 활용의 3가지 유형

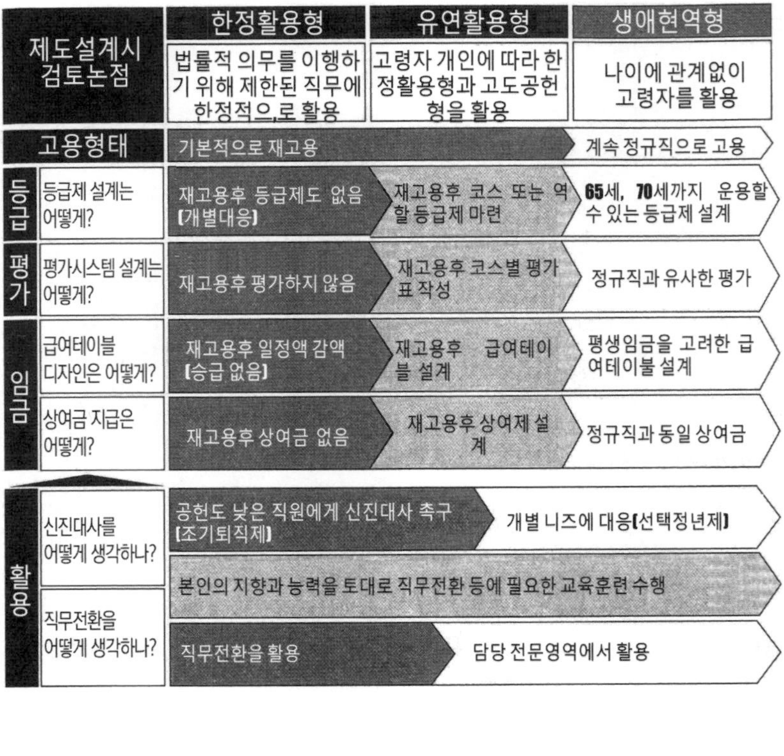

제도설계시 검토논점		한정활용형	유연활용형	생애현역형
		법률적 의무를 이행하기 위해 제한된 직무에 한정적으로 활용	고령자 개인에 따라 한정활용형과 고도공헌형을 활용	나이에 관계없이 고령자를 활용
고용형태		기본적으로 재고용		계속 정규직으로 고용
등급	등급제 설계는 어떻게?	재고용후 등급제도 없음【개별대응】	재고용후 코스 또는 역할 등급제 마련	65세, 70세까지 운용할 수 있는 등급제 설계
평가	평가시스템 설계는 어떻게?	재고용후 평가하지 않음	재고용후 코스별 평가표 작성	정규직과 유사한 평가
임금	급여테이블 디자인은 어떻게?	재고용후 일정액 감액【승급 없음】	재고용후 급여테이블 설계	평생임금을 고려한 급여테이블 설계
	상여금 지급은 어떻게?	재고용후 상여금 없음	재고용후 상여제 설계	정규직과 동일 상여금
활용	신진대사를 어떻게 생각하나?	공헌도 낮은 직원에게 신진대사 촉구【조기퇴직제】		개별 니즈에 대응【선택정년제】
		본인의 지향과 능력을 토대로 직무전환 등에 필요한 교육훈련 수행		
	직무전환을 어떻게 생각하나?	직무전환을 활용		담당 전문영역에서 활용

① 한정 활용형

제한 활용형은 고령자 고용에 대하여 법률적 최저 기준을 지키는 것을 우선하는 유형이다. 현상 분석의 결과 고령자 활용에 별다른 문제점이 없고 고령자 인원 증가도 적은 기업에서는 통상 이 유형을 선호할 것이다.

향후에 고령자에 요구되는 직무상 기대 역할과 책임의 범위도 제한되고, 정년연장 등도 적극적으로 추진되지 않는다.

② 유연 활용형

유연 활용형은 현상 분석 시 고령자 활용에 관하여 명확한 문제점이 있고 단기적으로 대응이 필요한 경우에 필요한 유형이다.

유연 활용형의 키워드는 '일하는 방식의 다양화, 능력과 성과에 따른 처우'로 표현할 수 있다. 유연 활용형은 제한 활용형과 같이 고령자 활용의 폭을 제한하지 않고, 생애 현역형과 같이 인사 제도를 고도로 정비하지 않아도 된다.

능력과 성과가 높은 고령자에게는 정년 이전 직원과 같이 높은 공헌을 요구해 그에 상응한 처우를 한다. 반면에 그렇지 않은 고령자에게는 업무량과 기대 역할, 책임을 줄이고 한정적인 공헌을 요구해 그에 상응하는 처우를 한다.

③ 생애 현역형

현상 분석 시 고령자 활용의 필요성이 높고 중장기적인 대응이 필요하면 생애 현역형을 선택해야 한다.

이 유형의 경우에는 정년연장을 포함한 제도 개선과 고령자 작업 환경 전반에 대해 검토를 할 필요가 있다. 물론 인사 제도 개혁은 난이도가 높지 않고 대처에 필요한 기간이 짧아야 제도 개편이 수월해진다.

나. 일본경영자단체연맹(日經連) 분류

일본의 경제단체인 일본경영자단체연맹은 활용 목적에 따라 인력을 장기축적능력 활용형, 고도전문능력 활용형, 고용 유연형으로 구분하고 있다.

〈그림 1-7〉 일본 일본경영자단체연맹의 인력 활용 유형

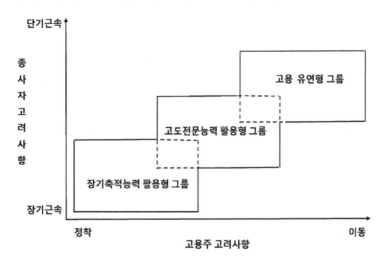

그리고 그러한 유형에 따라 다음과 같이 고용 형태와 처우를 달리해야 한다고 주장하였다.

〈표 1-7〉 일본 기업의 인력 유형별 고용 형태와 처우

구분	장기축적능력 활용형	고도전문능력 활용형	고용 유연형
고용 형태	무기 고용계약	무기 고용계약 또는 유기 고용계약	유기 고용계약
대상	관리직, 종합직, 기능 부문의 기간직	전문 부문(기획, 영업, 연구개발 등)	기능 부문, 판매 부문
임금	월급제와 연봉제 직능급 승급제	연봉제 업적급 승급 없음	시간급 직무급 승급 없음
상여	정률+업적 슬라이드	성과 배분	정률
퇴직금	포인트제	없음	없음
승진	역직 승진, 직능자격 승진	업적 평가	상위 직무로의 전환

자료: 日經連(1995), 新時代の日本的經營

다. 고령장해구직자지원기구의 분류

일본고령장해구직자고용지원기구(JEED)는 '70세 고용추진 매뉴얼 (2021)'에서 고령자 활용 방안을 활약 정도와 일하는 시간의 2가지를 기준으로 구분하고 있다.

먼저 고령기에 업무의 내용과 책임의 정도가 60세 이전과 같은가, 아니면 60세 이전보다 경감되는가에 따라 활동적 활약형(バリバリ活躍型), 무난한 활약형(ムリなく活躍型)으로 나누었다. 그리고 무난 활약형은 일하는 시간에 따라 풀타임형과 단일·단시간형으로 나누었다.

〈표 1-8〉 일본 JEED의 인력 활용 유형

순번	유형		업무의 내용과 책임의 정도	고려할 수 있는 고용 제도	고려할 수 있는 임금·평가 제도
1	활동적 활약형		60세 이전과 동일	정년연장 또는 계속고용	60세 이전과 동일
2	무난 활약형	풀타임형	60세 이전보다 경감 [예] 신체적 부담이 큰 업무를 제거	계속고용	60세 이전과 비교해 불합리한 처우의 차가 발생하지 않도록 계속고용을 위한 제도를 정비
3		단일·단시간형	타지역 전근을 수반되는 업무를 제거 역직에서 제외해 사내 어드바이저나 교육·연수 등 청장년층의 지원을 담당		

라. 이강성 외(2008) 분류

이강성 외(2008)는 우리나라보다 정년연장과 계속고용을 먼저 경험한 일본 기업에서의 고령자 활용 유형을 고용 기간과 정년과의 관계를 기준으로 '조기퇴직형', '정년퇴직형', '자사고용(自社雇傭)형' 및 '전적(轉籍)형' 등 네 가지로 구분하였다.

〈표 1-9〉 이강성 외(2008)의 고령자 고용 제도의 유형

고령자 활용 유형		고용 형태	특징
소극적 활용형			
	조기퇴직형	정년 이전 조기퇴직 선택	가산금 지급, 전직지원 서비스 등
	정년퇴직형	정년까지 고용보장	정년까지 임금 수준과 직무 유지
적극적 활용형			
	자사고용형	정년 이후에도 근무 기회 제공	정년연장형/정년 후 재고용형
	전적형	정년 후 다른 기업에 취업	업무위탁형/고령자 파견형/ 신규사업형

2. 제도 설계의 방향

기업은 외부 환경 및 경영전략에 따라 인적자원관리 전략을 수립하고 필요시 수정한다. 인적자원관리 전략 중 장기적인 관점에서 중요한 출발점은 인력 계획 수립이다. 인력 계획은 외부 환경이나 사업 내용 등에 따라 달라진다. 또, 일하는 사람들의 가치관이나 기술에 따라서도 달라진다.

고령자의 고용을 연장하려면 중장기적 인력관리 계획을 재수립하면서 인력 활용 목적을 분명하게 설정하고, 그 목적에 맞는 고용연장 유형(정년연장 또는 계속고용), 고용 형태와 근무 방식을 선택해야 한다. 그리고 고령자의 직무를 재설계하고 임금 제도를 수정해야 한다. 일반적으로 고령자의 능력과 기능 유형별로 고용연장 유형과 고용 형태와 근무 방식, 직무와 처우 변경은 다음과 같이 설정된다.

〈표 1-10〉 고령자 활용 유형별 고용연장과 직무 및 처우 변경

고령자 능력과 기능 유형	연장 유형	고용 형태	근무 방식	직무	처우
유지형	정년연장/무정년	유지	유지	유지	유지
감소형	계속고용	유지 또는 변경	유지 또는 변경	변경(축소)	변경(축소)

이때 인사 제도의 개정 시기와 폭, 외부 인력 활용 부문과 활용 정도 등에 대해서도 검토할 필요가 있다. 이와 관련하여 우리나라보다 먼저 고령화와 고용연장 경험을 한 일본 기업의 선례를 참고하는 것은 매우 유용하다.

고령자를 활용하는 효과는 '생산성 향상' 및 '품질 향상', '비용감소 (인건비 삭감)' 측면에서 파악할 수 있다.[2] 일본의 고령장해구직자지원기구의 「70세 고용 시대에 있어서의 일관된 인사관리의 본연의 자세 연구위원회」가 2013년 10월 1일~10월 28일에 설문 조사를 실시(4,203개 회수)하고, 종속변수인 활용효과와 설명변수인 고용률 및 인사관리 정비 상황의 관계를 계층적 다중회귀 분석을 하였다.

그 결과를 보면, 인사관리 정비 상황과 생산성 및 품질 향상 사이에는 양(+)의 관계가 있으나, 비용(인건비)과는 음(-)의 관계가 있다. 즉 인사관리의 정비가 진행되면 생산성과 품질은 향상되고 비용은 감소한다.

이를 고령자 고용 수준별로 볼 수 있다. 〈그림 1-8〉에서 보는 바와 같이 생산성과 품질 향상 효과는 고용률이 낮은 경우에 인사관리를 높게 정비할 때 그 향상 효과가 크게 나타나나, 고용률이 높은 경우

〈그림 1-8〉 생산성과 비용(인건비) 및 인사 제도 정비 간의 관계

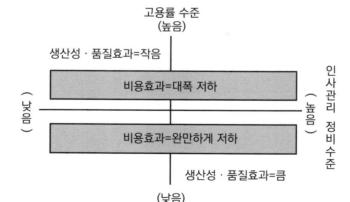

2) 이에 대해서는 高齡·障害·求職者雇用支援機構(2016), 高齡社員の人事管理と展望ー生涯現役に向けた人事戦略と雇用管理을 참조할 것.

에는 인사관리를 낮게 정비하면 그 향상 효과가 작게 나타난다. 한편, 비용 효과는 인사관리 정비 수준에 관계없이 고용률이 높은 경우에는 그 감소 효과가 크게 나타나고, 고용률이 낮은 경우에는 그 감소 효과가 완만하게 나타난다. 이와 같이 고령자의 고용 수준에 따라 인사 제도를 어느 정도 정비할지를 정하여 추진할 필요가 있다.

현재 일본 기업들도 우리나라 기업들처럼 연령과 직능 중심의 인사 제도를 직무 중심의 인사 제도로 전환시켜 나가고 있다. 과거에는 기업 내부에 입사한 인력만을 유지·관리를 하는 「인적자원관리 1.0」이 인적자원관리 핵심 정책이었다. 미쓰비시(三菱)UFJ 컨설팅은 과도기적으로 「인적자원관리 2.0」을 거쳐 미래에는 「인적자원관리 3.0」으로 전환해야 한다고 주장한다(三菱UFJリサーチ&コンサルティング, 2020).

〈그림 1-9〉 인적자원관리 1.0

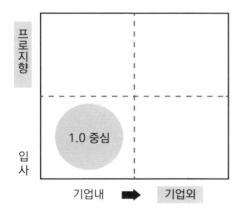

여기서 인적자원관리 2.0은 전문성이 높은 인력을 기업 내에 확보하거나 전문성이 약한 인력을 기업 외부에서 활용하는 유형을 의미한다. 그런데 기업 경쟁력을 갖추려면 인적자원관리 2.0을 넘어서 인적자원

관리 3.0으로 전환해야만 그러한 인력을 확보를 할 수 있다는 것이다.

〈그림 1-10〉 인적자원관리 2.0

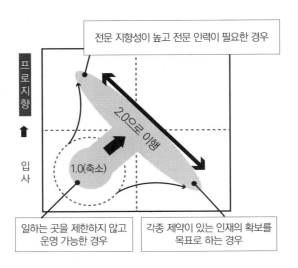

〈그림 1-11〉 인적자원관리 3.0

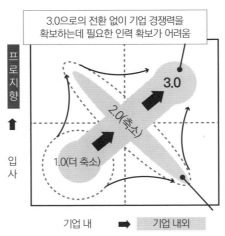

제2장 정년(고용)연장 제도의 재설계

제1절 생애적 퇴직지원 시스템 구축

1. 점진적 퇴직

전통적인 퇴직은 완전 고용(full employment)에서 완전 퇴직(complete retirement)에 이르는 후기 생애주기(the late life cycle)의 구조적 단절로 특징이 지워진다. 그러나 점진적 퇴직(gradual retirement)은 일 활동이 감소하는 기간을 포함하고 즉각적인 전환보다는 전환되는 과정을 의미한다(Quinn, 1999). 여기서 일의 감소는 경력 직업(career job)의 안팎에서 근로시간, 시간당 임금 또는 두 가지의 감소를 의미하고, 전환(Transitions)은 항상 덜 일하는 것으로의 변화만이 아니고, 노동시장 밖에서 일정시간을 보낸 후 비경력 직업으로 재진입하는 경우도 있다.

이러한 맥락에서 사용되는 용어는 점진적 퇴직(gradual retirement), 단계적 퇴직(phased retirement), 부분적 퇴직(partial retirement), 파트타임 퇴직(part time retirement), 유연한 퇴직(flexible retirement) 등이 있다(Tunga Kantarci & Arthur Van Soest, 2008).

본고에서는 점진적 퇴직이란 인생 후반기에 경력 잡(career job)에서 벗어나(고용주의 변화) 노동시장에서 완전히 은퇴하기 전에 재진입을 해 근로시간이 단축되거나 시간당 임금이 감소하는 일자리를 갖는 것으로 규정한다. 그런 측면에서 이에 근접한 광의의 개념은 점진적 퇴직(gradual retirement)이다. 이 점진적 퇴직 과정에서 갖게 되는 일자리를 브릿지 잡(bridge job)이라고 부른다(Quinn, 1999).

한편, 라이프 사이클에서 매우 큰 부분을 차지하는 행동으로 요약되는 특정한 퇴직 경로를 시퀀스(Sequence)라고 한다. 시퀀스에는 3가지 유형이 있다(Tunga Kantarci & Arthur Van Scoest, 2008).

첫째, 점진적 퇴직 없이 경력 잡(career job)에서 완전 퇴직(full retirement)으로 즉각 퇴장하는 유형이다. 둘째, 경력 잡 → 점진적 퇴직 → 완전 퇴직의 유형이다. 셋째, 점진적 퇴직에서 경력 잡 또는 완전 퇴직 이후 다시 점진적 퇴직으로 재진입과 같이 역전환이 이루어지는 유형이다.

〈그림 2-1〉 점진적 퇴직의 개념도

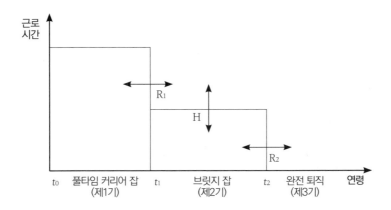

자료: Kevin E. Cahill et. al.(2006).

점진적 퇴직은 근로자들에게 풀타임 노동으로부터 완전 연금으로의 갑작스런 전환에 따른 연금 충격을 피하는 방법이고(Reday-Mulvey and Delsen, 1996), 스트레스를 줄여 주고 직업 만족도를 높여 주며, 노동자들에게 작업 팀의 지속적인 구성원 자격을 얻을 수 있는 기회를 제공하는 동시에 직장 밖의 활동을 개발할 수 있는 자유 시간을 제공한다. 한편, 고용주에게는 부드러운 형태의 인력 감축과 귀중한 기업 지식과 기술을 가진 사람들을 보유할 수 있는 비용 효율적인 기회를 제공한다. 고용주는 조정비용을 줄이고, 직업 만족도를 높여서 생산성을 높이고 결근을 줄이는 수단으로서 단계적 및 부분적 퇴직을 사용할 수 있으며(Reday-Mulvey, 2000), 직원들의 사기를 유지하거나 향상시킬 수 있다.

거시경제적으로는 조기퇴직 감소, 공식적 퇴직 연령(또는 노령연금 최초 수령 연령) 증가, 정상적 퇴직 연령 이후의 고용촉진을 가져온다. 한편, 고령 근로자가 일반적으로 좋은 자격을 갖추고 생산적이기 때문에 노동자 1인당 생산성을 높은 수준으로 유지하는 데 도움이 된다.

그러나 고용주가 종종 단계적 퇴직 또는 부분적 퇴직 기회의 창출을 꺼리는 이유가 있다. ① 시간당 임금을 줄이지 않는 한 근로시간 단축의 경우 고정비용이 더 들 수 있어서, 노동조합과의 합의를 해야 하는 경우 어려울 수 있다. ② 파트타임 직무의 경우에 생산기술 및 팀 생산과 작업 일정의 편성에 어려움이 있다. ③ 근로시간을 줄이면 고령자 OJT 훈련에 대한 고용주의 투자수익이 줄어 특수적 직무기술을 보유하기가 더 어려워질 수 있다. 한편, 단계적 퇴직의 대상자를 제한하는 경우 그에 해당 근로자는 새로운 일자리를 갖기 매우 어려워진다.

고진수 외(2023)가 통계청 2022년 말 현재 주민등록인구 시도별 45세~74세를 모집단으로 조사한 결과에 의하면, 우리나라 점진적 퇴직자 규모는 전체(45~74세)의 59.4%로 추정된다.

2022년 말 기준 우리나라 전체(45~74세) 점진적 퇴직자들은 24.3세에 직장생활을 시작하고 생애직장(가장 오래 다닌 직장)을 43.6세에 그만두었으며 72.7세까지 일을 하고 은퇴하고 싶어 하는 것으로 나타났다.

전체적으로 생애직장을 다니는 기간(19.3년)보다 생애직장을 그만둔 이후 점진적 퇴직의 기간(29.1년)이 훨씬 더 길다. 또한 점진적 퇴직기간도 2023년 현재 정년(60세) 이전의 기간(16.4년)만큼 정년 이후의 기간(12.7년)이 길게 나타나고 있다.

그들은 생애직장을 그만두고 나서 평균 2.13개 직장을 옮기는 것으로 나타났다. 생애직장을 그만두고 첫 번째 직장으로 이직하는데 1.54년이 소요되고 첫 번째 직장은 4.55년 재직하는 것으로 나타났다. 첫 번째 직장을 그만두고 두 번째 직장으로 이직하는데 0.46년이 걸리고 두 번째 직장에서는 3.63년 재직하는 것으로 나타났다. 또한, 두 번째 직장을 그만두고 세 번째 직장으로 이직하는데 0.26년이 걸리고 세 번째 직장에서는 2.85년 재직하는 것으로 나타났다.

본고에서는 생애직장을 그만두고 그 이후 첫 번째 직장을 그만둘 때까지의 기간을 1기, 첫 번째 직장을 그만두고 두 번째 직장을 그만둘 때까지의 기간을 2기, 두 번째 직장을 그만두고 세 번째 직장을 그만둘 때까지의 기간을 3기, 세 번째 직장을 그만두고 정년(60세)까지의 기간을 4기, 정년 이후 은퇴할 때까지의 기간을 5기라고 한다.

그렇다면 우리나라 2023년 현재 고령 퇴직자는 평균 생애직장 이후 5단계를 거치며 단계적으로 퇴직한다. 생애직장에서 퇴직한 이후 거

쳐 가는 직장에서의 재직 기간이 점차 짧아진다. 물론 경력단절 기간
도 점차 짧아지고 있다.

한편, 생애직장 이후 제1기부터 제3기까지 직업 구성비를 보면, 재취
업은 제1기에 85.8%, 제2기 87.5%, 제3기 93.4%로 증가하고 있고, 자
영업은 제1기에 14.2%, 제2기 12.5%, 제3기 6.6%로 감소하고 있다.

〈그림 2-2〉 점진적 퇴직자 직업인생 지도

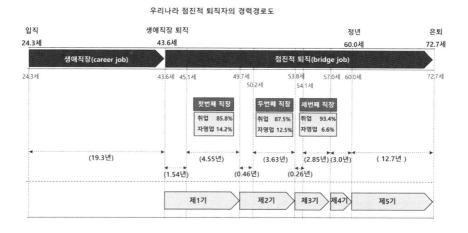

2. 고용 트랙과 세컨드 커리어 지원

개인은 비록 차이가 있지만 연령이 증가하면서 능력과 기능이 떨어
진다. 일반적으로 40대 중반 이후부터 생산성이 떨어진다고 알려져
있다. 개인이나 기업 모두 연령대별로 니즈와 기대가 다르게 나타날
수 있다.

청년기에는 개인은 임금 인상과 일과 생활의 조화를 추구하나 기업

은 그들이 활력을 갖고 학습과 훈련을 통해 생산성을 올리기를 희망한다. 중년기에는 개인은 재산 형성과 커리어 개발에 큰 관심을 가지고 있으나, 기업은 숙련과 능력 향상을 통해 성과를 올리기를 기대한다. 노년기에는 개인은 생활 안정과 고용 기회 확보에 관심을 가지나, 기업은 경험을 통한 판단력과 지도력을 발휘하기를 희망한다.

〈그림 2-3〉 연령대별 개인 니즈와 기업 기대

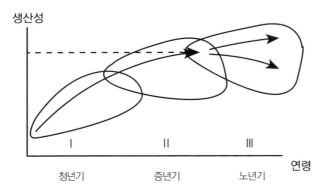

〈표 2-1〉 개인 니즈와 기업의 기대

구분	개인의 니즈	회사의 기대
I (청년)	임금 인상, 일과 생활의 조화, 자율활동	활력, 생산성
II (중년)	재산 형성, 자녀교육, 커리어 개발	숙련과 능력 향상, 일의 신뢰성과 충실성
III (고령)	생활 안정성, 기업에 대한 공헌, 계속적 고용 기회 확보,	경험, 판단력, 지도력

이러한 상황하에서 개인의 니즈와 기업의 기대 간의 갭이 커질 때 기업은 연령 단계별로 퇴직 경로를 만들어 주고 이를 지원하는 고용 관리 체계를 구축할 수 있다. 본고에서 이를 '생애적 퇴직지원 시스템'이

라 부르기로 한다.

일본 기업들은 이를 세컨드 커리어 지원 제도라고 부르고 있다.

과거 일본 기업들이 60세에서 65세로 정년을 연장하거나 계속고용을 할 때 근로자들이 선택할 수 있는 옵션은 대체로 3가지 코스가 있었다〈그림 2-4〉 참조).3)

첫째, 기존 정년(60세)에 퇴직하는 코스로 이를 통상정년 코스라 한다.

둘째, 해당 회사에서 재고용이나 정년연장으로 65세까지 고용을 연장해 주는 코스로 대체로 이를 고용연장 코스라 한다.

셋째, 통상정년 이전에 미리 퇴직하는 코스로 조기퇴직 코스라 한다. 이 경우에는 자회사 등 관계회사에 전적을 한다.

일본 기업들은 이러한 다양한 정년 트랙 중에서 근로자 스스로 선택을 하여 제2의 인생을 설계하도록 지원하고 있다.

〈그림 2-4〉 일본 기업 근로자의 정년 트랙 개념도

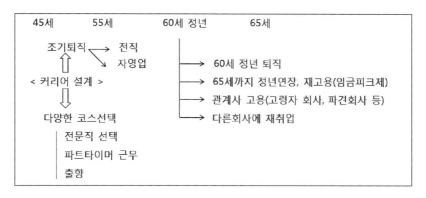

자료: 樋口美雄(2002), 日本型 ワークシェアリングの實踐, 生産性出版, p.145.

---

3) 현재는 대부분의 기업들이 70세 정년 또는 재고용을 도입해 나가고 있다.

이 중에서 정년(고용)연장 코스를 설계하는 방법은 다음과 같이 3가지 유형이 있다.

첫째, 단일 정년연장형이다. 하나의 새로운 정년(예를 들어, 만 65세)를 정하는 것이다.

둘째, 복수 정년연장형이다. 두 개 이상의 새로운 정년을 정해 선택하게 하는 것이다. 예를 들어, 일본의 쿄와엑시오는 60세 정년 당시 정년퇴직(60세) 이외에 55세 퇴직해 63세까지 재고용 코스, 57세 퇴직해 63세까지 재고용 코스를 두고 그중 근로자가 선택을 하게 했다.

셋째, 연장기간 선택형이 있다. 근로자가 고용연장 기간을 스스로 정하고 그 기간만큼 임금 삭감 기간을 연계시키는 것이다. 예를 들어, NEC는 60세 정년 당시 56세에 고용연장 코스를 선택하면 기존 정년(60세) 이후 선택 기간에 따라 고용연장과 임금 삭감을 했다. 즉 56세를 선택하면 그때부터 임금이 삭감되고 정년 후 4년간 고용연장이 된다. 57세를 선택하면 그때부터 임금이 삭감되고 정년 후 3년간 고용연장이 된다. 58세를 선택하면 그때부터 임금이 삭감되고 정년 후 2년간 고용연장이 된다. 59세를 선택하면 그때부터 임금이 삭감되고 정년 후 1년간 고용연장이 된다.

물론 정년(고용)연장 코스를 단일 정년연장형으로 정할 때에 이를 시행하는 방법은 2가지가 있다. 첫째, 특정 시점부터 즉시 시행을 하는 방법이다. 예를 들어, 2025년부터 65세로 고용을 연장한다. 둘째, 단계적으로 시행하는 방법이다. 예를 들어, NEC와 같이 2001년부터 61세, 2004년부터 62세, 2007년부터 63세, 2010년부터 64세, 2013년부터 65세로 연장을 한다.

그렇다면 근로자가 정년(고용)연장 코스를 선택하는 시점은 언제인가? 근로자는 자신의 생애설계를 하고 그에 따라 잔여 직업생활을 결정하게 된다. 기업도 고령자 관리를 위해 다양한 인사관리 방안을 마련해야 한다. 이를 위하여 노사 모두 사전에 준비를 할 시간이 필요하다.

이러한 준비 시간을 위해 일본 기업은 정년 몇 년 전에 선택하게 하는 경우가 많다.

제2절 직무재설계와 적합 직무 개발

1. 직무재설계

가. 필요성
인간은 누구나 태어나서 일정한 연령까지 기능적 능력(Functional capacity)이 신장되다가 정점을 이룬 후 다시 쇠퇴하게 된다.

〈그림 2-5〉 인간의 연령별 기능 커브

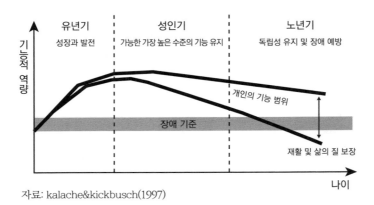

자료: kalache&kickbusch(1997)

체력은 전신 지구력이나 동체 시력 등 일부를 제외하고, 65세까지의 많은 고령자가 60세 이전과 동등한 능력을 가지고 있다. 지능에서 새로운 것을 기억해 새로운 환경에 적응하는 '유동성 지능'은 노화로 서서히 저하되는 반면에 지식이나 경험을 살려서 문제를 해결하는 '결정성 지능'은 노화에 의한 영향을 받지 않는다.

〈그림 2-6〉 결정성 지능과 유동성 지능의 연령별 변화

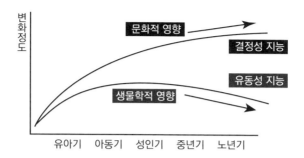

또, 일 참여도(활력, 몰입)는 연령이 증가함에 따라 상승하는 경향이 있다. 성격은 나이가 들면서 외향성이나 새로운 것에 대한 관심은 저하되는 반면에 주위에 대한 불안감이나 신중함, 겸허함 등은 향상된다.

〈표 2-2〉 연령별 능력의 변화

인자	내용	영향
외향성	활력, 긍정적 감정, 붙임성	저하
경험에 대한 개방성	새로운 사물에 대한 관심, 다양성 수용	
신경증 경향	불안감, 적대감, 충동성	향상
성실성	성실함, 정중함, 신중함, 책임감	
조화성	공감성, 허용성, 겸손함	

자료: 經團連(2024)

나가마치미츠오(1981)는 이를 가령(加齡: 나이 듦)의 5원칙으로 설명하고 있다.

① 생리적인 기능은 이른 시기부터 저하가 나타난다(제1원칙).

② 신체의 근력으로 말하면, 양손을 위로 올린 자세에서 발 근력으로

부터 가령(나이듦)이 시작되어 손가락 기능이 가장 늦게 저하된다(제2원칙).

③ 인공적으로 몸에 익힌 능력은 오랫동안 그 능력이 남는다(제3원칙).

④ 몸에 익한 능력은 오랫동안 사용하면 영원히 활용할 수 있는 능력이 될 수 있다(제4원칙).

⑤ 가령이 될수록 청년에게는 없는 우월한 능력과 기능이 만들어지는 것도 있다(제5원칙).

어쨌든 고령자에게는 연령관리(age management) 등을 통해 이러한 기능의 쇠퇴 속도를 늦추거나 적합한 환경을 갖추어 줄 필요가 있다.

나. 직무재설계 유형

직무재설계 과정이 끝나면 직무는 다음과 같은 3가지 유형으로 변경될 수 있다.

〈그림 2-7〉 직무재설계 유형

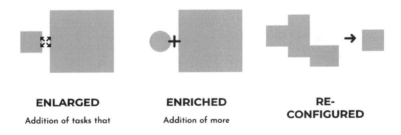

자료: https://sha.org.sg/job-redesign

즉, ① 유사한 책임이 있는 과업을 추가하는 직무 확대(JOB ENLARGED), ② 더 힘들고 어려운 과업이나 추가 교육이 요구되는 과업을 추가하는 직무 충실화(JOB ENRICHED), ③ 직무를 조직의 목표에 보다 밀접하게 맞추기 위해 직무 간에 과업, 의무 또는 책임을 이동시키는 직무재구성(JOB RE-CONFIGURED)이다.

고령자의 경우 직무재설계의 주목적은 직무의 부담을 줄이기 위한 것인 만큼 여기에서는 직무재구성에 초점을 맞추고자 한다. 직무재구성은 직무분할(Contraction)을 통하여 이루어진다. 일반적으로 직무분할은 다음과 같이 3가지 유형이 있다.

〈그림 2-8〉 직무분할 유형

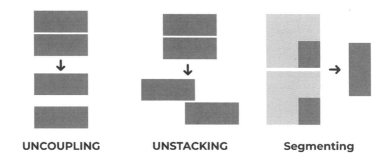

UNCOUPLING　　　　**UNSTACKING**　　　　**Segmenting**

즉, ① 동일한 수준의 두 작업으로 작업을 분리하는 수평적 직무분할(Uncoupling), ② 서로 다른 수준의 두 작업으로 작업을 분리하는 수직적 직무분할(Unstacking), ③ 다른 일에서 일부를 빼고 새로운 일로 결합시키는 분할형 직무분할(Segmenting)이다.

Campion M. A.(2005)는 여기에 2가지 유형을 추가하여 설명한다.

즉, ④ 기술의 발전, 해외 직무 도입 등을 통해 새로운 형태의 직무를 만드는 직무개발(emerging), ⑤ 새로운 조직 구성원들의 기술에 맞게 직무를 만드는 기회적 고용(opportunistic hiring)이다.

〈그림 2-9〉 Campion의 직무분할 유형

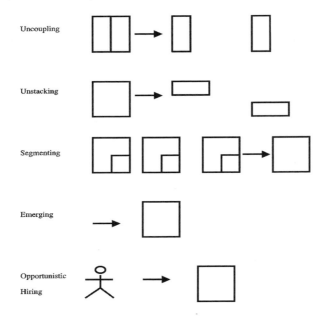

자료: Campion, M. A. et al.(2005), Work redesign

다. 직무재설계 기법

직무재설계(Job redesign)는 한 직무에서 어떤 작업이 어떻게 이루어져야 하는지를 다시 보는 것을 포함한다. 이것은 과업, 의무와 책임을 포함한 직무 요소들을 수정함으로써 이루어질 수 있다.

직무재설계는 다음과 같이 다양한 이점을 갖고 있다.

- 민첩한 인력을 창출시킨다
- 생산성을 향상시키고 운영비용을 절감시킨다
- 인력 소요를 감소시킨다
- 직원 경험을 개선시킨다

- 고객의 경험을 고양시킨다

고령자에게 적합 직무를 부여하기 위한 직무재설계에는 하향식 직무재설계와 상향식 직무재설계가 있다. 나가마치미츠오는 전자를 '생애적 직무재설계'라 명명하였고(長町 三生, 1981), Wrzesniewski와 Dutton(2001) 등은 후자를 '잡 크래프팅(job crafting)'이라고 명명하였다. 직무(재)설계와 잡 크래프팅은 다음과 같이 유사점과 차이점을 갖고 있다(Workforce Austrailia, 2019).

〈표 2-3〉 생애적 직무재설계와 잡 크래프팅의 유사점과 차이점

유사점	차이점
직원들은 자신이 생산하는 일에 대해 개인적으로 책임감을 느끼고 더 넓은 사업 내에서 자신의 일의 중요성을 이해한다. 직무재설계와 잡 크래프팅은 모두 역할에 더 많은 다양성을 도입하여 직원의 참여와 직무만족을 향상시킨다. 직무재설계와 잡 크래프팅을 통해 추가적인 유연성(하이브리드 작업이나 단축된 시간 등)을 도입할 수 있다.	직무재설계는 경영진이 주도하나, 잡 크래프팅은 직원이 주도한다. 그래서 잡 크래프팅은 직원들의 역할에 더 많은 책임감을 갖고, 그들의 참여와 만족을 증가시킨다. 잡 크래프팅을 통해 직원들은 자신의 가치와 동기에 맞는 특정 작업을 선택할 수 있다. 직무재설계는 조직에서의 역할을 이해하기 위해 과거의 관행에 의존할 수 있고, 잡 크래프팅은 혁신과 새로운 역할 구상 방법을 필요로 한다.

(1) 하향식 직무재설계(생애적 직무재설계)

고령자의 직무재설계를 할 때에는 직무 요건과 개인 조건의 양자를 비교분석해 적합성을 판단해야 한다. 그래서 고령자 직무재설계는 직무 조사와 작업자 조사를 병행한다.

〈그림 2-10〉 고령자 직무재설계 방법

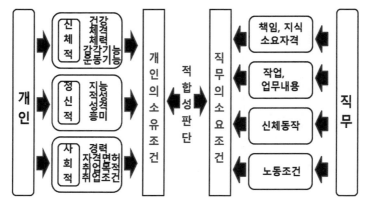

자료: 藤原久嗣·新井通世(2007)

조사기법은 조사 대상과 조사 내용에 따라 다음과 같이 3가지 유형으로 분류된다(長町 三生, 1981).

① 간이조사법
간이조사법은 감독자만을 대상으로 두 가지 조사(직무 조사, 작업자 조사)를 한다. 이에는 가부항목을 질문하는 유형(A유형)과 간이항목을 질문하는 유형(B유형)이 있다.

〈A 유형〉
A 유형의 직무 요건 조사는 직무(공정)별로 연령별 업무 수행 가능 여부와 불능 사유만 조사한다.
공정별로 〈표 2-4〉과 같이 조사표를 작성한다. 40대와 50대에서 그 직무가 가능한가, 곤란한 경우 그 이유를 기재하게 한다. 아울러, 직무 수행이 곤란한 이유를 제거할 수 있는 대책도 기재하게 한다.

〈표 2-4〉 A 유형의 직무 조사표(예시)

공정번호	① 공정·작업명	② 작업자명	③ 40대 수행가능직무 여부 (가능○, 곤란×)	④ 50대 수행가능직무 여부 (가능○, 곤란×)	⑤ 곤란한 경우 이유	⑥ 곤란한 이유를 제거할 방법

다음으로, 작업자의 현재 공정별 근무 가능성, 지장 요인 등을 분석한다. 5년 또는 10년 후에도 같은 공정에서 업무를 할 수 있는가를 판단해 기재하게 한다. 불가능하면 그 이유를 기재한다. 그리고 장애 요인을 제거할 수 있는 대책도 기재하게 한다.

〈표 2-5〉 A 유형의 작업자 조사표(예시)

작업자명	연령(해당 공정 경험년수)	5년 후 동일업무 수행 가능성 (가능 ○, 불가능 ×)	10년 후 동일업무 수행 가능성 (가능 ○, 불가능 ×)	장애를 받는 이유	장애 요인을 제거할 방법

이 조사가 끝나면 직무 요건 조사상 고령자가 근무하기 곤란한 직무와 그 대책, 작업자 조사상 현재 근무 중인 직원의 고령화에 따른 장애 요인을 밝힐 수 있다. 그러면 고령자가 근무할 수 있는 개선 대책을 마련할 수 있다. 이에는 당연히 비용이 든다. 그 경우 비용과 효과를 함께 고려해 개선 여부를 결정해야 한다.

이 기법은 시간과 비용이 가장 적게 든다. 대신에 감독자만을 대상으로 조사하기 때문에, 현장을 잘 아는 감독자를 조사원으로 선택하는 것이 중요하다.

〈B 유형〉

B 유형의 직무 조사는 A 유형과 같이 감독자를 대상으로 직무(공정)별로 연령별 업무 수행 가능 여부를 조사한다. 그러나 조사 내용은 다르다. A 유형은 일상적인 인상을 조사하는데, B 유형은 가령(加齡)과 작업 능력 관점에서 과학적으로 조사한다.

공정별로 〈표 2-6〉과 같이 조사표를 작성한다. 조사 내용은 가령(加齡)의 작용에 관련된 요인이 된다. 당연히 각 회사별로 직무 내용의 특징에 맞는 항목이 되도록 작성되어야 한다. 〈표 2-6〉은 자동차 조립 공장이나 가전제품 조립공장과 같은 벨트 콘베이어 시스템 작업을 상정한 예시이다. 조사표의 맨 오른쪽에는 고령자가 수행하기 어려운 요인과 그 대책을 기재하게 하였다.

조사 절차는 매뉴얼을 만들어 정확히 할 필요가 있다.

〈표 2-6〉 B 유형의 직무 조사표(예시)

공정 번호	공정명	작업 자명	① 중점적 사용 부위 (명칭)	② 자세 (1~10번 코드)	③컨베이어 작업의 경우 택트 (박자)의 속도	④ 순위	⑤중량물 운반 (중량 kg, 거리 m, 회수)	⑥ 직장 환경 (1~10번 코드)	⑦ 필요 기능	⑧ 필요 경험 년수	⑨ 향후 기술혁신 가능성 (1~10점 부여)	①~⑨ 고령자 지장 요인과 대책

주: ① 사용 부위의 명칭, ② 1~10점 ③ 움직이는 작업의 경우만 ④ rating 값
⑤ 중량(kg), 거리, 1일 회수, ⑥ 1~10점 , ⑨ 1~10점(기술혁신 도입에 대한 변화의 빠르기)

작업자 조사의 조사 항목은 〈표 2-7〉와 같다.

〈표 2-7〉 B 유형의 작업자 조사표(예시)

작업자명	공정명	① 신체적 지장 부위명	② 신체의 유연성	③ 신체의 민첩성	④ 손의 속도	⑤ 악력	⑥ 등근력	⑦ 질병 발병	⑧ 기능 정도	⑨자격	⑩ 학습 능력

직무 조사와 작업자 조사의 각 항목 간 대응은 〈표 2-8〉와 같다.

B 유형의 개선 대책 방향은 직무 조사에 의하여 각 공정이 어떠한 능력과 기능을 작업자 측에 요구하는가를 판정해, 그 각 능력이 가령과 어떠한 관계에 있는가, 즉 요구하는 능력이 고령자에게 저하되는가 아닌가를 분류해, 고령자에게 무리하게 요구되는 요인을 개선할 수 있다.

직무 조사와 작업자 조사를 한 후, 직무 요건과 실재하는 작업자 능력의 대응이 잘 대응하는가를 파악한다. 그리고 잘 대응하지 않는 경우 그 장애 요인을 개선해 고령자가 작업이 가능하도록 개선한다.

〈표 2-8〉 B 유형의 직무 요건 조사와 작업자 조사의 조사 항목 대응표

작업자 측		직무 측
지장이 되는 부위	——————	중점 사용하는 부위
신체의 유연성		자세
신체의 민첩성		택트 속도
손의 속도		순위
악력		중량물
등근력		
질병 발병	——————	직무환경
기능	——————	필요 기능
자격	——————	필요 경험년수
학습능력	——————	기술혁신 가능성

② 구조화 설문지 조사법(감독자 & 작업자): C 유형

구조화 설문지 조사법은 직무 조사는 감독자를 대상으로, 작업자 조사는 작업자를 대상으로 조사한다. 조사 방법은 구조화된 설문지를 사용한다. 설문지는 구조화된 8~12개의 항목으로 구성되고 각 항목당 5점 척도로 되어 있다. 이에는 생산직용과 사무직용이 있다. 여기서는 생산직용을 소개한다.

나가마치미츠오(長町三生)는 미쓰비시전기(三菱電機) 나카쓰가와(中津川)제작소의 생산직용 직무 조사 간이표를 토대로 가령(加齡) 5원칙을 고려해 직무 조사표를 〈표 2-9〉와 같이 작성했다.

이 표에서 근력 필요도, 감각능력 필요도, 환경 위험도, 활동도의 4가지는 청년층 요소이고, 나머지 협력성, 확대도, 지식과 기능도, 경험, 판단도의 5가지는 고령자 요소이다.

현장 감독자들에게 9개 요소에 대해 설명하고 그들이 평가를 하도

록 하는 절차는 다음과 같다.

첫째, 9개 요소에 대해 각각 가령(加齡)과의 관계를 설명한다. 또 1~4의 청년 요소, 5~9의 고령자 요소의 차이와 의미에 대해 설명한다.

둘째, 감독자들이 가장 이해하기 쉬운 직무를 샘플로 제공해 그것을 〈표 2-9〉에서 평가해 보여 주면서 표의 사용방법을 알려 준다.

셋째, 각자가 관리하는 직무에 대해 각자가 평가를 하게 한다. 도중에 소집단으로 나누어 전체 평가 결과를 보고 재검토해 수정하게 한다.

〈표 2-9〉 C 유형의 직무 요소 평가 척도

순번	요인	정의	적용	1	2	3	4	5	고령자 적용방향
1	근력 필요도	중량물 운반, 근력사용, 체력의 필요	청년	소 ——————— 대					←
2	감각능력 필요도 (시력, 청력 등)	시력, 청력 기타 감각의 필요	청년	소 ——————— 대					←
3	환경 위험도	높은 장소, 먼지, 고온·다습·한랭 등	청년	소 ——————— 대					←
4	활동도 (민첩성, 안정성)	몸 움직임 필요도, 빠른 동작 필요도	청년	소 ——————— 대					←
5	협조성·지도성	사람과의 접촉을 필요로 하거나 지도 등의 주체가 되는 것	고령자	소 ——————— 대					→
6	확대도(다능적)	다종의 기능을 필요로 하는 것을 확대	고령자	소 ——————— 대					→
7	지식·기능도	깊은 지식, 숙련된 기능	고령자	소 ——————— 대					→
8	경험	장기간 경험	고령자	소 ——————— 대					→
9	판단력	신중하고 면밀한 판단력	고령자	소 ——————— 대					→

넷째, 지금까지의 평가 결과를 레이더 차트를 활용해 나타낸다. 각 요소의 척도값을 결정하고 차트의 해당하는 곳에 점을 찍고 그 점들을 모두 실선으로 연결한다.

그 그림이 상부에 편중되면 그 직무는 '청년층 직무'이고, 하부에 편중되면 그 직무는 '고령자 직무'이다. 전체적으로 고르게 편중되면 '중년층 직무'이다.

〈그림 2-11〉 C 유형의 레이더 차트

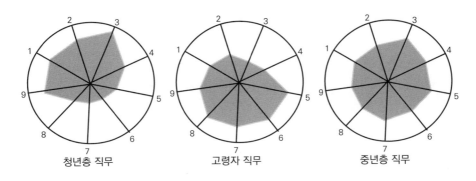

차트에서 한복판에 작고 좁은 패턴으로 나타나면 그것은 1~9번의 모든 요소를 필요로 하지 않는 즉, 부가가치가 거의 없는 단순노무 작업을 의미한다. 그런 직무는 체력이 매우 낮고 기능이 적은 고령자에게 적합하다.

다음 단계는 작업자 조사를 통해 이루어진다.

다섯째, 작업자 각자의 능력과 기능이 현장에서는 어떤 위치에 있는가를 평가한다. 〈표 2-10〉은 〈표 2-9〉의 9개 요소에 대응하는 작업 능력을 평가한다. 1~4는 청년 요소이고, 5~9는 고령자 요소이다.

〈표 2-10〉 작업 능력 평가 척도

순번	요소	정의	적용	척도 소				대
1	근력 보유도	각력, 등근력, 완력 등을 강화하는가	청년	1	2	3	4	5
2	감각능력	눈, 귀, 평형감각 등이 민첩한가	청년	1	2	3	4	5
3	작업 환경·내구도	고온, 다습, 먼지 등 바라지 않는 환경에 견딜 수 있나	청년	1	2	3	4	5
4	민첩성	몸, 팔, 손 등의 민첩성이 높은가	청년	1	2	3	4	5
5	협조성·지도성	사람과 잘 협력하나, 사람을 능숙하게 지도할 수 있나	고령자	1	2	3	4	5
6	기능확대도	다양한 직무를 수행할 수 있는 기능의 넓이가 있나	고령자	1	2	3	4	5
7	지식기능도	고도의 지식과 숙련된 기능을 갖고 있나	고령자	1	2	3	4	5
8	경험	풍부한 경험을 갖고 있나	고령자	1	2	3	4	5
9	판단력	적절하고 면밀한 판단력을 갖고 있나	고령자	1	2	3	4	5

여섯째, 다섯째에서 평가한 결과를 레이더 차트에 기입한다. 작업자에 대한 평가 결과는 〈그림 2-11〉에 점선으로 표시한다.

일곱째, 레이더 차트에 기입된 각 직무 평가와 작업자 능력평가를 비교해 본다. 특히 작업자 능력이 직무특성보다 낮은 것을 체크해서 이를 개선하기 위한 조치를 마련할 수 있다. 기계와 공구의 개선, 공정의 변경, 작업 재편성, 배치 전환 등이 검토될 수 있다.

한편, 일과 삶의 균형을 추구하기 위해서는 QWL(Quality of Work Life) 평가 척도를 만들어 운영할 수 있다. 예를 들어 〈표 2-11〉과 같이 9개 요인을 5개 척도로 평가한다.

〈표 2-11〉 QWL 직무설계 평가표

No	요인	정의	요인도	적용	척도				
					1	2	3	4	5
1	목표 명확도	목표, 자기의 성과 등이 명확하다	1	청년	목표가 없고 성과도 불명확함	막연한 목표 있고 약간 성과 판명	월간목표 있고 어느 정도 성과 판명	주간목표가 있고 상당한 성과 판명	매일 목표를 설정하고 성과 피드백이 있음
2	변화도	제품, 공구, 동작의 지속수가 많고 사이클 타임이 길다	2	청년	제품, 공구 수가 매우 적고, 작업 변화도가 매우 작음	제품, 공구 수가 소수이고, 작업의 변화도가 작음	제품, 공구 수가 5~10개이고 작업 변화도가 이느 정도 있음	제품, 공구 수가 10개 이상이고 작업 변화도가 상당히 큼	제품, 공구 수가 20개이상이고 작업 변화도가 매우 큼
3	완성도	제품의 단위 또는 완결성 등을 잰다	3	청년	제품 속의 일부작업 완성	제품의 25% 정도 완성	제품의 50% 정도 완성	제품의 75% 정도 완성	매우 많은 제품의 작업 완성
4	자주성	plan-do-see가 주체성에 맡겨져 있다	4	청년 고령	전혀 자주성 없음	조금 자주성 있음	어느 정도 자주성 있음	상당한 자주성 있음	완전한 자주성 있음
5	확대도	과업의 확대도	8	청년	1~2개의 과업수	약간의 과업수	보통 정도의 과업수	상당히 많은 과업수	매우 많은 과업수, 과업의 복합화
6	사회 관계도	작업 중 많은 사람과 접촉한다	9	청년	고립 작업	2인 작업 (대화기회 적음)	여러 명의 작업(약간의 대화기회 있음)	상당히 많은 사람과 협조작업 (많은 대화 기회 있음)	매우 많은 사람과 협조작업(대단히 많은 대화 기회 있음)
7	기능도	습득에 많은 시간을 필요로 한다	5	고령	1시간~1개월 미만	1개월~1년 미만	1년~3년 미만	3년~5년 미만	5년 이상
8	능력 발휘도	작업수행상 능력을 많이 요구한다	6	청년 고령	능력을 사용하는 감각이 없음	조금 있음	약간 있음	상당히 있음	능력을 발휘하는 감각이 매우 있음
9	권한위임·의사결정	권한이 위임되어 의사결정의 기회가 있다	7	청년 고령	권한 없고 의사결정 없음	조금 있음	약간 있음	상당히 있음	완전히 위임한 의사결정이 많음

그 운영 절차는 다음과 같다.

첫째, 현장 감독자는 QWL과 각 요인의 의미에 대해 설명하고 이해를 시킨다.

둘째, 각 직무에 대해 〈표 2-11〉을 이용해 평가를 한다.

셋째, 각 평가 결과를 QWL용 레이더 차트에 옮겨 적는다.

넷째, 이는 〈그림 2-11〉의 레이더 차트와 함께 직무 재검토 자료가 된다.

다섯째, 9개의 요인들이 높은 점수를 받으면(외측으로 넓게 분포하면) 바람직한 그룹인데 개인별 분포를 확인해 일부가 낮은 점수를 받은(중앙에 편중된) 개인들에 대해서는 이를 어떻게 개선할 것인가를 검토한다.

여섯째, 보람이 있는 일을 하기 위해서는 직무의 확대, 자주적인 책임이 있는 직무로의 변경, 기능이 더 필요한 형태로의 재편성, 기능의 확대 등을 재검토하는 것이 좋다. 더구나 사업장 단위 등 넓은 범위로 재검토하는 것이 바람직하다.

③ 통계적 분석법: D 유형

D 유형은 직무 조사와 작업자 조사의 설문 항목을 통계적 방법으로 설계해 조사하는 기법이다. 이 모형 Ⅰ(D 유형) 기법도 직무 조사는 감독자를 대상으로, 작업자 조사는 작업자를 대상으로 조사한다. 다만, 조사 내용은 회사와 작업장 실정에 맞게 통계적 기법으로 추출한 세부적 질문항목을 사용한다. 모형도 Ⅱ(QWL)는 C 유형과 동일하다.

먼저 직무 조사는 스태프에 의해 〈그림 2-12〉와 같은 절차로 이루어진다.

〈그림 2-12〉 D 유형의 직무재설계 절차

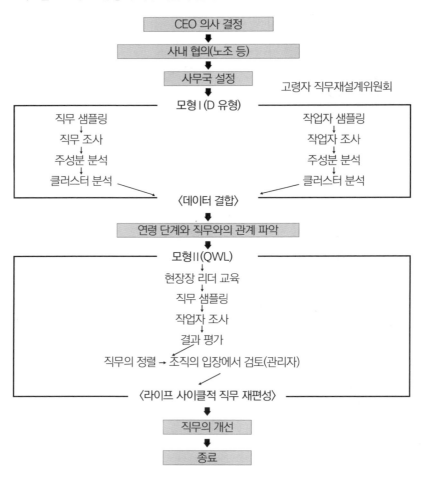

회사의 대표가 고령화 대책에 대해 조사한다는 의사결정을 하면 노조 등과 협의해 사내 컨센서스를 이룬다. 그리고 추진 조직(예를 들어, 고령자 직무재설계 위원회)을 설치해야 한다. 다음으로 직무 조사와 작업자 조사의 대응관계를 설정한다. 예를 들어 보면 조사 항목 대응표는 〈표 2-12〉과 같이 정할 수 있다.

〈표 2-12〉 E 유형의 직무 측과 작업자 측 대응관계

직무 측		작업자 측
직무속성	———————	직무속성(P)
손가락	———————	페그포트
손	———————	악력(우)
팔	———————	악력(지속성)
등근력 사용	———————	등근력
다리 사용	———————	각력
작업 자세	———————	앞으로 굽히기
동작 속도	———————	신체의 민첩성
발의 내구성	>———	내구력
내구력		
폭서환경	———————	혈압
시각	———————	시력
평형감각	———————	눈가리고 한 다리로 서기
판단력	———————	크레페린(Kraepelin) 검사
주의력	———————	주의배분, 손의 민첩성
침착성	———————	침착성
협조성	———————	협조성
지도성	———————	지도성
의욕성	———————	몰입성
지식	———————	능력 발휘
경험	>———	기능
기능		

먼저 직무 조사를 한다. 직무 조사는 전수조사를 하는 것이 좋으나 대기업에서는 부문별로 샘플조사를 해도 좋다. 고령화의 5원칙에 근거한 과학적인 조사를 하려면 〈표 2-13〉과 같이 할 수 있다. 이것은 일본의 한 철강 제조업체가 생애적 직무재설계를 위해 고안한 것이다.

〈표 2-13〉 직무 요건 조사표

기능 \ 공정작업			A	B	C	D	E	F	G	H	I	J
①사지의 사용	손가락	좌										
		우										
		양쪽										
	손	좌										
		우										
		양쪽										
	팔	좌										
		우										
		양쪽										
	허리											
	다리											
②동작 · 자세	작업 자세											
	까치발											
	동작 속도											
	다리 사용 특수성											
③감각 기능의 사용	시각 사용											
	청각 사용											
	평형감각의 사용											
④정신 기능	판단력											
	주의력											
	침착성											
	내구력(vitality)											
⑤작업 환경	더위											
	소음											
	작업장 공간											
	먼지											
	조명											
	위험한 공구의 사용											
	유해물											
	높은 장소, 지하											

⑥근력	악력(손)										
	완력(팔)										
	등 근력										
⑦성격	기분 안정성										
	협조성										
	적극성										
	지도성										
⑧지식·자격	지식										
	경험										
	기능										
	자격(국가)										
	자격(사내)										
⑨조사측정	소음										
	보행										
	온도(°C)										
	습도(%)										
	운반중량(kg)										
	상하평방(m)										
	상하평방(회/공정)										
	운반중량(kg)										
	평면(m)										
	평면(회/공정)										
	허리회전(회/공정)										

이 표를 사용해 분석하는 방법은 다음과 같이 4단계로 한다.

1단계는 각 작업 단위에서 손가락, 손, 팔, 다리, 허리 등을 몇 회 사용하는가, 중량물을 어느 정도 거리로 몇 회 운반하는가를 관찰한다.

2단계는 1단계의 측정 데이터로부터 각 측정 항목별로 5단계 점수(1점~5점)을 부여한다.

3단계는 2단계에서 결정된 점수를 토대로 요인 분석과 주성분 분석을 한다.

4단계는 3단계 분석 결과를 이용해 Z 스코어로부터 클러스터 분석을 한다. 그 결과 사업장 내에 존재하는 유사한 직무의 분포를 구한다.

다음으로 직무 조사에 대응하는 작업자 조사를 한다. 이는 다음과 같이 4단계로 구성된다.

1단계는 직무속성 조사로 직무 조사와 같은 설문 조사를 작업자를 대상으로 한다.

2단계는 손, 팔 등의 필요도는 작업자를 대상으로 악력, 등 근력 등을 측정한다.

3단계로 손가락, 동작속도, 시각, 평형감각 등은 각종 적성검사를 이용해 작성한다. 손가락은 페그포트, 동작속도는 신체 민첩성 테스트, 감각은 각각의 감각 측정을 활용한다. 주의력 테스트는 49개 숫자판(1~49번을 무작위 배치)에서 무작위로 부르는 숫자를 찾아내 손가락이 가리키는 시간을 측정하는 방법을 사용하기도 한다.

4단계로 나머지 성격적 특성과 기능도 등은 작업자 본인에게 설문 조사를 해서 측정한다.

이 조사 결과는 직무 조사와 같이 요인 분석에 의해 요인 구성을 명확히 하고 그 데이터를 이용하여 클러스터 분석을 실시해 요인 간 유사성이 높은 것끼리 그룹화를 한다.

이제 직무 조사와 작업자 조사를 통해 나타난 D 유형의 직무재설계 방향에 대해 살펴보자.

직무 조사과 작업자 조사의 점수를 비교한 후 갭이 발생하는 요인을 개선해야 한다. 그런데 작업자를 변화시키는 것은 어렵거나 곤란하기 때문에 직무 요인을 변경 또는 개선하는 방안을 검토해야 한다. 예를 들면 〈그림 2-13〉과 같이 기능과 체력만으로 이루어진 기업을 상정하면(실선 직무, 점선 작업자), A 클러스터에 포함되어 있는 직무는 고도의 기능과 상당한 체력을 필요로 하는데 그에 종사하는 작업자들은 체력 측면에서 부적합을 갖고 있다. 그럴 경우에는 고령자가 수행할 수 없는 요인을 찾아내 그것을 개선하는 것이 필요하다.

반대로 D 클러스터에서는 작업자의 체력에 여유가 있어서 그것을 방치하지 말고 활용한다는 측면에서 무엇을 할지를 검토할 필요가 있다.

〈그림 2-13〉 직무(실선)와 작업자(점선)의 대응관계

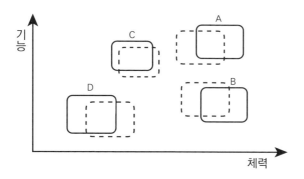

(2) 상향식 직무재설계(잡 크래프팅)

잡 크래프팅(Job Crafting)은 근로자가 일반적인 업무 요구 사항과 자원을 조정하여 개인의 필요에 맞도록 그 자신의 작업 환경을 형성할 수 있도록 직무를 재설계하는 것으로 근로자들이 직무 변화가 필요하다고 느낄 때 사용하는 적극적인 행동이다(Tims & Baker, 2010).

① 잡 크래프팅의 유형

Ki와 Dutton(2001)은 잡 크래프팅에는 과업 크래프팅(Task Crafting), 관계적 크래프팅(Relationship Crafting), 인지적 크래프팅(Cognitive Crafting)이 있다고 하였다(Wrzesniewski & Dutton, 2001).

첫째, 과업 크래프팅(과업 및 책임 바꾸기)은 일반적으로 자신의 역할을 능동적으로 형성(shaping)하거나 주조(molding)하는 것으로 공식 직무설명에 명시된 과업과 책임을 추가하거나 삭제하는 것을 포함된다(Berg et al., 2013). 예를 들어, 버스 운전기사는 운전을 하면서 관광객에게 유용한 관광정보를 제공할 수 있다. 이에는 책임의 특성을 변경하거나 현재 수행하는 작업에 추가적인 근로시간을 할애하는 것이 포함될 수 있다. 그렇다고 일의 양과 품질에 반드시 영향을 미치는 것은 아니다.

둘째로, 관계적 크래프팅(상호작용 바꾸기)은 사람들이 다른 사람과의 상호작용 유형과 특성을 재구성하는 방법으로 다른 작업에서 함께 일하는 사람이나 정기적으로 소통하고 참여하는 사람을 바꾸는 것을 포함할 수 있다(Berg et al., 2013).

셋째로, 인지적 크래프팅(사고 방식 바꾸기)은 사람들이 수행하는 작업에 대한 사고방식을 바꾸는 방법이다(Tims & Bakker, 2010). 우리가 하고 있는 일에 대한 관점을 바꾸면 '바쁜 일'로 보일 수 있는 일에서 더 많은 의미를 찾거나 만들 수 있다(Tims & Bakker, 2010). 예를 들어, 호텔 침대 시트를 바꾸는 것은 '청소'라기보다는 '여행자의 여행을 더 편안하고 기억에 남도록 만드는 것'일 수 있다.

〈그림 2-14〉 잡 크래프팅 유형

인지적 크래프팅 당신이 과업과 그 광범한 목적을 해석하는 방법을 변경	과업 크래프팅 당신의 작업을 구성하는 과업의 유형, 범위, 수를 변경	관계적 크래프팅 당신이 일에서 배우고 함께 교류하는 사람을 변경
사례 건설 근로자는 자신의 일을 두 가지로 생각한다. 하나는 일상적인 직업으로서의 집을 짓는 것이고 다른 하나는 어느 가족의 미래의 집을 짓는 의미 있는 것이다.	설계엔지니어는 원하는 결과를 달성하기 위해 자신의 니즈, 역량에 가장 적합한 프로세스를 맞춤화한다	병원 청소부는 업무수행을 통해 환자와 가족을 적극적으로 돌보고 업무 흐름에 융화한다
일의 의미에 대한 영향 이러한 사례는 우리가 직업을 보는 시각을 의미 있는 것으로 완전히 바꾸어 준다	직업의 의미를 보호자나 프로젝트 추진자로 바꾸고 자신의 작업방식에 맞게 작업의 수와 범위를 조정해 적절한 시기에 완료한다	환자, 의료진과 상호작용하면서 직업의 의미를 환자를 돕는 사람으로 바꾸고 자신을 환자의 치료주기의 필수적인 부분으로 인식한다

자료: Workforce Australian(2018)

② 잡 크래프팅의 프로세스

a. 자신의 강점을 파악

(만약 근로자가 아직 모르고 있다면) 자신의 강점과 즐거움의 영역을 확인하는 것은 그(녀)의 직무에 즐거움을 주게 만들 수 있는 중요한 단계이다. 다음의 질문들을 통해 자신의 강점을 파악할 수 있다.

당신은 직장에서 어떤 과업이나 활동을 하면 시간 가는 줄 모르나요?
당신의 동료들이 당신에게 가장 의지하는 것은 무엇입니까?
당신이 지금 신나서 하고 있는 일은 무엇입니까?
당신이 자랑스럽게 생각하는 업적은 무엇인가요? 왜 그렇게 생각합니까?
당신이 긍정적인 피드백을 받은 과업이나 행동은 무엇입니까?

주: 당신의 강점, 열정, 동기는 시간이 지남에 따라 바뀔 수 있다. 여기에 나열된 활동과 항목은
당신이 자신의 역할을 성찰하는 출발점이다. 직장에서 무엇이 당신에게 즐거움을 주는지,
그리고 어떻게 당신이 그것을 계속할 수 있는지에 대해 매일 시간을 내어 생각해 보자.

b. 역할의 시각화

다음의 양식을 사용하여 매일 수행하는 작업과 역할에 대한 상호
작용을 시각화할 수 있다.

자신이 어떻게 '크래프팅'을 할 수 있는지에 대해 생각해 본다. 먼저
자신이 하는 일과 함께 일하는 사람들을 확인한다. 또 자신이 배우거
나 대화하는 사람들을 확인한다. 그리고 자신이 더 하기를 원하는 과
업이나 덜 하기를 원하는 과업을 말한다.

내가 하는 과업	내가 함께 일하는 사람
내가 더 하기를 원하는 과업	내가 더 함께 일하고 싶은 사람
내가 덜 하기를 원하는 과업	내가 덜 함께 일하고 싶은 사람

c. 관리자와 대화

다음 양식을 사용하여 크래프팅 과업에 대해 관리자와의 대화를 할 수 있다.

당신은 당신의 역할을 어떻게 만들고 있습니까? 당신이 일하는 방식에 대해 무엇이 달라지고 있습니까?
당신이 만든 직무가 당신의 업무에서의 경험을 어떻게 향상시킬 것입니까?
당신이 만든 직무가 당신의 팀 또는 조직에 어떻게 가치를 높입니까?
당신의 관리자는 당신을 지원하기 위해 무엇을 해야 합니까?

〈셀레나(Selena)의 사례〉

호주 한 기업에 근무하는 셀레나는 18개월 동안 고객 영업을 하는 역할을 해 오고 있다. 그녀는 더 많은 책임을 지는 것에 대해 그녀의 매니저와 대화를 나누었다.

현재 조직에서 원하는 직무를 만들기 위해 셀레나의 여정을 따라가 보자.

<그림 2-15> 셀레나의 잡 크래프팅 사례

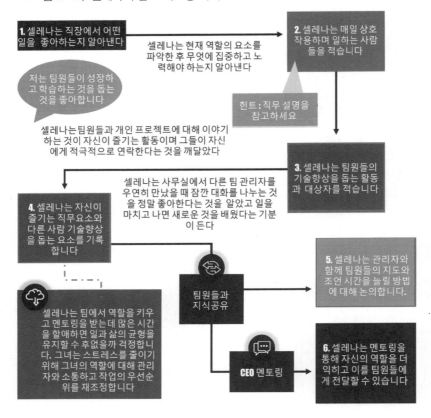

③ 잡 크래프팅 평가

우리는 잡 크래프팅을 하고 있는 정도를 어떻게 측정할 수 있을까? JCQ(Job Crafting Questionnaire)는 직장에서 세 가지 다른 행동에 얼마나 관여하는지 평가하기 위해 개발되었다.

Wrzesniewski와 Dutton(2001)은 이를 3개 영역을 기반으로 15개의 질문으로 구성했다(Gavin R. Slemp and Dianne Vella Brodrick, 2013). 근로자가 직무 크래프팅, 관계적 크래프팅, 인지적 크래프팅에 참여하는 정도를

6 척도(1=거의 안함, 6=매우 자주 함)로 응답하면 된다.

〈표 2-14〉잡 크래프팅 질문지(Job Crafting Questionnaire)

〈과업 크래프팅〉
1. 당신은 업무 개선을 위한 새로운 접근 방식을 소개한다.(*)
2. 당신은 업무에서 완성한 과업의 범위 또는 유형을 변경한다.
3. 당신은 자신의 기술이나 관심사에 더 적합하다고 생각하는 새로운 업무 과제를 한다.
4. 당신은 업무에서 추가 과업을 수행할 것을 선택한다.
5. 당신은 자신의 기술이나 관심사에 적합한 과업을 하기를 선호한다.

〈인지적 크래프팅〉
6. 당신은 당신의 직무가 당신의 인생의 목적에 어떻게 영향을 주는지 생각한다.
7. 당신은 당신의 업무가 조직의 성공에 미치는 중요성을 스스로 상기한다
8. 당신은 더 넓은 지역사회를 위한 당신의 업무의 중요성을 상기한다.
9. 당신은 당신의 업무가 당신의 인생에 긍정적인 영향을 미치는 방법에 대해 생각
   한다.
10. 당신은 웰빙을 위해 당신의 직무가 갖고 있는 역할에 대해 성찰한다.

〈관계적 크래프팅〉
11. 당신은 업무 시 사람들을 잘 알기 위해 노력한다.
12. 당신은 업무와 관련된 사회적 기능(직분)을 만들거나 참석한다.
13. 당신은 사업장 내에서 특별한 행사(예: 직장동료의 생일축하)를 만든다.(*)
14. 당신은 신입 사원 멘토(공식 또는 비공식)를 선택한다.
15. 당신은 비슷한 기술이나 관심사를 가진 사람들과 친구를 맺는다.

주: *는 Leana, Appelbaum & Shevchuk(2009)에서 수정해 채택한 항목

④ 잡 크래프팅의 성공조건

a. 잡 크래프팅 촉진영역

잡 크래프팅은 개인이 주도하기 때문에 수행 환경은 안전, 실험 및 신뢰에 초점을 맞추어 개인이 자신의 역할을 실험하도록 장려하고 지원해야 한다. 다음의 5가지 영역은 잡 크래프팅 행동을 촉진하는 데

매우 중요하다.

<그림 2-16> 잡 크래프팅 영역

- 심리적 안전성: 심리적 안전은 부정적인 결과에 대한 두려움 없이 몰입할 수 있게 한다. 심리적으로 안전한 팀에서 개인은 인정받고 존중받는 느낌을 받는다

- 감성 지능: 감성 지능은 자신의 감정을 긍정적인 방법으로 이해하고, 사용하고, 관리하는 능력이다. 팀별로 보면 이것은 명확한 의사소통, 공감적 행동, 건강한 갈등 해결처럼 보인다.

- 커뮤니케이션과 협상: 효율적인 의사소통은 단순한 정보의 교환 그 이상에 관한 것이며, 정보 뒤에 숨겨진 감정과 의도를 인식하는 것이다. 협상은 차이를 해결하기 위해 정보가 어떻게 사용되는지를 고려한다.

－ 높은 신뢰 관계: 동료들과의 존중, 공감, 열린 의사소통을 통해 높은 신뢰관계가 형성된다.

－ 이해의 공유: 자신의 역할과 그(녀)가 속한 팀이 광범위한 조직 내에서 어떻게 적합한지에 대해 이해를 공유하면 개인과 그가 하는 일에 대해 느끼는 연결이 향상된다.

b. 잡 크래프팅의 성공조건

이제 잡 크래프팅을 성공적으로 시작하기 위한 요건을 살펴보자. 다음 질문에 긍정적인 응답이면, 당신의 잡 크래프팅 여정이 리더와 팀원들의 지지를 받을 가능성이 더 높다. 팀원들의 격차를 확인하는 경우 이러한 부분을 개선하는 방법에 대해 관리자 또는 리더십 그룹과 이야기하는 것을 고려해야 한다.

1) 심리적 안전(PSYCHOLOGICAL SAFETY)

－ 당신의 독특한 기술과 재능이 당신의 팀에서 가치가 있고 활용되고 있습니까?

－ 당신의 팀에서 위험을 감수하는 것이 안전합니까?

－ 당신의 팀의 구성원은 문제와 어려운 이슈를 제기할 수 있습니까?

2) 감성 지능(EMOTIONAL INTELLIGENCE)

－ 당신의 소속 팀원과 관리자는 업무 스트레스가 많은 기간 동안 전문적인 활동과 행위를 보입니까?

－ 당신의 매니저는 당신을 가르치고 당신이 전문적인 발전에 기여하는 데 시간을 할애합니까?

– 당신은 당신이 하는 일에 대해 인정과 감사를 받습니까?

3) 높은 신뢰관계(HIGH TRUST RELATIONSHIPS)
– 당신은 다른 구성원이나 매니저에게 도움을 요청하는 것이 어렵습니까?
– 당신은 개인적 이야기를 팀과 공유하는 것이 편하십니까?
– 당신은 일상적인 역할을 자율적으로 수행할 수 있다고 믿습니까?

4) 커뮤니케이션과 협상(COMMUNICATION AND NEGOTIATION)
– 당신은 일을 완료하는 데 필요한 정보에 접근할 수 있습니까?
– 당신은 매니저와 성과를 논의할 때 편하신가요?
– 당신의 팀 커뮤니케이션과 토론은 존중됩니까?

5) 이해의 공유(SHARED UNDERSTANDING)
– 당신은 당신 팀의 기능이 조직 전체에 어떻게 기여하는지 알고 있습니까?
– 어떤 가치가 당신에게 중요한지 생각해 보라. 그것들이 당신의 조직의 가치와 일치하나요?
– 당신은 사람들에게 당신이 일하는 곳과 그 이유를 말하는 것이 자랑스럽습니까?

c. 잡 크래프팅의 한계
잡 크래프팅의 한계를 인식하면 마주칠 수 있는 장벽을 피하고 완화하는 데 도움이 될 수 있다.

1) 작업 제작은 팀의 비효율을 초래할 수 있다. 잡 크래프팅이 팀 내에서 이미 발생하고 있는 업무와 중복되거나 모순되는 업무나 활동을 통합하기 시작하면 좌절감, 생산성 저하 및 팀 문화 저하로 이어질 수 있다.

2) 잡 크래프팅, 특히 과업 크래프팅은 예상보다 높은 작업량을 초래할 수 있다. 지속적인 과로는 개인에게 소진, 피로, 스트레스 및 기타 건강 영향을 초래할 수 있다.

3) 직무 재창조로 인해 개인이 합의된 급여액 또는 근로계약을 초과하여 일할 수 있다. 근로자들은 자신의 역할을 합의된 급여나 근로조건을 넘어서는 것으로 만들 수 있다. 이것은 법률적 다툼의 여지를 만들고 근로자와 회사 사이에 갈등을 유발할 수 있다.

4) 개인이 조직을 떠난다면, 그가 만든 역할이 그의 대체자에게는 적합하지 않을 수 있다. 직무 재창조는 개인의 가치, 동기 및 강점에 의해 주도되며, 이는 다른 사람들이 가지고 있는 것과 일치하지 않을 수 있다. 특정 개인에 맞게 만들어진 역할은 다른 직원을 위해 다시 만들어야 할 수도 있으며, 작업 완료 방식과 나머지 팀의 역할을 변경해야 할 수도 있다.

5) 개인과 조직의 목표가 일치하지 않을 때 개인과 조직 모두 직무 재창조 경험이 부족할 수 있다. 어떤 경우에는 개인이 조직의 목표에 관여하기보다는 개인의 목표를 달성하는 데 더 관심이 있을 수 있다.

이러한 잘못된 조합은 갈등을 초래하고 개인이 조직과 맺는 관계에 직접적인 영향을 미친다.

라. 직무재설계 프로세스

Lynda Gratton[2022]는 직무재설계의 프로세스를 다음과 같이 4단계로 제시하였다.

〈그림 2-17〉 직무재설계 프로세스

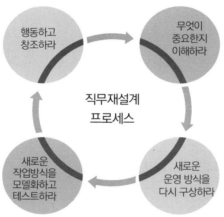

자료: Lynda Gratton(2022), Redesigning Work

싱가포르경영자협회(Singapore National Employers Federation)에서는 직무재설계 프로세스가 9단계로 구성된다고 하였다(SNEF, 2013). 즉, 1단계 직무 내용 이해 → 2단계 직무 정보 분석 → 3단계 직무 요소 변경 → 4단계 직무 명세서 및 직무 기술서 수정 → 5단계 과업과 의무 재할당 → 6단계 근로자 훈련 → 7단계 파일럿 운영 → 8단계 커뮤니케이션과 실행 → 9단계 평가와 피드백이다. 이를 구체적으로 자세히 기술해 보자.

〈그림 2-18〉 직무재설계 프로세스

자료 : Singapore National Employers Federation(2013)

① 직무 내용 이해

직무재설계 과정을 성공적으로 수행하기 위한 첫 단계는 인사 담당자와 라인 실무자가 직무 요구 사항에 대해 깊이 이해하는 것이다. 직무 기술서상 일상적 기능과 직원들이 수행하는 기능과 비교하여 차이나 불일치가 있는지를 파악해야 한다.

② 직무 정보 분석

일단 정보가 수집되면 빈틈과 비일관성을 확인하기 위해 철저한 분석이 이루어져야 한다. 이를 통해 인사 및 라인 관리자들은 개선점을 확인하고 직원들의 성과 수준에 영향을 미칠 수 있는 핵심 분야를 결정할 수 있다.

직무재설계를 위한 핵심적 동인에는 다음이 포함되어야 한다.

• 수용력
 − 보다 적극적인 수익 목표
 − 인원수 조정
 − 삭감량
• 도전과제
 − 미충족 목표
 − 성과 또는 생산성 수준

- 운영 비효율
- 높은 소모율 또는 낮은 보유율
- 낮은 직원 참여도 또는 낮은 직원 만족도
• 변화
- 새로운 기술 또는 업그레이드된 기술
- 기존 수동 작업의 자동화
- 새로운 업무 및 책임
- 비즈니스 전달 모델의 변화
- 새로운 규제 요구 사항
- 신규시장 진출 확대

③ 직무 요소 변경

장애의 원인과 개선의 여지가 지적되면 인사 담당자와 라인 실무자는 함께 직무 요소를 변경할 수 있는 방법을 찾아야 한다. 여기에는 작업자의 효율성을 최적화하기 위해 특정 프로세스를 자동화하는 것이 포함될 수 있다. 또 더 많은 직무 기능을 추가하거나 특정한 책임을 다른 직원에게 이전시킬 수도 있다.

④ 직무 명세서 및 직무 기술서 수정

직무 요소의 변경이 합의되면 직무 명세서와 직무 기술서를 그에 맞게 업데이트해야 한다. 직무재설계의 결과로 적절한 기대치가 설정될 수 있도록 변경 사항도 직원에게 전달해야 한다. 또한, 직원들이 새로운 역할로 원활하게 전환할 수 있도록 긍정적인 태도와 사고방식을 채택하는 것도 필요하다.

⑤ 과업 재할당

직무재설계 과정의 결과로 직무 순환, 수평적 직무 확대 또는 수직적 직무 확대를 통해 과업을 재할당 할 수 있다. 그렇게 함으로써 사업주들은 직원들이 더 많은 것을 배우려는 동기를 유지하고 또한 그들의 만족도를 증가시킬 수 있다.

⑥ 교육훈련 실시

새로운 기능이 직원에게 이전되는 경우, 직원에게 필요한 기술과 전문 지식을 제공하기 위해 교육훈련을 실시해야 한다.

⑦ 파일럿 테스트

모든 부서에 직무재설계를 시행하기 전에 완전시행 시 원활한 프로세스를 보장하려면 파일럿 그룹 형태의 테스트가 반드시 이루어져야 한다.

⑧ 커뮤니케이션과 실행

사업주들은 일단 파일럿 테스트가 성공적으로 입증되면 직무재설계 계획을 실행할 수 있다. 새로운 역할과 책임에 관한 정보는 잘 관리되도록 하기 위해 잘 전달되어야 한다.

⑨ 평가와 피드백

직원들이 새로운 직무 기능을 접하게 되면, 사업주들은 직무재설계 과정의 결과를 평가하기 위해 모니터링을 하고 그 결과를 피드백해야 한다. 그렇게 해야 직원들이 새로운 책임에 어떻게 대처하고 있는지를 추적할 수 있다.

2. 적합 직무 개발

가. 적합 직무 개발의 제조건

고령자 적합 직무를 개발하기 위해서는 기업들은 직무 측면과 작업자 측면에서 고려해야 할 것들이 많다(나가마치미츠오, 1981).

먼저 직무 측면이다. 작업이 용이하게 되게 하려면 공정 변경을 할 필요가 있고, 쇠락하는 체력을 보완하기 위해 기계화와 공구의 활용을 고려해야 한다. 또한 일을 간소화하고 무리나 낭비가 없도록 효율화해야 한다. 또한 제품설계의 단계부터 고령자 중심으로 사용하는 것을 고려해 개발하면 제조공정을 만들 때 매우 유리하다.

한편, 일의 특성을 감안하여 청년층 직무, 중년층 직무, 고령층 직무로 구분하고 그에 적합하게 배치를 하는 것이 좋다.

다음으로 작업자 측면이다. 모든 연령층에게 직업능력 개발을 할 수 있게 함으로써 다기능화를 기하는 것이 바람직하다. 또한 개인의 자질과 특성을 감안해 적합한 직무로 로테이션을 해 주거나 기초적인 체력 만들기를 지원해 줄 필요가 있다.

이 외에도 기업 내의 고령화에 대한 인식과 문화가 중요하다. 무엇보다 고령자를 존중하고 그들의 기능과 역할을 인정하는 분위기가 중요하다. 이러한 밑받침이 없이 겉으로만 적합 직무를 개발한다면 그것은 오래가지 못할 것이다.

나. 적합 직무 개발 포인트

고령자 적합 직무를 개발하기 위한 착안점으로는 신체적 요인, 감각적 요인, 정신적 요인, 작업 환경 요인이 있다(나가마치미츠오, 1981).

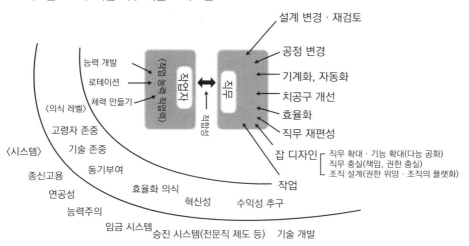

〈그림 2-19〉 적합 직무 개발 고려요인

신체적 요인으로는 들어 올리는 작업 경감, 수평 위치에서의 운반 부담 경감, 작업 자세의 적정화, 작업 속도의 경감, 적정한 휴게를 들 수 있고, 감각적 요인으로는 시각의 기능 보완, 청각기능의 보완, 정밀한 식별기능의 용이화, 디스플레이의 시인성 향상, 평형감각의 보완을 들 수 있다. 정신적 요인에는 단기적 기억의 경감, 학습 노력의 경감, 판단력의 경감, 미스와 에러의 방지를 들 수 있고, 작업 환경 요인으로는 과도한 온도와 다습 해소, 공기 오염 방지, 조명과 섬광의 적정화, 과도한 소음 방지, 유해물질 오염 방지를 들 수 있다.

이와 같이 고령자 부적합 직무를 적합 직무로 전환하기 위한 구체적인 요인별 사례는 다음과 같다.

〈표 2-15〉 고령자 적합 직무 개발 착안점

요인	착안점	구체적 방법
신체적 요인	① 들어 올리는 작업 경감	유압이나 공기압 이용, 호이스트와 지게차 활용
	② 수평 위치에서의 운반 부담 경감	벨트와 콘베이어에 의한 자동반송, 고로 콘베이어에 의한 작은 힘 운송, 수압(手壓)차 활용
	③ 작업 자세의 적정화	활공구(活工具) 활용, 레이아웃 개선, 작업대 적정화 등으로 앞으로 구부리거나 비틀리고 구부정한 자세의 경감
	④ 수(손) 처리 작업의 용이화	손가락 끝(指先) 회전의 도구화, 착탈이 용이한 지지구(支持具) 활용
	⑤ 작업 속도의 경감	벨트와 콘베이어 상의 작업, 보행의 불필요화, 규제에 의한 수작업의 경감, 긴 사이클 타임
	⑥ 적정한 휴게	여유율 향상, 휴식 횟수의 증가, 야근 삭감
감각적 요인	⑦ 시각의 기능 보완	적정한 조명, 돋보기 이용, 디지털화
	⑧ 청각기능의 보완	반향이 없는 환경, 청각의 시각화
	⑨ 정밀한 식별기능의 용이화	형태의 변화, 색채 조절, 돋보기 이용
	⑩ 디스플레이의 시인성(視認性) 향상	카테고리화, 칼라화에 의한 주목성 증가
	⑪ 평형감각의 보완	플랫화, 계단의 슬로프화, 손잡이 등에 의한 전도, 낙상 등 방지
정신적 요인	⑫ 단기적 기억의 경감	일련의 작업의 순서화, 시각화
	⑬ 학습노력의 경감	모듈화, 검색방법
	⑭ 판단력의 경감	경험의 활용, 이해하기 쉬운 디스플레이
	⑮ 미스와 에러의 방지	백업 시스템, 자동검색
작업 환경 요인	⑯ 과도한 고온 및 저온, 다습 해소	적정한 온도 및 습도 설정
	⑰ 공기 오염 방지	필터, 환기팬, 에어 커튼 활용
	⑱ 조명과 섬광의 적정화	충분한 조도, 간접조명 활용, 반사 방지
	⑲ 과도한 소음 방지	기계음 등 소음 방지(특히 고주파)
	⑳ 유해물질 오염 방지	유해물질 환경으로부터 격리

다. 적합 직무 개발 방법

적합 직무 개발 방법은 기존 직무에서 찾아내는 방법과 새로운 직무를 찾아내는 방법이 있다. 기존 직무에서 찾아내는 방법은 생애적 직무재설계 기법을 통해 고령층 적합 직무를 찾으면 된다. 새로운 직무를 찾아내는 방법은 잡 크래프팅과 신기술 보유 경력직 채용자의 직무로 찾아낼 수 있다.

라. 적합 직무 개발 사례

고령자 적합 직무 개발 사례는 상기에서 제시한 적합 직무 개발 착안점에서 신체적 요인 중 들어 올리는 작업 경감 사례를 하나 들어 보기로 한다. 리프팅 지그개발 사례이다.

고령자에게 중량물은 그 자체가 부하인데 리프팅 빈도를 증가시키면 고부하가 된다. 52세인 작업자가 길이 3미터 무게 15킬로그램의 봉재를 1개씩 꺼내서 어깨 높이의 선반으로 들어 올리는 작업을 하루에 수십 번 반복한다고 하자. 그래서 그는 팔과 다리가 아프고 자주 손을 허리에 대고 몸을 쭉 펴는 경우가 많았다. 기술부와 함께 호이스트에 고정되어 회전하지 않는 소봉 양 끝에 후크를 달았다. 그 2개의 후크에 봉재를 끼워서 들 수 있게 하였다. 버튼을 누르면 호이스트가 올려져서 선반에 내려 놓을 수 있다.

이 호이스트의 개발은 고령자의 신체적 부하를 크게 줄여 주고 생산성을 높이며, 산재 발생 가능성도 크게 낮추어 주었다.

〈그림 2-20〉 고령자용 호이스트

제3절 임금 제도 개편

1. 임금 제도 개편, 왜 필요한가?

우리나라의 임금 제도에 관한 논쟁은 오래된 과제다. 고령화의 급진전에 따른 사회적 변화는 이 논쟁을 더욱 가속화하고 있다. 이 이슈는 더 이상 피할 수 없는 우리 사회가 다루어야 할 핵심 과제가 되었다. 그 이유는 다음과 같다.

우선, 노사관계 관점에서 구성원들의 고령화에 따라 근로자와 노동조합은 정년연장을 지속적으로 요구하고 있다. 노사관계에 있어서 힘의 균형을 유지하는 기업에서는 커다란 압박이 아니겠지만, 그렇지 않은 조직에서는 생존, 즉 비즈니스 지속가능성의 위협 요인이 될 수도 있다.

둘째, 노동시장의 수요와 공급 관점에서 기업 입장에서도 고령자 활용이 비즈니스 운영의 핵심 과제로 떠오르고 있다. 노동시장에 신규 근로자의 공급은 현저하게 줄어들고 있는 반면, 능력과 의욕이 넘치는 고령자들이 고용 기회를 기대하고 있다. 기업 입장에서 이를 인적자원관리 전략에 포함하는 것은 아주 중요하다고 할 수 있다.

셋째, 연공급 중심의 우리나라 임금체계이다. 우리나라의 임금 연공성은 다른 주요 국가에 비해 현저하게 높다. 이는 기업의 지불능력에 심각한 영향을 미친다. 이를 해결하지 않으면 지속가능성에 심각한 문제가 발생할 수 있다. 고령자의 계속고용 문제를 다루기 위해서는 연공급 중심의 임금체계를 직무와 성과 기반으로 개편해야 할 것이다.

우리나라의 임금 연공성이 조금씩 낮아지고 있지만, 유럽은 물론 경쟁국인 일본보다 훨씬 더 높다. 한국경영자총협회의 분석(2021)에 따르면, 우리나라 근속 1년 미만 근로자 월 임금 총액 평균은 2,744달러로 일본(2,392달러)보다 14.7% 높았고, 근속 30년 이상 임금은 우리나라가 8,089달러로 일본(5,433달러)보다 48.9% 높았다. 2001년 대비 2020년 우리나라 임금 수준은 모든 근속 구간에서 증가했지만, 일본은 저연차 구간에서만 소폭 증가했고 고연차 구간에서는 오히려 감소한 것으로 분석됐다.

직무와 성과가 아닌 근속을 기준으로 하는 일률적인 보상은 공정성과 생산성 혁신을 저해한다. 고령자의 적극적인 활용을 위해서는 전 연령대의 임금곡선을 재검토해야 한다.

〈그림 2-21〉 한국, 일본, EU의 근속 1년 미만 대비 근속 30년 이상 임금 수준

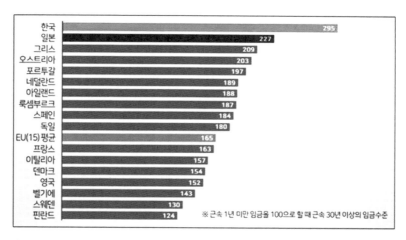

자료: 고용노동부 2020년 임금구조기본통계조사, 후생노동성 2020년 임금구조기본통계조사: Eurostat, Structure of Eanings Survey, 2018.

고령 사원이 적극적인 역할을 할 수 있도록 하기 위해서는 그들에

게 기대되는 바를 명확히 하고, 업무 성과를 적절하게 평가하여 임금을 지불하는 것이 필수적이다. 고령 사원의 계속 기여를 지원하기 위해서는 내부 고용 외에도 사원이 회사 밖에서 활약할 수 있도록 지원할 수도 있다.

고령자 고용 시대의 임금에 대한 관점을 거시적으로 살펴보면, 50세 중반쯤 되면 자녀들이 성장하여 부양가족에서 벗어나고, 주택 대출도 완납하는 등 생활비로서 요구되는 비중이 낮아진다. 따라서 고령자의 임금 제도는 회사마다 임금 정책을 반영하여 자유롭게 설계할 수 있을 것이다.

고령화 시대의 임금 제도는 역할과 성과가 반영된다고 할 수 있다. 담당하는 역할의 가치에 초점을 맞추고, 그 성과로서의 업적도 더하여 합리적으로 구성하고 운영하는 것이 바람직하다. 예를 들어, 조직의 장으로서 무거운 직책을 맡고 있다면 리더십 책임이 없는 구성원보다 더 높은 임금을 제공해야 할 것이다.

생애임금의 관점에서 정년 전 50대부터 전반적인 임금체계를 재검토해야 한다. 대체로 정기승급 제도 등 연공급 임금체계로 인해 고령자들의 임금은 높아져 있지만, 정년연장 또는 재고용 시에 대폭 삭감하는 것은 바람직하지 않다. 따라서 정년연장 여부에 상관없이 지속적으로 대응할 수 있는 합리적인 임금 제도로 변경할 필요가 있다.

한편, 고령 직원에게는 업무의 동기부여 요인을 고려할 때 임금은 반드시 큰 영향을 미치지 않을 수도 있다. 건강관리를 중요한 과제로 삼아 정기적으로 체력 검사를 실시, 건강검진 비용 지원, 스포츠 클럽 지원 등을 포함한 종합적인 처우 정책을 다시 생각해 볼 여지가 있다.

고령자 활용을 둘러싼 임금 제도 개편은 크게 두 가지 접근 방법을 고려할 수 있다. 임금피크제와 직무급이 그 두 가지에 해당한다.

2. 임금피크제 도입

가. 임금피크제란?

임금피크제는 장년 또는 고령 근로자의 계속고용을 위해 일정 기간 동안 고용을 연장하면서 일정 연령부터 임금을 조정하는 제도다. 이는 정년연장, 정년 후 재고용, 그리고 무정년 제도를 포함한다. 우리나라에서는 2013년부터 60세 정년의 법제화가 시행됨에 따라, 많은 기업들이 연공급에 따른 인건비 부담을 완화하기 위해 임금피크제를 도입하였다.

이러한 임금피크제를 설계하고 운영함에 있어서 관련 법령(고령자고용법 제4조의4 제1항 제2호)[4]에 위배되지 않도록 유의해야 한다. 2022년 5월 26일 대법원은 정년을 그대로 유지하면서 일정 연령 이상 근로자의 임금을 정년 전까지 일정 기간 삭감하는 형태의 임금피크제의 효력에 관한 판단 기준을 최초로 제시하는 판결을 하였다.(2017다292343) 이 대법원 판례에서 임금피크제의 효력에 관한 판단 기준으로 임금피크제 도입 목적의 타당성, 대상 근로자가 입는 불이익의 정도, 대상 조치의 도입 여부 및 그 적정성, 감액된 재원이 임금피크제 도입의 본래 목적을 위하여 사용되었는지 등을 활용하였으며, 대법원은 이 판단 기준에 따라 해당 사건의 임금피크제는 연령을 이유로 임금 분야에서 근로자를 차별하는 것으로 그 차별에 합리적인 이유가 있다고 볼 수 없다고 판시하였다.

---

4) 제4조의4(모집ㆍ채용 등에서의 연령차별 금지) ① 사업주는 다음 각 호의 분야에서 합리적인 이유 없이 연령을 이유로 근로자 또는 근로자가 되려는 사람을 차별하여서는 아니 된다. 1. 모집ㆍ채용 2. 임금, 임금 외의 금품 지급 및 복리후생

한편, 임금피크제 지원금은 2018년 12월 31일부로 종료되었다. 이는 고용보험법 시행령의 일몰 조항에 따른 것으로, 2016년부터 2018년 말까지 한시적으로 시행되었다. 이 지원금 제도는 임금피크제 도입에 따라 발생하는 근로자의 임금 감소를 보충하기 위해 정년을 연장하거나 재고용을 통해 고령 근로자의 고용을 유지하는 과정에서 나타날 수 있는 경제적 부담을 완화하는 것을 목표로 한시적으로 운영되었다.

나. 임금피크제, 어떻게 도입할까?

임금피크제를 도입할 때 다음과 같은 순서를 고려할 수 있으며, 각 단계의 핵심 활동을 다음과 같이 기술한다.

준비 단계: 임금피크제 도입을 위한 준비 단계에서는 사업 성과, 비즈니스 전략, 인건비 구조 등 기업의 현황을 철저히 분석하고, 임금피크제가 필요한 이유와 목표를 명확히 설정하는 것이 중요하다. 이 단계에서 인사부서는 경영진과 협업이 필수적이다. 아울러 직원들의 의견을 파악하는 것도 중요하다.

임금피크제 도입의 사전 준비 단계에서는 노사 간 공감대를 형성하고 공동 협의체를 구성하는 것이 핵심이다. 이를 위해 기업 경영 상황을 공유하며 임금피크제의 필요성과 이점을 설명하고, 교육 및 간담회를 통해 직원들의 이해와 동의를 얻는다. 또한, 설문 조사와 간담회를 통해 직원 의견을 수렴하고 부작용을 최소화하는 방안을 마련한다. 노사 공동 협의체를 구성해 도입 방안을 논의하며, 외부 전문가의 지원을 활용해 효과를 극대화한다. 충분한 논의와 협력을 통해 도입의 기반을 다지는 것이 중요하다.

사전 조사: 이 단계에서는 다른 기업들의 사례를 참고하고, 법적 요건과 규제 사항을 검토해야 한다.

제도 설계: 정책 결정을 포함한 임금피크제의 구체적인 설계를 진행하는 단계다. 여기에는 적용 대상, 적용 시기, 임금 조정 방식 등이 포함된다. 여러 시나리오를 검토하여 최적의 방안을 도출하는 것이 중요하다.

협의 단계: 노사 간의 협의를 통해 임금피크제 도입의 배경과 목적, 세부 사항 등을 조율하는 단계다. 이 과정에서 근로자 대표 및/또는 노동조합과의 협력은 필수적이며, 양측의 입장을 조율하는 능력이 요구된다.

도입 및 실행: 임금피크제를 공식적으로 도입하고 실행하는 단계다. 이 단계에서는 도입 초기의 혼란을 최소화하기 위해 명확한 커뮤니케이션과 지원 체계를 마련해야 한다.

평가 및 후속 조치: 도입 후 임금피크제의 효과를 지속적으로 평가하고, 필요시 개선하는 단계다. 정기적인 모니터링과 피드백 수집을 통해 제도의 실효성을 높여야 한다.

각 단계별로 명확한 목표와 과제가 설정되어 있으며, 이를 통해 임금 피크제를 성공적으로 도입할 수 있을 것이다. 단, 실제 도입 과정에서는 예상치 못한 변수들이 발생할 수 있으므로, 유연한 대응 방안도 함께 마련해야 할 것이다. 다음은 각 단계별 세부 절차에 대하여 살펴본다.

(1) 사전 준비

노사 간 공감대 형성
- 경영 상황 공유
- 임금 제도 개편 필요성 논의
- 직원 의견 수렴

노사 공동 TFT 구성
- 실무적인 연구와 제안을 수행할 실무팀
- 외부 컨설팅 기관 적극 활용

임금피크제를 도입하기 위한 첫 번째 단계인 사전 준비는 매우 중요한 과정이다.

먼저, 사업 성과, 비즈니스 전략, 인건비 구조 등 기업의 경영 상황을 철저히 분석하고, 임금피크제가 필요한 이유와 목표를 명확히 설정하는 것이 중요하다. 이 단계에서 인사부서는 경영진과 협업이 필수적이다. 아울러 직원들의 의견을 파악하는 것도 중요하다.

또한, 노사 간 공감대를 형성하고, 공동 협의체를 구성하여 임금피크제 도입의 기반을 마련해야 한다. 노사 간 공감대 형성은 기업 경영 상황을 투명하게 공유하는 것에서 시작한다. 경영 상황을 공유함으로써 임금피크제가 왜 필요한지, 어떤 이점이 있는지를 직원들이 이해할 수 있게 된다. 이를 위해 임금피크제 도입의 필요성에 대한 교육 및 간담회를 정기적으로 개최하는 것이 중요하다. 이러한 교육 및 간담회에서는 임금피크제의 기본 개념, 도입 필요성, 예상되는 효과 등에 대해 설명하고, 직원들의 질문에 답변하는 시간을 가진다. 이를 통해 직원들의 이해와 동의를 얻는 것이 목표다.

또한, 임금피크제 도입 시 발생할 수 있는 부작용을 최소화하기 위해 직원들의 의견을 수렴하는 과정이 필요하다. 이를 위해 다양한 설문 조사나 간담회를 통해 직원들의 의견을 듣고, 그 의견을 반영하여 도입 방안을 구체화한다. 이 과정에서 직원들은 임금피크제가 자신의 업무나 생활에 어떤 영향을 미칠지에 대해 솔직한 의견을 나눌 수 있어야 한다.

노사 공동 협의체(TFT 등)의 구성도 중요한 절차이다. 노사 공동 협의체는 임금피크제 도입과 관련된 모든 사항을 협의하고 결정하는 기구로, 노동조합 대표와 회사 측 대표가 참여한다. 이 협의체에서는 직원 설문 조사, 인터뷰 등을 통해 직원들의 수요를 조사하고, 이를 바탕으로 임금피크제 도입 방안을 마련한다. 또한, 노사발전재단 등 외부 컨설팅 전문가를 적극 활용하여 임금피크제 도입의 효과를 극대화한다.

사전 준비 단계에서는 노사 간의 신뢰와 협력을 바탕으로 충분한 논의와 의견 수렴을 통해 임금피크제 도입의 기반을 다지는 것이 중요하다.

(2) 사전 조사

인력 및 인사 제도 분석
- 연령별 근속년수별 인력 구성
- 채용, 평가, 보상 등 인사 제도 전반

임금체계 분석
• 임금체계 및 임금구성 항목 분석
• 임금 수준 분석: 직급별, 직무별, 연령별 등
• 중장기 인건비 추계

사례연구
• 동종 및 유사 업종 임금피크제 도입 사례 분석
• 해외 사례 등 조사

임금피크제 도입을 위한 두 번째 단계는 사전 조사로서 주로 현황 분석 활동이다. 이 단계에서는 조직의 현재 상태를 철저히 분석하여 임금피크제 도입의 타당성을 평가하고, 도입 방안을 구체화한다. 현황 분석은 인력 구성, 인사 제도, 임금체계, 사례연구 등을 포함할 수 있다.

첫 번째로, 인력 구성과 인사 제도를 분석한다. 이는 조직의 연령별 인력 구성을 파악하고, 채용, 승진, 평가, 보상 등의 인사 제도를 검토하는 과정이다. 연령별 인력 구성을 통해 조직 내 고령자 비율을 확인하고, 임금피크제 도입이 필요한 인력구조인지 평가한다. 또한, 채용, 승진, 평가, 보상 등의 인사 제도를 검토하여 임금피크제 도입 시 인사 제도 전반에 미칠 영향을 파악한다.

두 번째로, 임금체계를 분석한다. 임금체계 및 임금구성 항목을 상세히 분석하고, 직급별·연령별 임금 수준을 검토한다. 이를 통해 임금피크제 도입이 조직의 임금체계에 미치는 영향을 예측할 수 있다. 예를 들어, 직급별·연령별 임금 수준을 분석하여 임금피크제 도입 시 임금 삭감의 정도를 파악하고, 중장기 인건비 추계를 통해 조직의 재정적 영향을 평가한다. 이러한 분석을 통해 임금피크제가 조직의 재정 상태에 미치는 영향을 구체적으로 예측할 수 있다.

마지막으로, 사례연구를 실시한다. 이는 동종·유사 업종의 임금피크제 도입 사례를 분석하고, 기타 해외 사례 등을 조사하는 과정이다.

동종·유사 업종의 사례를 분석하여, 다른 기업들이 임금피크제를 어떻게 도입하고 운영하고 있는지를 파악한다. 이를 통해 성공적인 도입 방안을 벤치마킹하고, 우리 조직에 맞는 최적의 도입 방안을 도출할 수 있다. 또한, 해외 사례를 조사하여 글로벌 트렌드와 비교해 보는 것도 중요하다. 해외 사례를 통해 임금피크제가 어떻게 운영되고 있는지, 어떤 효과를 보고 있는지를 파악하고, 이를 바탕으로 우리 조직에 맞는 도입 방안을 구체화할 수 있다. 예를 들어, 동종 업종에서 임금피크제를 도입한 기업의 사례를 분석하면, 그들이 어떤 방식으로 임금피크제를 도입했는지, 도입 후 어떤 효과와 문제점을 경험했는지를 알 수 있다. 이러한 정보를 바탕으로 우리 조직의 임금피크제 도입 방안을 구체화할 수 있다.

이처럼 사전 조사 단계에서는 조직의 인력 구성, 인사 제도, 임금체계를 철저히 분석하고, 동종·유사 업종 및 해외 사례를 연구하여 임금피크제 도입의 타당성을 평가하고, 구체적인 도입 방안을 마련하는 것이 중요하다.

(3) 제도 설계: ① 정책 결정

임금피크제의 설계 단계에서 가장 먼저 해야 할 일은 정책 결정을 내리는 것이다. 이 단계에서는 고령자의 임금 수준을 분석하고, 인사 제도 개편의 범위를 결정하며, 임금피크제의 적용 대상을 설정하는 작업이 이루어진다.

임금 수준

- 확대되는 고용에 따른 고령자의 임금 수준 설정
- 기존 직원의 임금 수준 검토

제도 개편의 범위	
• 임금 제도	
• 평가 제도, 교육훈련 등 타 제도 개편	

적용 대상	
• 전체 근로자 또는 특정 그룹(직군, 직무 등)	
• 특정 그룹에 한정할 경우 차별이 발생치 않도록 충분한 검토	

조정 기준 결정	
• 기본급(임금피크액의 기준)의 일정 비율 만큼의 임금 조정	
• 수당, 상여금 등의 조정 여부 결정	

① 임금 수준

설계 단계에서 가장 중요한 요소 중 하나는 임금 수준을 평가하고 적절히 조정하는 것이다. 고령자의 임금 수준을 평가하여 임금피크제 적용 시 적절한 임금 조정 방안을 마련하는 절차이며, 성공적인 제도 개편을 위하여 근로자들의 수용성을 함께 고려해야 한다.

② 제도 개편의 범위

제도 개편의 범위는 임금피크제를 도입할 때 매우 중요한 고려 요소이다. 임금피크제 자체만으로는 조직이 직면한 모든 도전 과제를 해결하기 어려우며, 이 제도를 효과적으로 운영하기 위해서는 관련 인사 제도도 함께 개편하는 것이 필요하다. 이러한 제도 개편은 임금 제도뿐만 아니라 복리후생, 근로시간, 평가, 승진, 교육훈련, 건강안전 등 다양한 인사 제도를 함께 검토하고 개편 여부를 결정해야 한다.

③ 적용 대상

임금피크제의 적용 대상을 설정할 때는 직군별 차별이 발생하지 않도록 주의해야 한다. 취업 규칙 등에 대상 범위를 명시하여 근로자들이 임금피크제 적용 여부에 대해 명확히 이해할 수 있도록 해야 한다. 이는 불필요한 혼란을 방지하고, 근로자들이 공정하게 대우받는다는 인식을 갖도록 도와줄 것이다.

④ 조정 기준

임금피크제 도입 시, 임금 조정 기준을 명확히 설정하는 것도 중요하다. 이는 근로시간 단축, 승급 정지, 장년 적합 직무로의 조정 등을 포함할 수 있다. 예를 들어, 근로시간을 줄이고 그에 따른 임금 삭감, 승급 정지 등 임금 수준을 관리하는 방안 등이 포함될 수 있다. 또한, 평가 결과에 따라 차등적으로 임금을 조정하거나, 장년 적합 직무로 이동시키는 방식도 고려할 수 있다.

조정 기준은 기업의 인력 구조, 임금체계, 구성원의 수용도를 고려하여 결정해야 한다. 예를 들어, 성과에 기반한 임금체계를 운영하는 기업이라면 성과에 따라 임금을 조정하는 방안이 적합할 수 있다. 반면, 고령 근로자가 많은 경우에는 근로시간 단축이나 장년 적합 직무로의 이동 등이 효과적일 수 있다.

〈임금피크제 조정 기준(예시)〉

• 임금 – 기본급(피크임금)의 일정 비율 만큼 임금을 조정. 또한 상여금, 기본급과 연동된 수당의 조정 포함 – 고려 사항: 임금피크점, 임금조정률, 임금조정기간 등 • 근로시간(일수) – 근로시간(일수)을 단축하여 임금을 조정. 예를 들면, 주 5일 근무를 주 4일 근무로 변경 – 고려 사항: 직무분할 가능 업무 또는 근로시간 조정 가능 업무 조사

• 직무 조정
– 적합 직무 부여 또는 별도 직군 신설하고 이동한 후 임금 조정. 직무의 난이도나 부담을 줄이기 위함
– 고려 사항: 직무별 난이도 및 숙련도, 직무별 연관성, 장년 근로자의 직무 적합성 분석

이와 같이 적용 대상과 조정 기준을 명확히 설정함으로써, 임금피크제 도입 시 근로자들이 이를 명확히 이해하고, 공정하게 적용될 수 있도록 하는 것이 중요하다. 이를 통해 임금피크제가 보다 원활히 도입되고 운영될 수 있으며, 근로자들의 불만을 최소화할 수 있다.

(3) 제도 설계: ② 임금피크제도

임금피크제 설계
• 임금커브 개정
• 임금피크 시점 결정
• 임금조정률 결정
• 다른 보상제도(퇴직금, 복리후생 등) 검토

직무/직책의 조정

관련 인사 제도 개편
• 평가 제도
• 교육훈련 제도
• 안전 · 건강관리

임금피크제 설계에서 가장 중요한 요소는 임금곡선의 설정, 임금피크점의 결정, 그리고 임금조정률의 결정이다. 임금피크제는 근로자의 연령에 따라 임금을 조정하는 제도이기 때문에, 기본급 곡선이 변경되면 퇴직금과 같은 기본급에 연동된 여러 제도를 함께 검토하고, 이에 맞게 규정을 수정하는 절차가 필수적이다. 이러한 작업을 구체적으로 살펴본다.

① 임금곡선 개정

어떠한 임금 정책을 선택하든지 임금 수준은 근속년수, 나이, 역할, 기여도 등에 따라 시간이 흘러감에 따라 우상향으로 올라간다. 이는 학습곡선에 따른 기여도가 점차적으로 향상되기 때문이다.

고령자를 활용함에 있어서 인건비 부담을 감당해 낼 수 있게 하기 위하여 임금곡선을 개정할 필요가 있다.

현재 많은 기업들이 정년 전후의 직무와 역할의 축소 등으로 인해 고령 근로자의 기본급, 상여금 등의 지급 수준을 퇴직 전과 비교하여 낮추고 있다. 앞으로는 업무, 역할, 기여도에 따른 임금제로 전환하면서 동일노동 동일임금 원칙을 고려하고, 고령 사원의 직무와 역할, 그리고 조직에 대한 기여도에 부합하는 임금 수준을 설정할 필요가 있다. 이 과정에서 1) 퇴직 후의 임금 수준을 일률적으로 낮추는 것 외에도, 2)

〈그림 2-22〉 임금곡선의 재검토^(이미지)

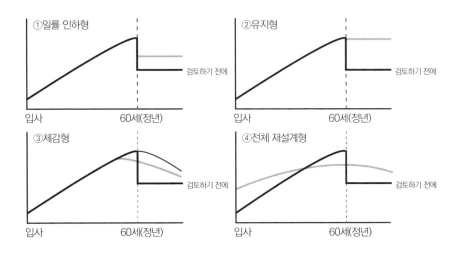

정년에서도 임금 수준을 유지하는 것, 3) 정년 전의 일정 연령 또는 정년에서 점진적으로 임금 수준을 낮추는 것, 4) 초봉에서 정년까지 전체 임금곡선을 재설계하는 등 다양한 임금곡선을 검토할 수 있다.

② 임금피크 시점 결정

임금피크 시점 결정은 임금피크제가 시작되는 시점과 임금 조정 방식을 정하는 중요한 과정이다.

임금피크 시점은 크게 두 가지 방식으로 결정될 수 있다. 첫째, 정년 이전부터 임금을 점진적으로 조정하는 방식이 있다. 예를 들어, 55세부터 임금피크제를 도입하여 임금을 서서히 낮추는 방법이다. 이 경우 임금 하락 폭이 상대적으로 완만하게 설정된다.

둘째, 정년 시점부터 급격하게 임금을 조정하는 방식도 있다. 예를 들어, 60세 정년 이후 임금피크제를 적용하여 급격한 임금 조정을 이루는 방법이다. 이 방식은 단기간에 임금이 크게 줄어드는 특징이 있다.

회사는 임금피크 연령, 기존 정년, 연장 정년 등을 고려하여, 자사에 적합한 임금피크 시점을 선택해야 한다. 임금피크 시점의 설정은 근로자의 생활 안정과 회사의 재정적 부담을 동시에 고려한 중요한 결정이므로 신중하게 접근해야 한다.

③ 임금조정률 결정

임금피크제 설계의 또 다른 중요한 요소는 임금조정률을 결정하는 것이다. 이 단계에서는 임금을 일정 비율로 단계적으로 감축하거나, 초기 조정 후 더 이상 변동하지 않는 방식 등을 설정할 수 있다.

임금조정률 결정의 첫 번째 방법은 피크임금 대비 매년 일정 비율로 임금을 감축하는 방식이다. 예를 들어, 기존 정년부터 연장 정년까지 매년 일정 비율로 임금을 감축하는 것이다. 이 방식은 근로자가 임금 삭감에 서서히 적응할 수 있게 도와주며, 임금 삭감의 충격을 완화하는 데 효과적이다.

두 번째 방법은 임금피크제 도입 시점에 임금을 조정하고 이후 더 이상 변동하지 않는 방식이다. 예를 들어, 정년 시점에 임금을 조정하고, 연장 정년 동안 그 임금 수준을 유지하는 것이다. 이 방법은 초기에는 임금 삭감의 충격이 클 수 있지만, 이후에는 안정적인 임금 수준을 유지할 수 있어 근로자의 예측 가능성을 높인다.

임금조정률을 결정할 때는 정년연장 기간, 기업의 재정 상태, 인력 구성 및 임금체계, 동종 업계의 도입 사례 등을 종합적으로 고려해야 한다. 이를 통해 근로자의 생활 안정과 회사의 재정적 부담을 동시에 고려할 수 있으며, 임금피크제가 합리적으로 운영될 수 있다.

④ 다른 보상제도의 조정

마지막으로 임금피크제 도입에 따라 다른 근로조건 및 보상제도의 조정 여부를 검토해야 한다. 임금, 복지, 퇴직급여 등을 종합적으로 검토하여 임금피크제 도입 효과를 극대화하고, 근로자의 안정성을 확보하는 것이 중요하다.

• 임금구조의 조정

임금피크제 도입에 따라 기존의 임금구조가 조정될 필요가 있다. 이를 위해 사용자는 근로자 대표와 협의하여 통상임금, 기본급, 상여금, 성과급 등 다양한 임금 요소를 종합적으로 검토해야 한다. 임금피크제의 효과를 극대화하고 근로자의 재정적 안정성을 확보하기 위해, 임금 감소가 합리적이고 일관성 있게 이루어지도록 해야 한다. 필요시, 성과급이나 상여금의 지급 기준을 조정하여 임금 감소에 따른 근로자의 부담을 최소화할 수 있는 방안을 마련할 수 있다.

• 복리후생 제도의 개편

임금피크제 도입 시, 복리후생 제도 역시 조정이 필요하다. 복리후생 혜택은 근로자의 직무 만족도를 높이고, 임금 외의 중요한 보상 요소로 기능하기 때문에 임금피크제 도입 후에도 근로자 간 차별 없이 공정하게 운영되어야 한다. 특히, 업무의 내용이나 난이도에 상관없이 지급되는 기본적인 복리후생 혜택은 임금피크제 적용 대상 직원들에게도 동일하게 제공하는 것이 바람직할 것이다. 이러한 복리후생 제도의 유지 및 개편은 임금피크제로 인한 근로자의 심리적 및 경제적 부담을 덜어 주고, 조직 내에서의 공정성을 강화하는 데 중요한 역할을 할 것이다.

• 퇴직급여의 재설계, 중간정산 등

임금피크제 도입에 따른 퇴직급여의 변화도 중요한 고려 사항이다. 사용자는 근로자에게 퇴직급여 수령액이 감소할 가능성을 미리 알리고, 근로자 대표와 협의하여 별도의 퇴직급여 산정 기준을 마련해야 한다. 이는 근로자의 권익을 보호하기 위한 조치로, 임금이 감소하는 시점에 맞추어 퇴직급여를 단계적으로 산정하는 방식을 채택할 수 있다.

가장 쉬운 방법은 퇴직금 중간정산이다. 임금피크제 도입으로 인해 퇴직금 중간정산을 희망하는 근로자가 있을 수 있다. 회사는 이를 수용할 수 있는 절차를 마련해야 하며, 근로자와의 협의를 통해 합리적이고 공정한 방식으로 중간정산을 시행할 수 있도록 해야 한다. 또한, 퇴직연금 제도를 운영 중인 사업장의 경우, 임금피크제 도입에 따라 확정급여형(DB)에서 확정기여형(DC)으로 전환하는 것도 하나의 선택지가 될 수 있다. 확정기여형 전환은 퇴직급여 산정 기준을 보다 명확히 하고, 임금피크제에 따른 임금 저하가 이미 발생한 퇴직금의 저하를 피할 수 있게 해 준다.

한편, 꽤 복잡하지만 임금피크 적용 구간에 대한 퇴직금 제도를 별도로 설정할 수도 있다. 예를 들어, 임금피크제 시행 시점을 기준으로 세 단계에 걸쳐 퇴직금을 산정할 수 있다. 첫 번째 단계는 피크 임금 구간의 시작 시점, 두 번째 단계는 중반, 세 번째 단계는 구간 종료 시점을 기준으로 각각 퇴직금을 계산한다. 이러한 단계적 산정 방식은 임금피크제 도입으로 인한 퇴직급여의 급격한 감소를 방지하고, 근로자에게 보다 안정적인 보상을 제공하는 데 기여할 것이다.

임금피크제 도입과 관련된 모든 제도 변경 사항은 근로자들에게 명확히 설명되어야 하며, 이 과정에서 발생할 수 있는 갈등을 최소화하는 것이 중요하다. 이를 위해 철저한 사전 준비와 소통이 필수적이며, 근로자와의 신뢰 구축을 통해 제도의 합리적 운영이 가능해질 것이다.

이와 같은 과정을 통해 임금피크제 도입이 근로자와 기업 모두에게 긍정적인 영향을 미칠 수 있도록 제도를 설계하는 것이 중요하다. 이를 통해 고령 근로자의 활용과 정년연장에 대한 전략적 목표를 달성할 수 있을 것이다.

(3) 제도 설계: ③ 직무/직책의 조정

제도 설계 단계에서 직무와 직책 조정을 고려할 수도 있다. 이 단계에서는 기존 직무와 직책을 유지하면서 임금을 조정하거나, 임금 조정과 함께 직무를 재설계하는 방향을 선택할 수 있다.

첫 번째 접근 방식은 직무와 직책을 그대로 유지하면서 임금을 조정하는 것이다. 이 방식은 고숙련 및 고기능 인력을 지속적으로 활용하여 추가적인 인건비 부담 없이 생산성을 높일 수 있는 경우에 적합하다. 직무나 직책의 변화 없이 임금만을 조정하기 때문에, 근로자들은 기존 역할을 그대로 수행하면서 임금 변화에만 적응하면 된다.

두 번째 접근 방식은 임금 조정과 함께 직무를 변경하되, 직급(호칭)은 유지하는 것이다. 예를 들어, 기존 직무를 다른 직무로 전환하면서도 직급은 변동 없이 유지하는 방식이다. 이는 조직 내 인력 구조의 변경이 필요하거나, 대상자의 직무에 대한 배려가 요구될 때 유용하다. 직무가 변경되더라도 직급이 그대로 유지되므로, 근로자는 새로운 역할을 수행하게 되지만 조직 내 지위(신분)의 변동은 없다.

세 번째 접근 방식은 직무뿐만 아니라 직급과 직책 모두를 변경하는 것이다. 예를 들어, 관리직에서 현장직이나 사무직으로 직무를 전환하는 방식이 이에 해당한다. 이는 조직의 특성에 맞는 적합한 직무를 새롭게 개발하여 근로자가 이를 수행하도록 하는 데 적합하다. 이 방식에서는 직무와 직책 모두가 변경되므로, 근로자는 새로운 역할과 지위를 부여받게 된다.

직무 변경이 이루어질 경우, 새로운 직무에 대한 교육과 훈련이 필수적이다. 이를 위해 사업장 내 자체 교육 프로그램을 활용하거나 외부 기관의 교육을 위탁할 수 있다. 이 과정에서 정부 지원 제도를 적극적으로 활용하면 교육 및 훈련 비용을 절감할 수 있다.

직무 및 직책 조정 단계에서는 근로자의 직무와 직책을 유지할지, 변경할지를 결정하고, 이에 따라 필요한 교육과 훈련을 제공하는 것이 중요하다. 이를 통해 임금피크제가 근로자와 회사 모두에게 합리적으로 적용될 수 있으며, 근로자의 직무 만족도와 생산성을 높일 수 있다. 직무와 직책의 변경 여부와 방식을 명확히 결정하고, 그에 따른 계획을 철저히 준비하는 것이 필수적이다.

(3) 제도 설계: ④ 관련 인사 제도 개편

임금피크제의 효과적인 운영을 위해서는 관련 인사 제도의 개편이 필수적이다. 이는 제도의 성공적인 안착을 지원하며, 조직 내의 일관성과 공정성을 유지하는 데 중요한 역할을 한다.

가장 먼저, 평가 제도를 살펴보아야 한다. 임금피크제 대상자의 성과 평가 기준을 조정하여 현실적인 목표 설정과 공정한 평가가 이루어지도록 해야 한다. 고령 근로자의 경험과 전문성을 반영한 맞춤형 평가 기준을 도입함으로써 동기부여와 생산성 향상을 도모할 수 있다.

다음으로, 교육훈련 제도의 개편이 필요하다. 직무 변경이 발생할 경우, 필요한 기술과 역량을 습득할 수 있도록 교육훈련 프로그램을 새롭게 설계하거나 기존 프로그램을 강화해야 한다. 또한, 신기술이나 업무 방식의 변화에 적응할 수 있도록 지속적인 교육을 지원하는 것이 중요하다.

마지막으로, 안전 및 건강관리 제도를 강화해야 한다. 고령 근로자의 특성을 고려하여 작업 환경을 개선하고, 건강관리를 위한 제도를 보완해야 한다. 정기적인 건강검진과 적절한 휴식 및 근무시간을 보장하여 근로자의 건강을 유지하고, 안전한 근무 환경을 제공하는 것이 필요하다.

이러한 인사 제도 개편은 임금피크제와 연계되어 근로자의 만족도와 조직의 효율성을 동시에 높이는 데 기여할 수 있다.

평가 제도, 교육훈련, 안전 및 건강관리에 대한 구체적인 내용은 다음 챕터에서 자세히 다룰 것이다.

(4) 도입 및 실행

커뮤니케이션 전략 수립 및 실행
- 제도의 목적, 필요성, 기대효과 등 설명
- 공지, 설명회 등 실시

파일럿 프로그램 운영
- 특정 부서/그룹에 시범적 도입
- 문제점 파악 및 세부사항 조정

새로운 직무 부여받는 근로자 대상의 교육훈련

임금피크제 도입의 설계가 완료되면, 다음 단계는 제도를 실제로 도입하고 실행하는 것이다. 이 과정은 신중하게 계획된 절차에 따라 진행되어야 하며, 조직 내의 모든 이해관계자가 충분히 이해하고 동참할 수 있도록 해야 한다.

첫째, 커뮤니케이션 전략이 중요하다. 임금피크제의 목적, 필요성, 기대효과 등에 대해 명확하게 설명하는 것이 필수적이다. 이를 위해 경영진, 인사부서, 노조 대표 등이 참여하는 설명회, Q&A 세션, 내부 공지 등을 통해 임직원들에게 제도를 이해시키고, 이 과정에서 나오는 우려나 의견을 적극적으로 수렴하여 반영하는 노력이 필요하다.

둘째, 파일럿 프로그램을 운영할 수 있다. 일부 부서나 특정 그룹을 대상으로 임금피크제를 시범적으로 도입하여 문제점을 파악하고 개선할 수 있는 기회를 마련한다. 파일럿 프로그램의 결과를 바탕으로 제도의 세부 사항을 조정하거나 보완할 수 있다.

셋째, 전사적 시행에 앞서 필요한 교육 및 훈련을 제공해야 한다. 새로운 직무를 부여받는 근로자들이 직무를 원활히 수행할 수 있도록 적절한 교육과 훈련을 제공하며, 특히 고령 근로자의 경우, 체계적인 지원 프로그램을 통해 직무 전환이나 업무 적응을 도울 필요가 있다.

마지막으로, 실행 후 모니터링이 필요하다. 제도가 실행된 후 정기적인 모니터링을 통해 실행 과정에서 발생하는 문제를 신속히 파악하고 해결 방안을 모색해야 한다. 이를 통해 조직은 제도의 안정적인 정착을 도모할 수 있으며, 필요시 추가적인 지원이나 제도 수정이 가능하다.

(5) 평가 및 후속 조치

제도 도입에 따른 성과 평가
- 생산성, 조직 분위기, 근로자 만족도 등 평가
- 객관적인 데이터 확보

근로자와 관리자의 피드백 수집

제도 보완 및 개선
- 제도 운영 방식 수정
- 추가적인 지원 프로그램 도입

근로자와 관리자의 피드백 수집

임금피크제를 도입하고 일정 기간이 지난 후에는, 제도의 효과성과 문제점을 파악하기 위한 평가를 실시해야 한다. 이 단계는 임금피크제가 조직의 목표에 부합하고 근로자의 요구를 충족시키는지 여부를 확인하는 중요한 과정이다.

첫째, 성과 평가가 이루어져야 한다. 임금피크제가 도입된 이후의 생산성, 조직 분위기, 근로자의 만족도 등을 평가하여 제도의 성공 여부를 판단한다. 이를 위해 다양한 평가 지표와 방법을 사용하며, 객관적인 데이터 수집을 통해 평가의 신뢰성을 높인다.

둘째, 피드백 수렴이 중요하다. 임금피크제에 참여한 근로자와 관리자의 의견을 수렴하여 제도의 실제적 효과를 분석한다. 이 과정에서 도출된 문제점이나 개선 사항은 후속 조치를 위한 귀중한 자료가 된다.

셋째, 후속 조치를 통해 제도를 보완하거나 개선해야 한다. 평가 결과를 바탕으로 제도의 운영 방식을 수정하거나, 필요시 추가적인 지원 프로그램 도입 등의 조치를 취한다. 예를 들어, 직무 전환의 어려움을 겪는 근로자를 위한 추가 교육 프로그램을 도입하거나, 성과 평가 기준을 조정할 수 있다.

마지막으로, 지속적인 모니터링과 피드백 반영을 통해 임금피크제의 지속 가능성을 확보해야 한다. 제도 도입 후에도 정기적인 평가와 모니터링을 통해 제도의 실효성을 유지하고, 조직의 변화에 따라 유연하게 대응할 수 있도록 제도를 지속적으로 개선해 나가는 것이 중요하다.

이러한 과정은 임금피크제의 성공적인 정착을 도모하고, 조직의 경쟁력을 유지하며, 근로자의 만족도와 생산성을 높이는 데 기여할 것이다.

다. 임금피크제 관련 법령 등
(1) 임금피크제 관련 법령
임금피크제의 도입, 운영 및 지원에 관한 기본적인 법적 근거는 「고

용상 연령차별금지 및 고령자고용촉진에 관한 법률」(이하 '고령자고용법')
제19조의2에 규정되어 있다.

이 조항에 따르면 정년을 연장하는 사업 또는 사업장의 사업주는
그 사업 또는 사업장의 여건에 따라 임금체계 개편 등 필요한 조치를
해야 하며, 고용노동부 장관은 정년을 60세 이상으로 연장하는 사업
장의 사업주나 근로자에게 임금체계 개편 등을 위한 컨설팅 등 필요
한 지원을 할 수 있다고 규정하고 있다.

(2) 임금피크제와 연령에 따른 차별금지

임금피크제의 입법 초기부터 이 제도가 연령에 따른 차별에 해당되
는지에 대한 논란이 있었다. 따라서 임금피크제를 설계하고 운영함에
있어서 고령자고용법(제4조의4 제1항 제2호)5)에 위배되지 않도록 유의해야
한다.

2022년 5월 26일 대법원은 정년을 그대로 유지하면서 일정 연령
이상 근로자의 임금을 정년 전까지 일정 기간 삭감하는 형태의 임
금피크제의 효력에 관한 판단 기준을 최초로 제시하는 판결을 하였
다.(2017다292343)

대법원은 이 판례에서 임금피크제의 효력에 관한 판단 기준으로 임
금피크제 도입 목적의 타당성, 대상 근로자가 입는 불이익의 정도, 대
상 조치의 도입 여부 및 그 적정성, 감액된 재원이 임금피크제 도입의
본래 목적을 위하여 사용되었는지 등을 활용하였으며, 대법원은 이

---

5) 제4조의4(모집·채용 등에서의 연령차별 금지) ① 사업주는 다음 각 호의 분야에서 합
리적인 이유 없이 연령을 이유로 근로자 또는 근로자가 되려는 사람을 차별하여서는
아니 된다. 1. 모집·채용 2. 임금, 임금 외의 금품 지급 및 복리후생

판단 기준에 따라 해당 사건의 임금피크제는 연령을 이유로 임금 분야에서 근로자를 차별하는 것으로 그 차별에 합리적인 이유가 있다고 볼 수 없다고 판시하였다.

(3) 임금피크제 지원금 제도

한편, 임금피크제 지원금은 2018년 12월 31일부로 종료되었다. 이는 고용보험법 시행령의 일몰 조항에 따른 것으로, 2016년부터 2018년 말까지 한시적으로 시행되었다. 이 지원금 제도는 임금피크제 도입에 따라 발생하는 근로자의 임금 감소를 보충하기 위해 정년을 연장하거나 재고용을 통해 고령 근로자의 고용을 유지하는 과정에서 나타날 수 있는 경제적 부담을 완화하는 것을 목표로 한시적으로 운영되었다.

(4) 임금피크제 도입 현황

이제 임금피크제 도입 현황[6]을 다음과 같이 살펴본다.

임금피크제는 비교적 빠르게 확산되어 왔다. 정년제를 운영하는 300인 이상 사업체에서 임금피크제를 도입한 곳은 2009년 13.7%에서 2022년 51.0%로 증가했고, 300인 미만 사업체의 경우 2009년 1.6%에서 2022년 21.2%로 증가하였다. 하지만 2019년을 정점(300인 이상 사업체 54.1%, 300인 미만 21.5%)으로 최근에는 약간 줄어들었다.

이처럼 임금피크제가 빠르게 확산되었지만 기업마다 도입한 제도 및 운용 방식은 매우 상이하고 이질적이다. 이러한 중요성에도 불구하고 한국 기업에서 도입하고 있는 임금피크제의 구체적 유형과 도입

---

6) 고용노동부(2024), 정년제 및 임금피크제 도입 현황(2022년).

요인에 대한 체계적인 연구와 이해는 부족하다. 분석 결과 정년 제도 존재, 자산 규모가 큰 기업, 성과배분제 운영, 공공기관, 노사관계가 좋은 기업의 경우 임금피크제 도입에 적극적인 것으로 분석되었다. 특히, 자산 규모가 큰 기업과 공공기관의 경우 정년 보장형 임금피크제를 주로 도입한 것으로 나타났다.

그러나 분석 결과를 통하여 한국 기업이 도입한 임금피크제 유형을 일관되게 예측 및 설명하는 것에는 어려움이 있었다. 한편 노사관계가 좋은 기업의 경우 임금피크제 도입에 적극적일 뿐만 아니라, 도입 후 변경 혹은 중단에도 유의미한 결과가 강하게 나타났다.

분석한 결과를 살펴보면 한국 기업의 임금피크제 주요 도입 요인은 고령사회에 대한 대응보다는 노동 유연화 혹은 정부 정책에 의하여 도입이 촉진된 측면이 높은 것으로 보여진다.

3. 직무급 도입

정년연장을 포함한 고령자 활용과 관련하여 임금 제도를 검토할 때 임금피크제와 더불어 직무급 제도를 고려할 수 있다. 직무급 제도는 공정한 처우와 지불가능한 임금 수준 측면에서 매우 합리적이고 효과적인 방안이라고 여겨진다. 다만, 우리나라에서는 운영 경험의 부족으로 현실적으로 적용하는데 심리적인 부담이 적지 않다고 할 수 있다. 이 직무급 제도에 대하여 구체적으로 살펴본다.

가. 직무급이란?

직무급은 직무의 가치와 난이도에 따라 임금을 결정하는 임금체계를 의미한다. 이는 전통적인 연공서열에 기반한 임금체계와 달리, 개별 근로자가 수행하는 직무의 중요성, 복잡성, 책임도 등을 고려하여 임금을 책정하는 방식이다. 직무급 체계는 공정성과 투명성을 강조하며, 조직 내 다양한 직무의 상대적 가치를 평가하여 임금 수준을 결정한다.

직무급 제도의 주요 구성요소는 다음과 같다.

① 직무 분석: 직무급 체계를 도입하기 위해 먼저 수행해야 할 단계는 직무 분석이다. 이는 조직 내 각 직무의 내용을 상세히 파악하고, 직무 수행에 필요한 지식, 기술, 능력 등을 평가하는 과정이다. 직무 분석을 통해 직무의 주요 활동, 필요 역량, 직무의 복잡성 등을 명확히 한다.

② 직무 평가: 직무 분석 결과를 바탕으로 직무 평가를 실시한다. 직무 평가는 각 직무의 상대적 가치를 측정하는 과정으로, 여러 평가 요소를 사용하여 직무를 비교하고 점수 또는 순위를 매긴다. 일반적으로 사용되는 평가 요소는 지식 및 기술 요구도, 책임의 범위, 복잡성, 작업 조건 등이 포함된다.

③ 직무 등급: 직무 평가 결과를 기반으로 직무를 등급별로 분류한다. 각 등급은 직무의 가치와 난이도에 따라 결정되며, 유사한 가치와 난이도를 가진 직무들을 동일한 등급으로 묶는다.

④ 임금구조 설정: 직무 등급에 따라 임금구조를 설정한다. 각 직무 등급에 해당하는 기본급을 책정하고, 직무의 가치에 따라 차등화된 임금 수준을 적용한다. 이 과정에서는 시장 임금 수준, 조직의 재정 상황, 내부 공정성 등을 고려한다.

⑤ 정기적 검토 및 조정: 직무급 체계는 정기적으로 검토하고 조정할 필요가 있다. 이는 조직의 변화, 직무 내용의 변화, 외부 시장 임금

변화 등을 반영하여 직무 평가와 임금구조를 지속적으로 업데이트하는 과정이다.

직무급 체계는 조직의 목표를 달성하기 위한 인적자원관리 전략을 수립하는 데 중요한 도구가 될 수 있다. 이를 통해 공정하고 투명한 임금체계를 구축하고, 직원들의 동기부여와 조직의 효율성을 극대화할 수 있다.

나. 왜 직무급인가?

직무급 체계는 한마디로 직무의 가치에 따라 임금을 결정하는 것이다. 이는 공정하고 투명한 보상 체계를 구축하기 위한 하나의 방법으로, 기업 내 다양한 직무의 특성과 책임 정도를 반영하여 공평한 임금체계를 마련하는 데 중점을 둔다. 따라서 직무급 제도는 근로자들의 역할과 책임에 대한 명확한 이해를 돕고, 직무 수행의 동기를 부여하는 데 중요한 역할을 한다.

직무급 도입은 다음과 같은 몇 가지 주요 목적을 가지고 있다.

① 공정성 증대: 모든 직원이 공정하게 대우받는다는 느낌을 받을 수 있도록 한다. 이는 직원들의 만족도와 조직 충성도를 높이는 데 기여한다.

② 투명성 강화: 임금 결정 과정의 투명성을 높여 직원들이 임금 결정 기준을 명확히 이해할 수 있도록 한다.

③ 효율성 향상: 직무에 적합한 인재를 배치하고, 직무 수행에 필요한 역량을 적절히 평가함으로써 조직의 효율성을 높인다.

④ 직무 중심의 인사관리: 연공이나 능력 등 속인적인 요소 대신에 직무의 특성과 가치에 따른 보상체계를 구축하여, 조직의 전략적 목

표를 달성하는 데 기여한다.

아울러, 위와 같은 효과적인 인적자원관리를 통해 조직의 비즈니스 목표 달성에 이바지하도록 하기 위함이다.

다. 직무급, 어떻게 도입할까?

고령자 활용을 위해 정년연장이나 정년 후 재고용을 고려하는 조직은 연공성을 완화하고 공정한 보상체계를 구축하기 위하여 직무급 체계를 도입하는 것을 고려할 수 있다. 이 과정은 다음과 같이 몇 가지 중요한 단계로 나눌 수 있다.

준비 단계: 이 단계에서는 직무급 도입을 위해 조직이 필요한 자원과 목표를 명확히 설정하고, 이해관계자들과의 소통을 통해 변화에 대한 이해를 도모한다.

적용 대상 결정: 직무급을 도입할 대상 직군이나 조직 내 특정 계층을 선정하는 과정이다. 이는 직무 특성, 조직의 구조, 직원 구성, 구성원들의 수용성 등을 고려하여 결정할 수 있다.

직무 분석: 이 단계에서는 직무의 핵심 요소와 업무 내용, 필요 역량 등을 분석하여 직무의 상대적 가치를 평가할 수 있는 기초 자료를 수집한다.

직무 평가: 직무 분석을 통해 수집된 자료를 바탕으로 각 직무의 가

치를 평가하고, 직무 간의 중요성과 책임도 등을 비교하여 직무급 체계의 기초를 마련한다.

직무급 체계 설계: 직무 평가 결과를 바탕으로 각 직무에 적합한 급여 수준을 설정하고, 이를 조직 내에 어떻게 적용할 것인지에 대한 구체적인 설계를 진행한다.

실행 및 유지관리: 설계된 직무급 체계를 실제로 적용하고, 도입 후 지속적으로 평가와 피드백을 통해 제도를 개선하며 유지하는 과정이다. 이를 통해 직무급 체계가 조직 내에서 원활히 정착될 수 있도록 한다.

이러한 일련의 과정은 체계적이고 신중하게 진행되어야 하며, 각 단계에서의 세심한 계획과 실행이 직무급 도입의 성공 여부를 결정짓게 된다.

(1) 준비

직무급 체계를 성공적으로 도입하기 위해서는 철저한 준비 단계가 필수적이다. 이 단계에서는 명확한 목표 설정, 프로젝트팀 구성, 데이터 수집 및 준비, 리스크 관리 등의 절차를 통해 체계적인 접근이 필요하다.

목표 설정
- 임금 정책 목표 설정
- 조직 구성원 이해 파악

프로젝트팀 구성
- 전문가 및 내부 인력 선정
- 외부 컨설팅 기관 활용 고려

데이터 수집 및 준비
• 기존 자료 검토
• 데이터 수집 계획 수립

리스크 관리
• 리스크 식별 및 평가
• 리스크 대응 계획 수립

우선, 목표 설정이 이루어져야 한다. 이는 임금 정책의 목표를 명확히 정의하는 것에서 시작된다. 고령자 활용과 임금체계 개편을 위해 구체적인 목적을 설정하고, 예를 들어 고령 근로자의 고용 안정성 확보나 공정한 임금체계 구축, 생산성 향상 등을 목표로 삼을 수 있다. 이어서, 이러한 목표를 달성하기 위한 세부 목표를 설정하는 것이 중요하다. 예를 들어, 연공급 완화, 직무 가치 반영 등이 세부 목표로 설정될 수 있다.

또한, 조직 구성원의 이해를 돕기 위해 이해관계자 식별이 필요하다. 임금체계 개편에 영향을 받는 주요 이해관계자, 예를 들어 경영진, 인사팀, 근로자 대표 등을 식별하고, 이들과의 원활한 소통을 위해 소통 계획을 수립한다. 이를 통해 구성원들의 이해와 공감을 얻어 변화에 대한 저항을 최소화할 수 있다.

두 번째, 프로젝트팀 구성이다. 이 단계에서는 먼저 프로젝트를 이끌어 갈 리더를 선정하는 것이 중요하다. 이 리더는 조직 내에서 영향력이 있고, 변화 관리 능력이 뛰어난 인물이어야 한다. 또한, 직무 분석 및 평가를 수행할 수 있는 전문 인력을 프로젝트팀에 배치해야 한다. 인사 담당자, 직무 전문가, 재무 전문가 등이 포함될 수 있을 것이다.

또한 필요에 따라 외부 컨설팅 업체를 적극 활용하는 것도 고려해야 한다. 이 경우 컨설팅 업체를 선정하고, 프로젝트의 주요 단계와 일정, 역할 분담 등을 명확히 정의하여 협력 계획을 수립해야 한다. 컨설팅 업체는 직무 평가와 임금체계 설계에 대한 전문 지식과 경험을 제공할 수 있다.

세 번째, 데이터 수집 및 준비가 필요하다. 먼저, 현재 조직에서 사용 중인 임금체계를 분석하고 그 장단점을 평가하는 과정이 필요하다. 기존에 작성된 직무 기술서와 직무 분석 자료도 검토해야 하며, 최신화가 필요한 부분을 식별하는 것이 중요하다. 이를 바탕으로 필요한 데이터를 정의하고, 데이터 수집 방법을 결정해야 한다. 설문 조사, 인터뷰, 관찰 등의 방법을 통해 데이터를 수집하고 구체적인 계획을 수립한다.

마지막으로, 리스크 관리가 필수적이다. 이 단계에서는 임금체계 개편 과정에서 발생할 수 있는 잠재적 리스크를 식별하고, 각 리스크의 발생 가능성과 영향을 평가하여 우선순위를 정해야 한다. 주요 리스크에 대해서는 대응 전략을 개발하고, 리스크 회피, 완화, 수용 등의 전략을 통해 준비된 계획을 실행함으로써, 리스크 발생 시 신속하게 대응할 수 있도록 한다.

준비 단계는 직무급 체계 도입의 성공 여부를 결정짓는 중요한 단계이다. 철저한 준비를 통해 조직 구성원들의 이해와 공감을 얻고, 직무 분석 및 평가를 위한 데이터 수집과 리스크 관리 등을 체계적으로 수행함으로써, 직무급 체계 도입을 원활히 진행하고 고령자 활용과 임금체계 개편의 목표를 달성할 수 있다.

(2) 적용 대상 결정

직무급 제도의 적용 범위를 결정하는 것은 그 제도의 성공적인 도입과 운영을 좌우하는 핵심적인 요소다. 특정 직군에만 적용할지, 전사적으로 적용할지, 그리고 정규직과 고용이 연장된 고령자 직원에게 동일한 제도를 적용할지, 아니면 서로 다른 임금 제도를 도입할지의 결정은 직무급 도입 과정에서 조직이 직면하는 가장 중요한 과제 중하나다. 이러한 적용 범위는 아래와 같이 두 가지 방식으로 나눌 수있다.

1사 1제도: 모든 직원에 대한 직무급 도입

1사 2제도: 특정 직군에만 직무급 도입(업무의 상격에 따른 구분, 기존 직원과 고용연장된 직원에 대한 구분 등)

첫 번째 방식은 1사 1제도로, 모든 직원과 모든 직무에 대해 동일한 직무급 제도를 적용하는 것이다. 이 방식은 조직 전체의 일관성을 유지하는 데 유리하다. 그러나 조직 구성원 전체에 대한 큰 변화가 수반되므로, 신중하고 체계적인 준비가 필요하며, 조직 구성원 간의 공감대를 형성하는 노력이 매우 중요하다.

두 번째 방식은 1사 2제도로, 특정 직군에 한하여 직무급 도입(예. 관리직군, 사무직군, 생산직군 등), 또는 기존 직원(기존 정년 도달 전 직원)에게는 기존의 임금 제도를 유지하면서, 고용이 연장된 고령자에게는 직무급 제도를 적용하는 것이다. 이 방식은 변화의 범위가 비교적 작고, 적용 대상이 제한적이기 때문에 도입 부담이 상대적으로 적다.

1사 2제도에서는 특정 직군 또는 기존 직원들은 연공급 등 기존의 임금체계를 유지하게 된다. 이는 조직 내 일관성과 안정성을 유지하는 데 기여하며, 기존 직원들의 수용성을 높이는 효과가 있다. 그러나 이 방식은 직무의 가치와 책임을 충분히 반영하지 못할 수 있으며, 변화하는 시장 환경에 유연하게 대응하기 어렵다는 한계가 있다. 반면, 고용이 연장된 직원들에게는 새로운 직무급 제도가 적용된다. 이 제도는 직무의 가치와 난이도, 그리고 요구되는 역량을 반영하여 임금을 결정하는 방식이다. 이러한 방식은 직무 특성과 가치에 따른 공정한 보상을 가능하게 하며, 고령자 인력의 활용도를 높이고 동기부여를 강화할 수 있다. 또한, 직무 중심의 보상 체계를 통해 조직의 전략적 목표 달성에도 기여할 수 있다.

결론적으로, 직무급 제도의 적용 범위를 특정 직군에 한하여 그리고 기존 직원(기존 정년 도달 전 직원)과 고용연장 직원으로 구분할지 여부는 조직의 인사 정책에서 매우 중요한 부분이다. 고령화사회에서 지속 가능한 인사 정책을 구축하고, 고령자 인력을 효율적으로 활용하는 과제는 물론, 공정하고 투명한 보상 체계를 통해 조직의 경쟁력을 강화할 수 있도록 신중히 결정해야 한다.

(3) 직무 분석

직무 분석 단계는 직무급 체계를 도입하는 데 있어 필수적인 과정이다. 이 단계에서 조직 내 각 직무의 내용을 상세히 파악하고, 직무 수행에 필요한 지식, 기술, 능력 등을 평가함으로써 직무의 상대적 가치를 명확히 하고 공정한 임금체계를 구축할 수 있는 기틀을 마련해야 한다. 직무 분석 단계는 다음과 같은 세부 단계로 구성된다.

직무 기술서 작성
- 현장 인터뷰 및 설문 조사
- 업무 관찰

직무 분류
- 유사한 업무를 묶어서 동일한 직무로 편성
- 비슷한 직무들을 그룹화하여 직무군 설정

첫 번째 단계는 직무 기술서 작성이다. 여기서는 각 직무의 주요 활동, 필요 역량, 책임 등을 기술한 직무 기술서를 작성한다. 직무 기술서는 직무의 목표, 주요 업무, 필요 자격 요건 등을 포함하며, 직무에 대한 전반적인 정보를 제공한다. 직무 기술서를 작성하기 위해서는 해당 직무를 수행하는 구성원들과의 인터뷰, 설문 조사, 관찰 등을 통해 정확한 정보를 수집하는 것이 필수적이다.

이 과정에서는 특히 현장 인터뷰 및 설문 조사가 중요한 역할을 한다. 직무 분석을 위해 현장 인터뷰를 통해 해당 직무를 수행하는 직원들과 직접 면담하며 직무의 실제 내용을 파악한다. 또한 설문 조사를 통해 직무에 대한 전반적인 의견을 수집하고, 직무의 주요 요소를 평가하여 보다 객관적이고 다양한 직무 정보를 확보한다.

한편, 업무 관찰도 직무 분석을 위한 중요한 방법 중 하나이다. 직무 수행 현장을 직접 방문하여 업무를 관찰함으로써, 직무 기술서에 기술된 내용이 실제 업무와 일치하는지 확인한다. 특히 복잡하고 전문적인 직무의 경우, 업무 관찰을 통해 보다 정확한 정보를 얻을 수 있다.

두 번째 단계는 직무 분류이다. 직무 분석을 통해 수집된 정보를 바탕으로 유사한 업무를 묶어 동일한 직무로 편성하고, 비슷한 직무들을 그룹화하여 직무군(직군)을 설정한다. 직무군은 직무의 성격, 수행 방식, 필요 역량 등이 유사한 직무들을 묶어 그룹화한 것이다. 직무군 설정은 이후 직무 평가와 임금체계 설계 과정에서 중요한 역할을 하며, 직무 간 비교와 평가를 용이하게 만든다.

(4) 직무 평가

직무 평가 단계는 직무 분석 결과를 바탕으로 각 직무의 상대적 가치를 결정하는 중요한 과정이다. 이 단계에서는 직무의 난이도, 책임도, 중요도 등을 평가하여 직무별 임금 수준을 설정할 수 있다. 직무 평가는 다음과 같은 세부 단계로 나눌 수 있다.

직무 평가 기준 설정
- 평가 요소 선정
- 가중치 결정

직무 평가 수행
- 직무 평가 실시
- 직무 가치에 따른 직무 등급 결정

먼저, 직무 평가 기준을 설정해야 한다. 이를 위해 직무 평가에 필요한 평가 요소를 선정하는 과정이 이루어진다. 일반적으로 사용되는 평가 요소로는 지식 및 기술 요구도, 책임의 범위, 복잡성, 작업 조건 등이 있다. 이러한 요소들은 직무의 성격과 조직의 특성에 따라 달라질 수 있기 때문에, 조직의 목표와 직무의 특성을 반영하여 적절한 평가 요소를 선정하는 것이 중요하다. 다음으로, 각 평가 요소의 중요도에 따라 가중치를 설정하게 된다. 이 가중치는 평가 요소가 직무의 가치를 결정하는 데 미치는 영향을 반영하며, 예를 들어 직무의 복잡성이 높은 경우에는 복잡성 요소의 가중치를 높게 설정함으로써 평가 결과가 보다 현실적이고 공정하게 반영되도록 한다.

이어서 직무 평가를 수행하는 단계가 진행된다. 설정된 평가 기준과 가중치를 바탕으로 각 직무를 평가하며, 이 과정에서는 평가 요소별로 점수를 부여하고 이를 종합하여 직무의 가치를 측정하게 된다. 직무 평가 결과는 직무의 상대적 가치를 나타내며, 이는 임금체계 설계의 기초 자료로 활용된다. 마지막으로, 직무 평가 결과를 종합하여 각 직무의 가치를 결정하고, 그에 따른 직무 등급을 설정하게 된다. 이 과정에서 조직 내 공정성을 유지하고, 직무 간의 균형을 맞추는 것이 중요하다. 직무 등급은 이후 임금체계 설계와 연결되며, 조직 내에서 직무 간의 관계를 체계적으로 관리하는 데 중요한 기준이 된다.

평가 방법은 점수법, 서열법, 분류법, 요소 비교법 등 다양하며, 이들은 간단하게 비교하면 다음 표와 같다.

〈표 2-16〉 평가 방법

평가 방법	특징	장점	단점	비고
점수화 방법 (Point Factor Method)	직무의 각 요소에 점수를 부여하여 총점을 계산	객관적이고 세밀한 평가 가능	복잡하고 시간이 많이 소요됨	가장 널리 사용(예: Mercer, Hay Group)
서열법 (Ranking Method)	모든 직무를 중요도에 따라 서열화	간단하고 빠르게 적용 가능	주관적이고 체계성이 부족	제한적으로 사용 (주로 소규모 기업)
분류법 (Classification Method)	직무를 미리 정의된 등급 또는 클래스에 맞춰 분류	체계적이고 이해하기 쉬움	유연성이 떨어질 수 있음	제한적으로 사용
요소 비교법 (Factor Comparison Method)	직무의 중요한 요소들을 개별적으로 비교하여 평가	요소별로 세밀한 평가 가능	복잡하고 주관적일 수 있음	제한적으로 사용 (특정 상황에서)

가장 널리 사용되고 있는 점수화 방법 중 머서와 헤이그룹의 직무 평가 요소를 살펴보면 다음 표와 같다.

〈표 2-17〉 흔히 사용되는 직무 평가 항목

구분	항목	설명
Mercer 평가 요소	지식(Knowledge)	직무를 수행하는 데 필요한 교육 수준과 경험을 평가
	문제 해결 (Problem Solving)	직무에서 직면하는 문제의 복잡성과 이를 해결하기 위한 논리적 사고 능력을 평가
	책임(Responsibility)	직무가 조직의 목표 달성에 미치는 영향과 그에 대한 책임을 평가
	대인 관계 (Interpersonal Skills)	내부 및 외부 관계에서의 상호작용 수준을 평가
	작업 환경 (Working Conditions)	직무가 수행되는 물리적 환경과 위험 요소를 평가
	관리 책임 (Management Responsibility)	직무가 포함된 팀이나 부서의 크기와 성과에 대한 책임을 평가
	영향력(Influence)	직무가 조직 내에서 가지는 영향력의 정도를 평가
Hay Group 평가 요소	노우하우 (Know-How)	직무 수행에 필요한 실질적 지식과 기술을 평가
	문제 해결 (Problem Solving)	직무에서 발생하는 문제의 본질과 이를 해결하는 데 필요한 창의적 사고를 평가
	책임감 (Accountability)	직무가 조직의 목표 달성에 미치는 영향과 그에 대한 책임을 평가
	의사소통 (Communication)	정보 전달의 복잡성 및 외부와의 상호작용을 평가
	영향력(Influence)	직무가 조직 내외에 미치는 영향력과 중요성을 평가
	작업 환경 (Working Conditions)	직무 수행 시 직면하는 환경적 요소와 위험성을 평가

직무 분석과 직무 평가 단계는 직무급 체계를 도입하는 데 있어서 필수적인 과정이다. 철저한 직무 분석을 통해 조직 내 각 직무의 상대적 가치를 명확히 함으로써 공정한 임금체계를 구축할 수 있다. 직무 평가를 통해 직무의 난이도, 책임도, 중요도 등을 객관적으로 평가하고, 이를 바탕으로 직무별 임금 수준을 설정할 수 있다. 이를 통해 조직은 고령자 인력을 효율적으로 활용하고, 직무 중심의 보상 체계를 통해 직원들의 동기부여를 강화할 수 있다. 직무 분석과 직무 평가 단계는 성공적인 직무급 체계 도입을 위한 기초 작업으로서, 조직의 경쟁력을 높이는 데 중요한 역할을 한다.

(5) 직무급 체계 설계

직무급 체계 설계 단계는 직무 분석 및 평가 결과를 바탕으로 공정하고 합리적인 임금구조를 만드는 과정이다. 이 단계에서는 직무 등급별 임금 범위(또는 단일 임금액)를 설정하고, 각 직무에 적합한 보상 체계를 마련한다. 이를 통해 조직 내 임금체계를 체계적으로 정비하고, 직원들의 동기부여와 만족도를 높일 수 있다. 직무급 체계 설계 단계는 다음과 같은 세부 단계로 나눌 수 있다.

직무별 임금밴드(기본급) 결정
- 직무별 임금 수준(직무별 임금 범위, 직무 등급 간 임금 차이) 결정
- 시장 임금 수준 반영(외부 공정성)
- 조직 내 직무의 상대적 가치 반영(내부 공정성)

기타 임금 정책 결정
- 임금 인상 방법 결정
- 인센티브 설계

① 직무별 임금 밴드(기본급) 설정

직무별 임금 수준을 직무별 임금 범위(pay band), 직무 등급 간 임금의 차이의 두 가지 차원에서 결정하는 과정이다. 여기에서 직무별 임금은 단일 임금액보다는 범위(최저액과 최고액)로 설정하는 것이 보편적이다. 이는 직무 분류에 있어서 세분화하는 대신에 유사한 업무를 하나의 직무로 묶는(broad banding) 최근의 경향 때문이다. 이 브로드 밴딩은 인력의 유연한 전환 배치와 우리의 전통적인 연공급 그리고/또는 능력급 임금체계를 무리 없이 전환하는 데도 큰 도움이 된다.

시장 임금 수준 반영: 해당 직무의 시장 임금 수준을 조사하고, 이를 바탕으로 조직 내 임금 밴드를 설정하여 시장 경쟁력을 유지할 수 있도록 한다. 이는 우수 인재의 유치와 유지를 위한 전략적 요소가 된다.

조직 내 직무의 상대적 가치 반영: 조직 내 다양한 직무 간의 임금 수준이 공정하게 설정되었는지 검토하고, 조직 내 직무 간의 균형을 유지하여 임금 불균형이 발생하지 않도록 한다.

② 기타 임금 정책 결정

임금 인상 방법 설정: 성과와 능력에 기반한 임금 인상 기준을 설정하여 직원들이 공정하게 보상받을 수 있도록 한다. 정기적인 임금 인상뿐만 아니라 특별한 성과를 위한 추가 보상 기준도 마련한다.

인센티브 설계: 성과 평가 기준을 바탕으로 성과급을 설계하며, 개인 성과, 팀 성과, 조직 전체 성과 등을 고려하여 인센티브 지급 방식을 결정한다. 이를 통해 인센티브의 공정성과 투명성을 높인다.

직무급 체계 설계 단계는 직무 분석 및 평가 결과를 바탕으로 공정하고 합리적인 임금구조를 구축하는 핵심적인 과정이다. 이를 통해 조직은 직무의 상대적 가치를 반영한 임금체계를 마련하고, 직원들의 동기부여와 만족도를 높일 수 있다. 철저한 계획 수립과 체계적인 도입을 통해 성공적인 직무급 체계를 구축하고, 궁극적으로 조직의 경쟁력을 강화할 수 있다.

(6) 실행 및 유지관리

직무급 체계를 설계한 후, 이를 실제로 도입하고 지속적으로 관리하는 과정은 매우 중요하다. 이 단계에서는 직무급 체계의 원활한 실행과 유지관리를 위해 다양한 활동이 포함되며, 성공적인 실행을 위해 체계적인 계획과 철저한 유지관리가 필수적이다.

도입 및 운영계획 수립
- 파일럿 프로그램 실행
- 전사적 도입 및 교육 준비

임금체계의 투명성 및 공정성 확보
- 임금 정책 공지
- 직원 교육 및 커뮤니케이션

정기적 검토 및 개선
- 평가 및 조정
- 지속적 개선

① 도입 및 운영 계획 수립

먼저, 필요할 경우 직무급 체계를 도입하기 전 파일럿 프로그램을 실행하는 것이 중요하다. 특정 부서나 직무군을 대상으로 직무급 체계를 시범 운영하여 제도의 실효성을 검증하고, 발생할 수 있는 문제점을 사전에 파악한다. 시범 운영의 결과를 바탕으로 피드백을 수집하고 이를 반영하여 제도를 개선함으로써, 보다 완성도 높은 직무급 체계를 구축할 수 있다. 이후, 시범 운영 결과를 반영하여 전사적인 도입 계획을 수립한다. 이 계획에는 도입 일정, 적용 대상, 세부 절차 등이 포함되며, 이를 통해 체계적인 실행이 가능해진다. 또한, 전 직원 대상 교육 프로그램을 실시하여 직원들이 직무급 체계에 대해 이해할 수 있도록 돕고, 체계적인 커뮤니케이션을 통해 직원들의 협력을 얻어 제도의 원활한 도입을 지원한다.

② 임금체계의 투명성 및 공정성 확보

성공적인 임금체계 도입과 정착을 위해서는 임금체계의 투명성과 공정성을 확보하는 것은 매우 중요하다. 이를 위해 임금 정책을 명확히 공지하여 직원들이 자신의 임금구조와 인상 기준을 명확히 이해할 수 있도록 해야 한다. 임금 결정 과정은 투명하게 운영되어야 하며, 이를 통해 직원들이 공정성을 느낄 수 있도록 해야 한다. 또한, 전 직원 대상 교육 프로그램을 통해 직무급 체계에 대한 이해를 높이고, 이를 바탕으로 제도의 원활한 도입을 지원한다. 체계적인 커뮤니케이션을 통해 직무급 체계에 대한 정보를 지속적으로 제공하고, 직원들의 피드백을 수렴하여 필요한 개선점을 지속적으로 반영하는 것도 중요한 과정이다.

③ 정기적 검토 및 개선

직무급 체계가 도입된 후에는 정기적인 검토와 개선이 필요하다. 직무급 체계 도입 후 일정 기간이 지나면 정기적으로 평가를 실시하여 제도의 효과성을 검증하고, 운영 현황을 파악해야 한다. 이 평가 결과를 바탕으로 발생한 문제점을 식별하고, 이를 개선하기 위한 방안을 마련함으로써 제도의 지속 가능성을 확보할 수 있다. 또한, 조직의 변화와 외부 환경의 변화에 맞추어 직무급 체계를 지속적으로 개선해야 한다. 이를 통해 제도가 조직의 성장과 변화에 유연하게 대응할 수 있도록 하며, 직무급 체계의 최신 동향과 최고의 관행(best practice)을 감안하는 등 제도를 개선함으로써 조직의 경쟁력을 높이고, 직원들의 만족도를 유지할 수 있다.

실행 및 유지관리는 제도 설계 과정에 못지 않게 매우 중요한 과정이다. 이 절차를 통해 지속적으로 제도의 효과를 검증하고 개선함으로써, 조직의 성과와 직원 만족도를 지속적으로 향상시킬 수 있다.

4. 임금체계 전환 시 조직 구성원들의 개별 임금 조정

일반적으로 모든 변화에는 구성원들의 저항이 따르기 마련이다. 특히 그 변화가 조직 구성원들의 생활에 직접적인 영향을 미치는 임금체계의 변경이라면, 그 저항은 더욱 클 수밖에 없다.

따라서 개별 임금을 새로운 임금체계로 전환하는 방법을 논의하기에 앞서, 구성원들이 이러한 변화, 즉 직무급으로 전환에 저항하는 이유를 먼저 이해하는 것이 중요하다.

가. 직무급에 대한 거부감의 이유
조직 구성원들이 직무급 체계에 대해 거부감을 가지는 이유는 다양하다. 주된 이유를 살펴보면 다음과 같다.

첫째, 유교적 가치관을 포함한 연공주의 문화 때문이다. 한국 사회에서는 장유유서(長幼有序)와 같은 유교적 영향으로 인해 연공에 기반을 둔 인사 제도가 전통적인 것으로 받아들여지는 경우가 많다. 많은 인사 담당자와 조직 구성원들은 연공급 체계가 한국적 정서에 맞는 시스템이라고 생각하며, 직능자격 제도 등 능력급 체계 역시 전통적인 인사 제도로 인식하는 경향이 있다. 따라서 이들은 익숙한 연공급 체계를 버리고 상대적으로 덜 알려진 직무급 체계를 도입하는 것에 거부감을 가질 수 있다.

둘째, 직무급 체계 도입 시 임금 인상 기회 축소에 대한 우려가 존재한다. 직무급 체계에서는 직무 변경이 없으면 승진이 어렵고, 이는 곧 임금 상승 기회가 줄어들게 됨을 의미한다. 일정 기간이 지나면 자동적으로 올라가는 연공급 체계를 선호하는 구성원들에게는 이러한 변화가 불리하게 느껴질 수 있다.

셋째, 직무 평가의 공정성에 대한 의문을 가지는 경우가 많다. 우리나라의 많은 기업들이 매년 실시하는 성과 평가조차도 제대로 이루어지지 않는 경우가 많다고 생각하기 때문에, 직무 평가가 공정하게 이루어질 수 있을지에 대해 구성원들이 불안해하는 경우가 많다.

넷째, 직무별 시장 임금 데이터의 부재에 대한 걱정이다. 많은 사람들이 한국 노동시장은 직무급에 기반하지 않으며, 직무별 시장 임금이 명확하게 형성되어 있지 않다는 점을 우려한다. 직무급을 벤치마킹할 기업이 많지 않고, 직무급에 대한 이해가 부족한 것도 주요한 이유로 작용한다.

다섯째, 노동조합의 반대가 있을 수 있다. 직무급 체계는 성과주의적 특성을 포함하고, 승진을 위해서는 직무 변경이 필요하기 때문에 노동조합의 입장에서 불리한 제도로 여겨질 수 있다. 공정성보다는 공평성을 중시하는 노동조합은 이러한 제도에 반감을 가질 수 있으며, 또한 사용자와의 대립관계를 유지하고자 직무급 도입에 반대할 가능성이 존재한다.

이 외에도 직무급에 대한 이해 부족, 경영진에 대한 불신, 직무급 도입을 이끌 전문가와 신뢰할 만한 컨설팅 업체의 부족 등이 거부감을 유발하는 추가적인 요인들이다. 이러한 문제들은 커뮤니케이션 전략 등 변화 관리 전략을 통해 극복해야 할 과제이다.

〈표 2-18〉 직무급에 대한 거부감의 주된 이유

번호	거부감 이유	설명
1	유교적 가치관 및 연공주의 문화	연공에 기반한 인사 제도가 전통적인 것으로 받아들여짐
2	임금 인상 기회 축소 우려	직무 변경이 없으면 승진이 어렵고, 이로 인해 임금 상승 기회 감소
3	직무 평가의 공정성 의문	직무 평가가 제대로 이루어지지 않을 가능성을 염려
4	시장 임금 데이터 부재 걱정	직무별 시장 임금이 명확히 형성되어 있지 않음
5	노동조합의 반대	성과주의적 특성이 강해 공정성보다 공평성을 중시하는 노동조합이 반감을 가질 가능성

나. 임금체계 개편에 따른 개별 임금 전환의 접근 방법

임금체계를 개편하는 과정에서 조직 구성원들의 개별 임금을 새로운 체계로 전환하는 데 있어 다양한 접근 방법이 존재한다. 이 절에서는 각각의 접근 방법을 구체적으로 논의하고, 그 장단점을 살펴본다.

첫 번째 방법은 임금^(기본급) 전체를 직무급 체계로 완전히 바꾸는 것이다. 이 경우 모든 직원의 급여는 그들의 직무 난이도, 책임 수준, 그리고 시장에서의 가치에 근거하여 결정된다. 이 접근법은 공정성과 투명성을 높이는 데 기여할 수 있지만, 급격한 변화로 인해 기존 구성원들의 불만이나 저항이 초래될 가능성이 있다.

두 번째 방법은 기존의 연공급^(또는 능력급) 체계와 직무급 체계를 병립하여 운영하는 점진적 전환 방식을 취하는 것이다. 이 방법은 두 체계를 동시에 운영하면서 연공급의 비중을 점차 줄여 나가는 것을 목표로 한다. 이러한 접근 방법은 급격한 변화에 따른 혼란을 최소화하고, 조직 구성원들이 새로운 체계에 점진적으로 적응할 수 있도록 돕는다. 그러나 이 방법을 선택할 경우 미래에 또다시 임금체계를 개편해야 할 필요성이 제기될 수 있다.

세 번째로 수당에 반영하는 방법이다. 기본급에 직접 적용하는 것이 현실적으로 쉽지 않다고 판단될 경우 차선책으로 고려하는 방식은 수당에 반영하는 것이다. 이럴 경우 기존 수당 항목에 적용할 것인지 아니면 새로운 수당 항목을 신설해야 하는지 사전적 검토가 필요하며, 이때 전반적인 수당체계 및 관련 비용구조를 함께 합리화하는 것이 필요할 것이다.

네 번째로 고려할 수 있는 방법은 기존 임금체계를 유지하면서 Pay Band를 활용하는 것이다. 이 방법은 직무급을 도입하지는 않지만, 직무급의 일부 개념을 도입하여 임금의 연공성을 완화하는 효과를 기대할 수 있다. 이는 당장 직무급 체계로의 전환이 어려운 조직에서 현실적인 대안이 될 수 있다.

〈표 2-19〉 직무급으로의 임금체계 개편의 다양한 접근 방법

번호	접근 방법	설명	장점	단점
1	직무급 체계로 완전 전환	모든 직원의 급여를 직무 난이도, 책임 수준, 시장 가치에 근거하여 결정	공정성과 투명성 향상	급격한 변화로 인한 불만 및 저항 가능성
2	연공급과 직무급 병립 운영	두 체계를 동시에 운영하며 연공급 비중을 점차 줄여가는 점진적 전환	혼란 최소화, 점진적 적응 가능	미래에 또다시 임금체계 개편 필요성 제기 가능성
3	수당에 반영하는 방법	기본급 대신 수당에 직무급 개념을 반영	기존 급여 구조의 변화 없이 직무급 요소 도입 가능	수당 체계 및 비용 구조 합리화 필요
4	Pay Band 활용	기존 임금체계 유지, 직무급의 일부 개념 도입	직무급 체계로 전환이 어려운 조직에 대한 현실적 대안	직무급 도입의 효과를 완전히 반영하지 못할 수 있음

다. 기준 임금을 벗어난 구성원(outlier) 처리 방법

직무급 체계로 전환을 함에 있어서 위에 언급한 어떤 방법을 선택하든지 간에, 임금체계의 개편 과정에서 개별 구성원의 임금이 새롭게 책정되면 기존 임금과의 차이가 발생하게 된다. 이러한 차이를 어떻게 처리하느냐는 매우 중요한 문제로, 구성원들이 새로운 제도를 받아들이는 데 큰 영향을 미친다.

〈그림 2-23〉 임금 범위(pay band)와 범위를 벗어나는 구성원(outlier)

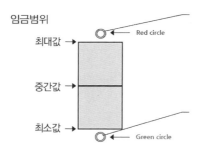

특히 기존 임금이 새로운 임금보다 높은 경우, 즉 특정 직원의 임금이 직무급 범위(pay band)를 초과하는 경우(red circle), 구성원들의 불만이 고조될 수 있다. 이를 해결하기 위한 방법으로는 일시보상(buyout)과 조정수당(ad-hoc allowance) 활용이 있으며, 두 방법의 구체적인 방법은 다음과 같다.

〈표 2-20〉 일시보상과 조정수당의 개념과 예시

구분	개념	예시
일시보상 (Buyout)	직무급 도입으로 인해 발생하는 임금 하락을 보상하기 위한 일회성 지급	기존 임금: 5,000,000원 새로운 직무급의 최대값: 4,500,000원 손실: 500,000원 일시보상 지급: 500,000원 × OO개월(일회성 지급)
조정수당 (Ad-hoc Allowance)	기존 임금이 새로운 임금보다 높은 경우 그 차액을 조정수당으로 책정하여 총액 임금을 유지	기존 임금: 5,000,000원 새로운 직무급의 최대값: 4,500,000원 차액: 500,000원 조정수당 지급: 500,000원(기존 임금과 동일수준 유지)

(1) 일시보상(Buy-out)

직무급 도입으로 인해 발생하는 개별 구성원의 임금 하락을 보상하기 위한 일회성 지급 방안이다. 이를 통해 직원들은 임금체계 변화로 인한 즉각적인 손실을 보전받고, 조직은 전환을 보다 원활하게 진행할 수 있다. 일시보상의 금액 책정은 일정기간 만큼의 손실분을 개별적으로 산정하는 것이 일반적이지만, 모든 구성원에게 동일한 금액(또는 개인별 임금의 일정 비율)을 지급하는 방법도 존재한다. 또한, 이 두 가지 방법의 조합을 통해 보상금액을 결정하는 경우도 있다.

(2) 조정수당으로 유지

기존 임금(기본급)이 새로운 임금보다 높은 경우, 그 차액을 조정수당으로 책정하여 전환 시점 기준으로 개인의 임금 총액을 동일하게 유지하는 방법이다. 이를 통해 조직 구성원들의 제도 변경에 대한 수용성을 높일 수 있다. 조정수당은 통상임금 또는 평균임금에 포함할 것인지 여부를 함께 결정해야 하며, 조정수당의 운영 방식은 다음과 같이 두 가지 방법을 고려할 수 있다.

장기 유지: 퇴직 시까지(또는 5년, 10년 등 장기간에 걸쳐서) 조정수당을 계속 지급함으로써 구성원의 임금을 실질적으로 보장하는 방법이다. 이는 급여 감소로 인한 구성원의 불만을 최소화할 수 있다.

점진적 감소: 임금 인상 시마다 조정수당을 점차 줄여 나가 궁극적으로는 조정수당이 사라지도록 하는 방법이다. 조정수당의 감소 폭은 임금 인상액의 전액이나 일부(예: 1/2 또는 1/3 등)로 설정할 수 있다. 어떤 경우에도 개인의 총액 임금이 낮아지지 않도록 하는 것이 일반적이다.

임금체계 개편에 따른 개별 임금 전환의 접근 방법을 결정할 때에는 기존 임금 수준의 유지 여부와 일시적 또는 점진적 전환 방침을 먼저 논의하는 것이 필수적이다. 이 논의 과정에서는 인건비에 미치는 영향과 조직 구성원들의 수용성을 충분히 고려해야 한다.

또한, 새로운 급여가 기존 급여보다 높을 경우에도 마찬가지로 어떻게 조정할 것인가의 이슈가 발생한다. 기존의 급여가 새로운 직무급 체계의 최저 수준에 미달한다는 의미이며, 이를 green circled라고 부른다. 이 경우 한꺼번에 최저 수준으로 조정하는 방법과 점진적으로 최저 수준에 도달하게 하는 두 가지 방법을 고려할 수 있는데, 조직 구성원들의 수용성과 조직이 감당해야 할 비용을 고려하여 결정해야 할 것이다.

제4절 다른 인사 제도 개선

1. 평가 제도

임금 제도 개편과 더불어, 고령 직원의 성과를 정확히 평가하고 이를 처우에 반영할 수 있는 평가 제도의 개편을 검토해야 한다. 평가 제도를 통해 고령 직원이 자신의 성과를 명확히 이해하고, 그 결과가 적절하게 보상에 반영될 수 있도록 제도적 장치를 마련해야 한다.

우리보다도 빨리 고령자 활용의 경험을 가진 일본의 통계를 살펴본다. 일본경제단체연맹의 조사(2024)에 따르면, 60세부터 64세 사이의 고령 사원에 대해 연 1회 이상 인사 평가를 실시하는 기업은 90.9%에 달하지만, 65세 이상에서는 그 비율이 60.0%로 크게 감소한다. 이는 고령 직원들이 자신의 업무 성과나 목표 달성 정도를 확인할 수 있는 기회가 현저히 줄어든다는 것을 의미한다.

〈그림 2-24〉 고령 사원에 대한 인사 평가 실시상황

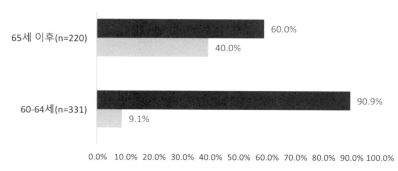

자료: 경단련(2024), 2023년 인사노무에 대한 톱매지니먼트 조사 결과

단순히 성과 평가를 실시하는 것만으로는 충분하지 않으며, 평가 결과를 어떻게 처우에 반영하는지도 중요하다. 같은 조사에 따르면, 성과 평가 결과를 상여금 및 일시금에 반영하는 비율은 60세부터 64세 사이에는 82.0%, 65세 이상에서는 67.7%로 나타났으며, 계약 갱신에 참고하는 비율은 60세부터 64세 사이에는 46.0%, 65세 이상에서는 75.4%로 나타났다.

한편, 기본급에 반영하는 기업은 60세에서 64세 사이 49.3%, 65세 이상에서 47.7%로 모두 50% 미만에 그치고 있어, 평가 결과가 실제 임금구조에 미치는 영향은 크지 않다는 점이 드러난다. 또한, 본인에게 평가 결과를 피드백하는 기업의 비율은 60세부터 64세 사이에 80.7%, 65세 이상에서는 71.5%로 비교적 높지만, 여전히 평가 결과가 피평가자에게 전달되지 않는 경우도 존재한다.

비록 우리나라의 관련 통계를 구할 수는 없지만, 많은 기업이 고령자에 대한 성과 평가를 실시하고 있으며, 이를 계약 갱신이나 인센티브 지급 등에 활용하고 있는 것으로 보인다. 이러한 상황을 고려할 때, 고령 직원들이 평가를 통해 자신의 성과를 명확히 인지하고, 그 성과가 공정하게 보상으로 이어질 수 있도록 평가 제도를 체계적으로 개편하는 노력이 필요하다.

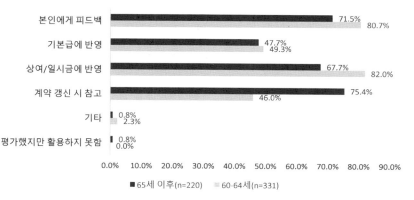

〈그림 2-25〉 고령 사원에 대한 인사 평가 활용방법

본인에게 피드백 71.5% 80.7%
기본급에 반영 47.7% 49.3%
상여/일시금에 반영 67.7% 82.0%
계약 갱신 시 참고 75.4% 46.0%
기타 0.8% 2.3%
평가했지만 활용하지 못함 0.8% 0.0%

0.0% 10.0% 20.0% 30.0% 40.0% 50.0% 60.0% 70.0% 80.0% 90.0%

■ 65세 이후(n=220)   ■ 60-64세(n=331)

자료: 경단련(2024), 2023년 인사노무에 대한 톱매지니먼트 조사 결과

2. 인재 육성

인재 육성의 관점에서 본다면 "개인에 대한 커리어 형성 지원"과 "고령자를 부하 직원으로 둔 상사의 관리 스타일 개혁"이라는 두 가지 접근이 요구된다. 고령자가 활약하지 못하는 이유는 고령자 자신과 그 상사 모두가 "다른 사람 탓"으로 돌리는 경향이 존재하기 때문이다. 고령자가 활약할 수 있는 토대를 마련하려면, 고령자와 그 상사, 그리고 회사가 생각을 공유하고, 각자가 고령자가 활약할 무대와 수단을 진지하게 검토하고 지원하는 것이 중요하다.

가. 커리어 형성 지원

60세 이후의 매니지먼트 계획과 근무 방식에 대해 설명하는 이른바 라이프 플랜 세미나 등을 시행하는 기업은 상당수 있지만, 그것만으로는 60세 이후에 효과적인 인적자원으로 역할을 다하기 위한 준비로서 충분하다고 할 수 없다. 60세 이후에도 효과적인 근무를 지속하려면, 반드시 자신의 커리어를 다시 검토할 기회를 마련하는 것이 필요하다.

고령자 자신이 그동안 쌓아 온 강점과 특기를 "CAN"(지금까지 쌓은 자산을 활용하여 새로운 부가가치 창출), "WILL"(근로 의욕), "MUST"(회사에서 기대되는 사항)의 세 가지 관점에서 세밀하게 분석하고, 이를 바탕으로 자신의 역할을 재구성해야 한다. 상사나 회사가 자신을 어떻게 평가하고, 어떤 역할을 기대하는지 깨닫는 것이 중요하며, 고령자의 생각과 실제의 간극을 파악하여 그 차이를 좁혀 가는 것도 필수적이다. 고령자 가운데는 독립보다 자신이 원하는 방식으로 계속 일하고 싶어 하는 경우도 있으므로, 이를 충분히 반영하는 것이 중요하다.

때로는 일부 반발이 있을 수 있습니다. 하지만 궁극적으로 직장에서 기대되는 역할을 맡아 성과를 내도록 하는 것이 최우선 과제이다. 직장에서 인정받고 존중받는 것이 고령자의 자존심을 유지하고 보호하는 데 중요하다.

그리고 고령자 고용은 60세 이후의 커리어로서, 자발적으로 일할 의미를 되찾고, 직업 생활을 긍정적으로 이어 나갈 수 있는 기회를 제공한다. 특히, 기존과는 다른 역할을 기대받는 경우, 새로운 환경에서 어떻게 자신의 능력을 발휘할지 고민하고, 새로운 환경에 적응할 준비를 할 필요가 요구된다. 이는 다양한 입장에서 젊은이, 중견 관리자, 상사와 협력하여 일하는 방법을 배우는 것과, 부하 직원에게 일을 맡기고 역할을 분담하며 일하는 능력을 배양하는 것을 포함한다.

이와 같이 제공된 환경에 유연하게 적응하고, 자신의 나아갈 방향을 명확히 할 때, 고령자의 커리어 형성 능력이 최대한 발휘될 수 있다. 커리어 형성 능력은 단기간에 습득되는 것이 아니다. 각 단계에서 커리어 교육을 체계적으로 실시하고, 주변 환경의 변화에 대응하며, 앞으로 어떤 커리어를 쌓아 나갈지에 대해 생각할 기회를 제공하여, 직원의 커리어 형성 능력을 높여 나가는 것이 중요하다.

나. 상사의 매니지먼트 스타일 개혁

고령자의 성과는 그 상사의 매니지먼트 능력에 크게 좌우된다. 고령자를 포함해 다양한 연령층과 배경을 가진 직원들이 함께 근무하는 경우가 많아짐에 따라, 상사의 높은 매니지먼트 능력은 필수적으로 요구되고 있다.

우선, 상사는 각 고령자가 가진 고유의 과제와 능력을 이해하고, 그들이 발휘할 수 있는 구체적인 역할과 업무를 명확히 정해 줘야 한다. 고령자에게 기대하는 바가 있다면, 그들의 경험, 지식, 기술, 행동 양식을 잘 파악하고, 이를 최대한 활용할 수 있는 환경을 조성해야 한다.

또한, 상사는 고령자와의 커뮤니케이션을 통해, 그들의 의지를 존중하고, 고령자 스스로가 진정으로 일을 하고 싶어하는 동기를 부여해야 한다. 고령자가 스스로의 가치를 느끼고 성과를 낼 수 있는 환경을 조성하면, 그들은 회사에 대한 기여도를 높이고, 조직 내에서 더 큰 성과를 낼 수 있을 것이다.

또한, 상사의 매니지먼트 스타일은 고령자의 활약을 촉진하는 데 중요한 역할을 한다. 상사는 고령자의 성과를 인정하고, 그들의 경험과 지식을 활용하여 조직 전체의 성과를 높일 수 있는 방법을 모색해야 한다. 이러한 노력이 조직의 지속 가능성과 경쟁력을 높이는 데 기여할 것이다. 그 포인트를 상사가 이해하고 있는 것이 매우 중요하다.

고령자의 활약을 촉진하는 매니지먼트에 필요한 사항으로는 먼저 "책임과 권한의 할당"이 있다. 고령자는 신입 사원 때부터 약 30~40년 동안의 직업 인생을 자부심과 긍지로 걸어온 자들이므로, 그들이 원하는 바와는 다를 수 있지만 "정해진 대로만 하라"는 식의 일은 경력의 종착지로서 적합하지 않다. 특히, 정년연장이나 재고용을 앞두고 있다면, 고령자에게 책임과 권한이 있는 업무를 맡겨 그들의 지식과 기술, 인간관계를 최대한 활용할 수 있도록 하는 것이 바람직하다.

다음으로 "정기적이거나 빈번한 커뮤니케이션"이 필요하다. 관리자와 부하 직원 간의 관계가 젊을 때보다 멀어지는 경향이 있으나, 사람과의 관계를 맺는 것은 중요하다. 고령자를 존중하고 그들의 자부심을 인정하는 한편, 상사의 생각과 의견을 전달하는 열린 자세로 커뮤니케이션을 해야 한다.

또한 "연령에 따른 변화에 주의"하는 것도 중요하다. 평소에는 연령에 상관없이 공정한 대응을 하더라도, 가까운 거리에서 정기적으로 일을 관찰하고 필요시 피드백을 제공하는 매니지먼트가 필요하다. 연령을 이유로 특정한 차별을 받지 않도록, 업무 할당과 관리에 있어서도 공평하게 대우해야 한다.

그리고 "부서 내에서의 커리어 발전을 진지하게 고민하고 열린 매니지먼트 스타일을 채택"해야 한다. 이는 고령자뿐만 아니라 모든 구성원들에게 공통적으로 중요한 사항이다. 상사는 고령자의 문제와 관련된 지원체계를 완성시키고, 매니지먼트에 대한 학습과 노력을 통해 고령자가 활약할 수 있는 환경을 제공해야 한다.

한편 일본의 통계를 살펴보면, 이전과 다른 직무(이전 직무와 관련이 있는 직무)에 종사하는 높은 나이 직원에게 능력 개발, 스킬업을 목적으로 한 연수·세미나 등을 실시한 기업의 비율은 10%(15.8%)로 나타났다. 예를 들어, 정년 전후에 다른 직무를 맡은 고령 직원에 대한 기업의 팔로우업, 지원이 불충분한 경우, 새로운 작업장이나 직무 등에 충분히 적응할 수 없는 것 외에, 길러 온 능력이나 지식, 기술, 기능을 십분 활용할 수 없고, 고령 사원의 퍼포먼스 저하가 우려될 것이다.

다. 안전과 건강

이전과 마찬가지로 우리보다도 빨리 정년연장을 포함한 고령자 활용의 경험을 가진 일본의 통계를 살펴본다. 노인들의 취업률이 높아지는 가운데 노동재해도 증가세이다. 노동재해로 인한 죽음, 상해 중 60세 이상의 비율은 28.7%로 높은 비중을 차지하고 있다. 고용자 전체에서 차지하는 고령 취업자의 비율이 높아지는 가운데, 사상자 수

〈그림 2-26〉 고연령 노동자의 재해발생률

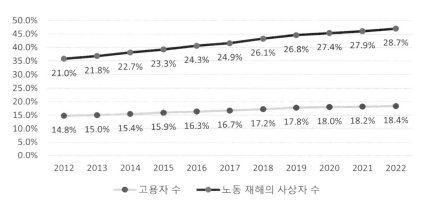

자료: 후생노동성(2023), 고연령 노동자의 노동재해 발생상황

의 증가는 그것을 상회하고 있다.

60세 이상의 남녀별 노동재해발생률(천인율)을 다른 연령대와 비교하면 다른 연령대보다 높고, 휴업 기간도 나이가 오르면 장기화되기 쉽다. 노동재해별로 보면, 노화에 의한 신체기능의 쇠퇴 등에 의해, 남성에서는 추락이 여성에서는 전도의 발생률이 특히 높다.

후생노동성 조사에 따르면 60세 이상의 고령 노동자들이 일하고 있는 사업소의 비율(2021년)은 8할 가까이(78.0%)에 이르고 있어, 다양한 개선 노력이 요구되고 있다. 그럼에도 불구하고 노인들의 노동재해발생률의 억제 효과는 명확하게 나타나고 있다고는 말할 수 없는 상황이다.

고령 직원의 안전, 건강을 확보한 직장 환경의 정비를 향해 기업의 노력이 요구되고 있다. 고령 직원의 건강 유지의 중요성을 인식하고 이들의 안전과 건강을 위하여 기업의 노력이 아주 중요하다.

〈그림 2-27〉 연령별 휴업전망 기간

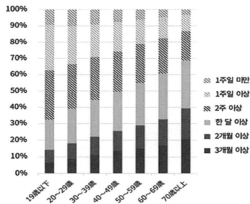

자료: 후생노동성(2023),
고연령 노동자의 노동재해 발생상황

<표 2-21> 60세 이상 고연령 노동자의 노동재해 방지 대처 비율(2021)

(단위: %)

구체적인 이행수단	응답 비율 (%)
고령병 노동자에 대한 노동재해 방지 대책에 임하고 있다	78.0
난간, 미끄럼 방지, 조명, 표지 등의 설치, 단차 해소 등 실시	20.2
작업 속도, 작업 자세, 작업 방법 등 변경	18.3
작업 전에 컨디션 불량 등의 이상이 없는지 확인	36.1
건강 진단 결과에 근거하여 취급실에서 조치를 실시하고 있다	30.6
건강 등에 의한 현저한 저하 등의 건강 관련 조치를 실시하고 있다	24.0
건강 진단 실시 후에 기초 질환에 관한 상담·지도도 실시하고 있다	16.5
정기적으로 취급 실태를 살피며, 본인 지도의 방안, 후반 작업 등의 조치를 실시하고 있다	19.6
고령화 노동자의 신체능력 저하 방지를 위한 활동을 실시하여 노력	4.7
예컨대 신체 기능 저하·정신 기능의 현저한 저하와 재해 위험, 기타 저하의 예방 필요성에 대해 교육을 실시하고 있다	6.2
본인의 신체 기능, 체력 등에 따라 종사하는 업무, 취업 장소 등을 변경	41.4
고소 등의 위험 장소에서의 작업이나 노동자에게 위험을 미칠 우려 안전 작업(기계의 운전 업무 등)에 종사하지 않도록 하십시오.	16.2

자료: 후생노동성(2023), 노동안전위생조사

제2편

기업 운영사례

제1장 정년연장

제1절 65세 정년연장

[사례 1] 야마신(山新)[7]

특징 요약	고객만족도를 높이는 매장의 얼굴은 상품 지식이 풍부한 고령 직원
제도 핵심	- 희망자는 전원 70세까지 재고용, 특히 필요한 고령 직원은 75세까지 계속고용 - 중도 채용자는 경력과 지식, 경험을 살려 상품 판매가 활발한 매장에 배치 - 정보 단말기를 사용해 사무실과 매장의 왕래를 줄이고, 무거운 물품은 승강기를 이용해 운반 부담을 경감

가. 회사 개요

기업 소개	창업: 1869년 업종: 기타 소매업 직원 수: 2,172명(2023년 현재) 60세 이상 직원 비율: 12.2%(266명) 소재지: 이바라키현 미토시

　주식회사 야마신은 1869년에 설립된 소매업체로, 홈센터, 가구점,

---

7) 高齢・障害・求職者雇用支援機構(2023), 70歳超雇用推進事例集, pp.73-76.

인테리어 용품점, 생활용품점, 애완용품점 등 다양한 점포를 운영하고 있다. 2023년 기준, 직원 수 2,172명, 평균연령 42.3세, 60세 이상의 직원 수는 266명이다.

나. 제도 내용
(1) 정년 제도 개요

2021년 2월부터 정년을 기존의 60세에서 65세로 연장하고, 65세 이후에도 계속고용 연령을 70세로 확대하였다. 또한, 업무 의지와 능력이 있는 고령자에게는 최대 75세까지 재고용이 가능하도록 제도를 마련하였다. 이를 통해 야마신은 고령 직원들이 안정적으로 오랜 기간 근무할 수 있는 환경을 조성하고 있으며, 특히 전문성과 고객 응대 능력을 필요로 하는 판매 직무에 고령 인력을 적극적으로 배치하여 회사의 경쟁력을 유지하고 있다.

(2) 적용 직종

고령 직원은 주로 판매직과 고객 서비스와 같은 직종에 배치된다. 이 직종에서는 상품 지식과 고객 응대 기술이 중요한데, 고령 직원들은 오랜 경력을 바탕으로 높은 수준의 상품 이해도와 효율적인 고객 응대 기술을 발휘하고 있다. 특히, 야마신의 고령 직원들은 다양한 상품군에 대한 풍부한 지식을 바탕으로 고객들에게 신뢰받는 상담을 제공하고 있으며, 고객 만족도 향상에 기여하고 있다.

회사는 고령 직원의 성과와 상품 지식을 바탕으로 평가를 진행하고, 성과가 높은 직원에게는 임금 인상 등의 보상을 제공한다. 또한, 상품 지식과 고객 응대 능력을 강화하기 위해 주기적인 교육을 제공하며,

이를 통해 고령 직원들이 현장에 적응하고 최신 트렌드를 이해할 수 있도록 돕고 있다. 멘토링 제도를 통해 고령 직원들이 젊은 직원들에게 지식과 경험을 전수하고, 회사 전체의 업무 효율을 높이고 있다.

(3) 직무 내용과 근무 형태

고령 직원들은 특히 유연근무 제도를 통해 개인의 건강 상태와 생활 패턴에 맞춰 근무할 수 있다. 판매직에서는 주 5일 유연근무가 가능하며, 서비스직과 물류 지원 직종에서는 파트타임과 시간제 근무를 선택할 수 있어, 고령 직원들이 체력 부담을 최소화하면서 안정적인 근무가 가능하도록 지원하고 있다.

(4) 임금 수준과 임금체계

고령 직원들은 60~65세 구간에서는 정규 급여 수준이 유지되며, 성과에 따른 추가 보상이 주어진다. 65세 이상 직원은 시간제 임금체계를 적용받으며, 업무 성과와 기여도에 따른 보상이 이루어진다. 이를 통해 고령 직원들은 안정적인 소득을 보장받으면서도 근무 의지를 높일 수 있다.

다. 운영 성과 및 향후 과제

정년연장에 의해 야마신의 직원들은 연금 지급 개시 연령까지의 수입 확보가 가능하게 되었다. 더불어 퇴직 연령과 근속연수가 5년 늘어나면서 퇴직금도 올라가게 됐다. 정년연장은 직원의 경제적 안정을 강화하고 있다.

또한 오랫동안 일할 수 있어서 젊은 직원과 중견 직원들에게 안정감을 부여함으로써 정착률이 더욱 높아졌다. 또한 채용이 유리해짐에 따라 유망한 인재를 확보할 수 있을 것으로 기대한다. 단기적으로 보면 정년연장으로 인건비 부담이 실적에 영향을 미치기도 하지만 장기적으로 점포 경쟁력이 향상되고 고객 서비스 향상 등이 충분히 가능하리라 믿는다. 이러한 정년연장의 효과에 대한 자신감으로 이에 대한 효과를 더욱 높이는 추가적인 방안을 계속 검토하고 있다.

[사례 2] 건설상호측량지사[8]

특징 요약	고령자의 자격과 경험을 활용한 기업 경쟁력 강화와 최신 기술 도입으로 고령자의 업무 부담 축소
제도 핵심	- 고령자의 전문 자격을 적극 활용하여 기업 경쟁력 강화에 기여 - 드론 등 최신 기술을 활용하여 고령자의 신체적 부담을 완화하고, 업무의 안전성을 높임 - 고령자와 젊은 직원 간 협업을 통해 지식 전수와 조직 내 세대 간 소통을 촉진

가. 회사 개요

기업 소개	창업: 1969년 업종: 전문서비스업 직원 수: 34명 60세 이상 직원 비율: 47.1% 소재지: 후쿠시마현 고리야마시

　주식회사 건설상호측량지사는 공공 측량, 보상 평가 및 지형 데이터 수집을 주요 사업으로 하고 있으며, 정부와 공공기관의 공공사업을 통해 지역사회에 기여하고 있다. 특히 이 회사는 고령자의 전문성

---

8) 高齢・障害・求職者雇用支援機構(2023), 70歳超雇用推進事例集, pp.5-8.

과 경험을 매우 중시하여, 고령자가 회사의 핵심 경쟁력을 구성하고 있다. 현재 전체 직원 34명 중 47.1%가 60세 이상의 고령자로, 회사는 고령자 고용을 지속적으로 장려하고 있다.

나. 제도 내용

(1) 정년 및 계속고용 제도 개요

건설상호측량지사는 2018년 10월에 정년을 60세에서 65세로 연장하였으며, 이후에도 직원이 희망할 경우 나이 제한 없이 계속고용할 수 있는 제도를 도입했다. 이를 통해 고령자에게 장기근속의 기회를 제공하고, 숙련된 인재의 전문성을 조직 내에서 최대한 활용한다.

(2) 적용 직종

회사는 고령 인력을 측량 현장과 사무실에서 폭넓게 활용하고 있으며, 특히 현장에서 숙련된 고령 직원의 지식과 경험을 적극 활용하여 업무의 효율성을 높이고 안전성을 강화하고 있다.

〈표 1-1〉 적용 직종

직종	주된 업무	근무 장소
기술직	측량 작업 및 현장 관리	전국 측량 현장
보상평가직	보상 대상물 평가 및 데이터 관리	본사 및 지사
행정직	사무 및 행정	본사 및 지사

(3) 인사관리 제도

고령자들이 전문성을 지속적으로 발휘할 수 있도록 기존 역할을 유지하며, 필요한 경우 역할을 조정하여 고령자의 부담을 줄일 수 있도록 한다. 이 제도는 고령자의 승진 기회를 유지하면서도 근무 형태를 유연하게 조정할 수 있는 선택권을 제공하여 고령자 친화적인 근무 환경을 조성한다.

〈표 1-2〉 인사 제도

구분	60~65세	65세 이후
고용 형태	정규직	무기한 계속고용(상한 없음)
역할 및 직무	기존 역할 유지	필요시 역할 조정 가능
승진 기회	유지	승진 없음
근무시간	정규 근무시간	유연근무 형태 가능

(4) 근무 형태 및 근로시간

건설상호측량지사는 고령 직원이 원할 경우 파트타임으로 근무할 수 있는 유연성을 제공하며, 특히 드론 등의 첨단 장비를 도입하여 고령자들의 업무 효율성과 안전성을 높이고 있다. 이를 통해 고령자들이 신체적 부담을 줄이고, 안전하게 작업할 수 있는 환경을 조성하고 있다.

〈표 1-3〉 근무 형태 및 근로시간

직무	근무 형태	근무시간
기술직	정규직, 파트타임 가능	주 5일, 8시간
보상평가직	계약직, 파트타임 가능	주 5일, 유연근무 가능
행정직	정규직	주 5일, 사무직 근무시간

(5) 임금 수준과 임금체계

기본 급여와 직책 수당은 능력과 직무 평가에 따라 조정되며, 60세 이후에도 성과와 기여에 따라 승급이 이루어질 수 있다. 퇴직금은 65

세 퇴직 시 일시금으로 지급되며, 이후에도 고령 직원이 근무를 희망할 경우 파트타임 근무로 전환하여 유연한 근무 형태를 제공하고 있다.

〈표 1-4〉 임금체계와 임금 수준

구분	60세 이전	60~65세	65세 이후
기본 급여	정규 급여	기존 급여 유지	시간제 급여 가능
급여 인상	정기 승급	일정 수준 유지	없음
수당	역할 및 직무 수당 유지	역할수당 소폭 조정 가능	수당 없음

다. 운영 성과 및 향후 과제

건설상호측량지사는 고령자의 경험과 지식을 효과적으로 활용하면서, 최신 기술을 도입하여 고령자에게 적합한 근무 환경을 제공하고 있다. 특히 드론을 이용한 측량 작업을 통해 고령자의 신체적 부담을 줄이고, 안전성을 강화했다. 세대 간 협업을 통해 조직 내에서 지식 전수와 원활한 소통을 촉진하고 있으며, 이러한 체계는 젊은 세대와 고령 세대 간의 긍정적 관계 형성에 기여하고 있다.

〈표 1-5〉 고령자 지원 프로그램 성과

프로그램	운임 성과
드론 활용 교육	고령 직원의 신체적 부담이 감소하고, 업무 효율이 증가함 안전성이 강화되며 고령자들이 자신감 있게 임무에 임함
건강관리 프로그램	정기검진을 통해 고령자의 건강 상태를 체계적으로 관리하여, 장기 근무가 가능하도록 지원
세대 간 협업 프로그램	젊은 직원들과 고령 직원 간의 원활한 지식 전수 및 커뮤니케이션이 가능해져, 조직 내 세대 간의 화합 및 업무 효율성이 증대됨

위에 살펴본 바와 같이, 건설상호측량지사는 고령자의 전문성을 활용하여 조직의 경쟁력을 높이고, 세대 간의 협업 문화를 강화하는 등 다양한 성과를 이루어 내고 있다.

[사례 3] 센트럴건설[9]

특징 요약	정년연장과 정년 후 계속고용을 통하여 고령자의 고용 안정성과 근로 의욕 제고
제도 핵심	- 정년연장과 계속고용 상한 연령을 각각 5세 상향하여, 65세 정년과 70세까지의 계속고용을 실현 - 고령자와 젊은 세대가 상호 협력할 수 있는 근무 환경 조성을 통해 세대 간 시너지 효과를 극대화

가. 회사 개요

기업 소개	창업: 1961년 업종: 종합건설업 직원 수: 120명(2021년 현재) 60세 이상 직원 비율: 35.0%(42명) 소재지: 기후현 기후시

센트럴건설 주식회사는 1961년에 설립된 종합건설회사로, 주로 기후현을 중심으로 다양한 건설 프로젝트를 수행하고 있다. 특히, 고령자의 경험과 기술을 중시하여 60세 이상 직원의 비율이 전체의 35%를 차지할 정도로 고령 인력을 적극적으로 고용하고 있다. 이 회사는 고령 인력의 지속적인 고용과 전문성 발휘를 통해 조직의 성과를 높이는 데 주력하고 있다.

---

9) 高齡·障害·求職者雇用支援機構(2022), 70歳超雇用推進事例集, pp.41-44.

나. 제도 내용

(1) 정년 및 계속고용 제도 개요

센트럴건설은 2018년 11월에 정년을 기존 60세에서 65세로, 계속고용의 상한을 65세에서 70세로 상향하는 정년연장 제도를 시행했다. 이를 통해 고령자가 본인의 의사에 따라 65세 정년 이후에도 70세까지 계속고용될 수 있는 환경을 마련했다. 회사는 이를 통해 고령인력의 장기적 활용과 숙련된 인재의 유지를 목표로 하고 있다.

(2) 적용 직종

센트럴건설은 건설 엔지니어와 사무직의 다양한 직종에서 고령 인력을 활용하고 있다. 특히, 건설 현장에서의 경험이 중요한 건설 엔지니어 역할에서 고령자의 숙련된 경험과 노하우가 중요한 자산으로 작용한다. 회사는 고령 인력의 전문성과 책임감을 존중하며, 이들이 안전과 효율성을 보장하는 역할을 수행할 수 있도록 배치하고 있다.

〈표 1-6〉 적용 직종

직종	직무 내용	근무지
건설 엔지니어	건설 현장 관리, 안전 점검, 프로젝트 관리	전국 건설 현장
사무직	일반 사무 및 프로젝트 지원 업무	본사 및 지사

(3) 인사관리 제도

이 회사의 인사관리 제도는 고령자의 역할과 보상을 체계적으로 관리하기 위해 마련되었다. 60세 이후의 직원에게는 책임과 보상을 점진적으로 조정함으로써, 고령자가 부담 없이 일할 수 있도록 환경을 최적화하고 있다. 특히, 퇴직금은 65세 또는 70세 퇴직 시 지급되어 고령자의 경제적 안정을 지원한다.

〈표 1-7〉 인사 제도

구분	60세 이전	60~65세	65~70세
상한 연령	60세	65세	70세
직책	유지	일부 낮아짐	일부 낮아짐
직무 내용	동일	동일	일부 조정
기본 급여	동일	일부 감역	시간제
승급	있음	없음	없음
퇴직금	65세 퇴직 시 지급	70세 퇴직 시 지급	없음

(4) 근무 형태 및 근로시간

고령 직원들은 근무 형태에 대한 선택의 폭이 넓어, 건강 상태와 일과 삶의 균형을 맞출 수 있다. 특히, 건설 엔지니어의 경우 파트타임 근무가 가능하여 고령자의 신체적 부담을 덜어줄 수 있으며, 사무직에서도 계약직 옵션을 제공하여 개개인의 상황에 맞는 근무 형태를 선택할 수 있다.

〈표 1-8〉 근무 형태 및 근로시간

직무	근무 형태	근무시간
건설 엔지니어	정규직, 파트타임 가능	주 5일, 8시간
사무직	계약직, 계약지 가능	주 5일, 유연근무 가능

(5) 임금 수준 및 임금체계

센트럴건설은 기본 급여와 직책 수당을 통해 고령자의 기여에 따라 보상을 제공하고 있으며, 60세 이후에도 일부 승급 기회를 제공한다.

다만, 정년연장 시점에 따라 급여는 조정되며, 이는 고령자가 부담 없이 근무를 지속할 수 있는 환경을 조성하기 위함이다. 퇴직금은 65세 또는 70세 퇴직 시 일시금으로 지급되며, 고령자의 경제적 안정을 도모한다.

다. 운영 성과 및 향후 과제

센트럴건설은 65세 정년연장과 70세까지의 계속고용 제도를 통해 고령 인력의 장기 고용과 인재 확보에 성공했다. 특히, 이러한 제도는 고령 인력의 자부심을 고취시키며, 젊은 세대와의 상호 협력을 촉진하여 조직 전체의 성과와 효율성을 극대화하는 데 기여하고 있다.

〈표 1-9〉 고령자 지원 프로그램

프로그램	내용	효과
건강관리 프로그램	정기 건강검진 및 예방교육, 건강상담	건강 유지와 업무 지속 가능성 향상
리프레시 휴가제도	장기근속자 및 고령 직원 대상 휴가 제공	업무 스트레스 완화 및 동기부여
기술계승 프로그램	고령 직원의 노하우를 젊은 직원에게 전수	조직 내 기술력 향상 및 인재양성
유연근무 지침	근무시간과 형태의 유연성 제공	고령 직원의 근무 만족도와 효율성 증대

센트럴건설은 고령 인력의 건강과 생활 만족도를 높이기 위해 다양한 지원 프로그램을 운영하고 있다. 특히, 건강관리 프로그램을 통해 고령자의 신체적 부담을 줄이고, 유연근무 지원을 통해 일과 삶의 균형을 맞추도록 돕고 있다. 또한, 기술 계승 프로그램을 통해 고령 인력의 경험을 젊은 직원들에게 전수하며, 세대 간 지식 공유와 협력을 강화하고 있다.

위에 살펴본 바와 같이, 센트럴건설은 이와 같은 제도를 통해 고령화사회에 대응한 인재 활용 전략을 마련하고, 고령 인력의 경험을 조직 성장에 반영하고 있다. 고령자와 젊은 세대가 함께 발전할 수 있는 근무 환경을 지속적으로 조성하여 조직의 경쟁력을 유지하고자 한다.

〈그림 1-1〉 센트럴건설 고용 제도 개정 개요

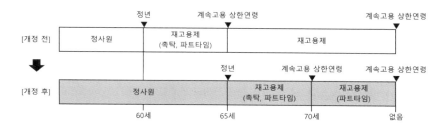

[사례 4] 소딕[10]

특징 요약	65세 정년연장 및 고령자들에게 고용 형태 선택지를 제공하여 시니어 층의 근로 의욕 고취
제도 핵심	- 65세까지의 "계속고용"을 "정년연장"으로 전환하여 시니어 층의 근로 의욕 고취 - 시니어 직원의 근무 형태에 따라 정규직과 재고용의 두 가지 선택지 제공

가. 회사 개요

기업 소개	창업: 1976년 업종: 기계 장비제조업 직원 수: 701명 60세 이상 직원 비율: 5.5% 소재지: 가나가와현 요코하마시

10) 高齢・障害・求職者雇用支援機構(2019), 65歳超雇用推進事例集, pp.52-55.

주식회사 소덕은 정밀기계 및 산업 장비 제조에 특화된 기업으로, 특히 방전 가공기 등 고정밀 장비 생산에 강점을 가지고 있다. 최근 고령층 직원의 역할 강화와 장기적 고용을 통해 조직의 노하우와 기술을 더욱 강화하고 있다.

나. 제도 내용

(1) 제도의 개요

소덕은 2018년 4월, 65세까지의 계속고용에서 정년연장으로 제도를 전환하였다. 아울러 65세 이후에는 두 가지 선택지를 제공하여 개개인의 근무 방식에 맞는 경로를 선택할 수 있도록 지원함으로써 직원들이 65세 이후에도 적극적으로 근무할 수 있는 환경을 마련했다.

(2) 적용 직종

고령 인력은 기술직, 영업직, 행정직에서 중요한 역할을 수행하며, 특히 고도의 전문성과 경험을 요하는 기술직에서 그 중요성이 더욱 강조된다.

〈표 1-10〉 적용 직종

직종	주요 업무	근무지
기술직	방전 가공기 제조 및 관리	전국 공장
영업직	기계 판매 및 고객관리	영업소 14개소
행정직	관리 및 지원 업무	본사

(3) 인사관리 체계(60세 이상~65세 이하)

소덕은 정년연장을 통해 고령 인력의 고용 안정과 업무 연속성을 확보하였으며, 이는 조직의 지속적인 성장과 기술 계승에 기여하고 있다.

〈표 1-11〉 인사관리 체계

구분	65세 정년제 시행 전	65세 정년제 시행 후
고용 관리	계속고용 제도(재고용)	정년연장 코스(정규직 선택 가능)
직위	위임 직원	정규직
임금체제	60세 이전과 동일	연령별 인상 없음
승급	없음	없음
상여금	60세 이전과 동일	일부 지급
작업 내용	60세 이전과 동일	60세 이전과 동일

다. 운영 성과 및 향후 과제

소딕의 정년연장은 고령 인력의 지속적 활용과 조직의 노하우 유지를 목표로 운영되고 있다. 이 제도는 고령 직원의 자부심과 의욕을 높이는 데 기여하였으며, 기술 계승과 경험 전수의 효과도 증대되었다.

〈표 1-12〉 고령자 지원 프로그램

프로그램	내용	효과
건강관리 지원	정기 건강검진 및 건강상담	건강 유지와 업무 능력 향상
직무 연속성 보장	기술직 근무 지속 가능성 보장	조직의 안정성과 전문성 강화
선택적 근무 형태	다양한 근무 방식 선택 가능	직원 만족도 향상 및 장기근속 장려

소딕은 건강관리 지원 프로그램과 선택적 근무 형태 제공을 통해 고령 직원들이 오랜 기간 동안 건강하고 능동적으로 근무할 수 있는 환경을 제공한다.

위에 살펴본 바와 같이, 소딕은 고령화사회에 대응하여 직원의 능력을 최대한 활용할 수 있는 제도적 장치를 마련하였으며, 이를 통해 조직의 경쟁력을 더욱 강화하고 있습니다.

〈표 1-13〉 60~65세 직원의 인사관리 제도 변화

구분	65세 정년제 시행 전	65세 정년제 시행 전	
		정년연장 코스	재고용 코스
고용 관리	계속고용 제도 (재고용)	정년연장 코스 (정규직 선택 가능)	계속고용 제도(재고용)
직위	위탁 직원	정규직	위탁 직원
임금 제도	정년 후 매년 감소	60세 시점과 동일 수준	60세 시점에 일정 비율로 감액 후 65세까지 동일 수준 유지
임금 인상	없음	없음	없음
상여금	없음	60세 이전과 동일	지급
업무 내용	60세 이전과 동일	60세 이전과 동일	업무와 역할 변경
근무시간	풀타임과 파트타임 중 선택	풀타임	풀타임과 파트타임 중 선택

[사례 5] 마키텍[11]

특징 요약	상한 없는 고령자 고용을 통해 인재 확보 및 고령자를 존중하는 기업문화
제도 핵심	- 65세 정년 및 상한 없는 계속고용 - 60세 이상에서도 작은 폭의 승급 - 회사의 신조는 "화합과 존중"으로 고령자를 존중하는 기업 문화 형성

가. 회사 개요

기업 소개	창업: 1946년 업종: 기계장치 제조업 직원 수: 580명 60세 이상 직원 비율: 6.7% 소재지: 아이치현 나고야시

---

11) 高齢·障害·求職者雇用支援機構(2019), 65歳超雇用推進事例集, pp.44-47.

주식회사 마키텍은 컨베이어를 중심으로 한 각종 산업용 기계장치를 제조하는 기업으로, 물류 및 건설 관련 장비를 생산하고 있다. 창업 이래 70년 이상 동안 컨베이어 분야에서 산업 내 탑클래스로 자리매김하며, 일본 내 주요 도시 및 해외에도 영업소를 두고 있다.

나. 제도 내용

(1) 제도의 개요

2016년 2월, 정년을 63세에서 65세로 상향하고, 상한 없는 계속고용 제도를 도입하여 희망하는 고령자가 계속 근무할 수 있도록 지원하고 있다. 이를 통해 고령자의 풍부한 경험과 기술력을 조직 내에서 지속적으로 활용하고 있다.

(2) 적용 직종

마키텍은 기술직, 영업직, 행정직 등 다양한 직종에서 고령 인력을 활용하고 있으며, 특히 기술과 경험이 중요한 기술직에서 고령자의 역할이 강조된다.

〈표 1-14〉 적용 직종

직종	주요 업무	근무지
기술직	생산 장비의 설치 및 관리	공장
영업직	고객관리 및 영업 활동	영업소
행정직	사무 및 행정 지원	본사 및 주요 영업소

(3) 고령자의 인사관리 제도

이 회사의 인사 제도는 고령자의 승진 및 퇴직 후 고용 안정을 목표

로 하고 있으며, 고령자의 역할과 책임을 줄이되, 전문성은 유지할 수
있도록 설계되어 있다.

〈표 1-15〉 고령자 인사 제도

구분	63세 정년 후 재고용(2015년까지)		65세 정년연장 후(2016년 이후)	
	60~63세	63세 이후	60~65세	65세 이후
구분	정규직	위탁사원	정규직	위탁사원
상한 연령	63세	65세 (매년 갱신)	65세	없음(매년 갱신, 기준 해당자)
직책	계속 유지	하향 조정	하향 조정	하향 조정
업무 내용	책임은 약간 줄어들지만 동일	책임은 약간 줄어들지만 동일	책임은 약간 줄어들지만 동일	책임은 약간 줄어들지만 동일
기본급	월급/일급 수준 거의 동일 (직책 수당 없음)	시급	월급/일급 수준 거의 동일 (직책 수당 없음)	시급
급여 인상	있음	없음	있음 (인상 폭 작음)	없음
수당	동일 (직능수당, 직책수당, 영업수당 등)	정근수당만 지급	동일 (직능수당, 직책수당, 영업수당 등)	정근수당만 지급
상여금	계산 방법은 63세 이전과 동일	회사 재량 (촌지 정도)	계산 방법은 63세 이전과 동일	회사 재량 (촌지 정도)
평가	동일	동일	동일	동일
퇴직금	63세에 일시금 지급	없음	65세에 일시금 지급	없음
복리후생	동일	동일	동일	동일
근무시간	풀타임	풀타임 외에도 유연근무 가능	풀타임	풀타임 외에도 유연근무 가능

(4) 근무 형태 및 근로시간

고령 직원들은 근무 형태에 대한 다양한 선택권을 제공받으며, 필
요한 경우 파트타임 근무도 가능하여 개인의 건강 상태와 일과 생활

의 균형을 맞출 수 있도록 돕고 있다.

〈표 1-16〉 근무 형태 및 근로시간

직무	근무 형태	근무시간
기술직	정규직, 파트타임 가능	주 5일, 8시간
영업직	계약직, 파트타임 가능	주 5일, 유연근무 가능
행정직	정규직	주 5일, 사무직 근무시간

(5) 임금 수준 및 임금체계

고령자의 기본 급여와 직책 수당은 능력과 직무 평가에 따라 소폭 조정되며, 60세 이후에도 성과와 기여에 따라 승급이 이루어질 수 있다. 퇴직금은 65세 퇴직 시 일시금으로 지급된다.

다. 운영 성과 및 향후 과제

마키텍은 65세 정년연장과 상한 없는 계속고용 제도를 통해 고령 인력의 장기 고용과 인재 확보에 성공했다. 또한 고령 인력을 존중하는 문화를 통해 조직 내에서 고령 직원의 자부심을 높이고, 젊은 직원들에게도 긍정적인 영향을 미치고 있다.

〈표 1-17〉 고령자 지원 프로그램

프로그램	내용	효과
가족 여행	고령 직원과 그 가족을 위한 여행 프로그램	직원 만족도 및 소속감 향상
리프레시 프로그램	업무스트레스 완화 목적	고령자의 근무 환경 개선 및 만족도 향상
능력 개발	새로운 기술 습득을 위한 교육	업무 능력 향상 및 직무 만족도 향상

회사는 리프레시 프로그램을 도입하여 고령 직원들이 업무 스트레스를 줄이고, 건강을 유지할 수 있도록 돕고 있으며, 이를 통해 조직에 대한 긍정적인 평가를 받고 있다.

〈표 1-18〉 60세 이상 사원의 인사관리 제도세

	63세 정년 후 재고용(~2015년)		65세 정년 연장 후(2016년~)	
	60~63세	63세 이후	60~65세	65세 이후
구별	정규직	촉탁직원	정규직	촉탁직원
상한 연령	63세	65세(1년 갱신) 기준 해당자	65세	없음(1년 갱신) 기준 해당자
직책	계속	내리다	내리다	내리다
직업내용	책임은 작지만 같은	책임은 작아지지 만 같은	책임은 작지만 같은	책임은 작지만 같은
기초적인	월급. 일급 월급 거의 동일(직무 수당 없음)	시급	월급. 일급 월급 거의 동일(직무 수당 없음)	시급
승급	예	없음	예(승급 폭 작음)	없음
수당	동일(직능 수당, 직책 수당, 영업 수당 등)	정근 수당만	동일(직능 수당, 영업 수당 등)	정근 수당만
상여	계산방법은 63세 이전과 동일	치치시 정도	계산방법은 63세 이전과 동일	치치시 정도
평가	동일	동일	동일	동일
은퇴금	63세 때 일시금 지급	없음	63세 때 일시금 지급	없음
복리후생	동일	동일	동일	동일
근무시간	풀 타임	풀 타임 외에도 유연한 작업 방법도 가능	풀 타임	풀 타임 외에도 유연한 작업 방법도 가능

위에 살펴본 바와 같이, 주식회사 마키텍은 고령 인력을 지속적으로 활용하여 조직의 안정적인 운영과 인재의 장기적 활용을 위해 힘쓰고 있다. 앞으로도 고령화사회에 대응한 다양한 프로그램을 통해 기업의 경쟁력을 유지하고자 한다.

[사례 6] 마론[12]

특징 요약	고령 직원의 기술력을 활용하여 생산성 향상 활동을 추진하고, 지속적인 고용을 통해 고령자를 핵심 인력으로 활용
제도 핵심	- 고령 직원의 기술력을 핵심으로 삼아 생산성 향상 활동 추진 - 능력주의 기반의 임금체계 도입 - 고령자 고용 안정지원금을 활용하여 작업 환경 개선

가. 회사 개요

기업 소개	창업: 1971년 업종: 봉제 제조업 직원 수: 27명 60세 이상 직원 비율: 33.3% 소재지: 도치기현 가네즈마시

주식회사 마론은 1971년에 설립된 여성복 제조업체로, 블랙 포멀, 캐주얼 여성복과 오더 메이드 브랜드 주문복을 수주 생산하고 있다. 주요 거래처는 일본의 대형 의류업체로, 고품질의 제품 생산을 요구받고 있다. 최근 몇 년간 생산성 향상을 위해 대량생산에서 소량생산 방식으로 전환하였고, 이를 위해 고령 인력을 중점적으로 활용하는 전략을 채택했다.

나. 제도 내용

(1) 제도의 개요

1997년에 정년을 기존 60세에서 65세로 상향하였고, 정년 이후에도 제한 없이 근무할 수 있도록 계속고용 제도를 도입해 왔다. 이러한 체계는 고령 직원의 안정적인 고용과 기술 전수를 목적으로 하며,

---

12) 高齢·障害·求職者雇用支援機構(2019), 65歳超雇用推進事例集, pp.10~11.

능력주의 임금체계를 통해 직무 성과에 따른 보상이 제공된다. 또한, 고령자 고용 안정지원금을 활용하여 조명 및 공조 장비를 도입하여 작업 환경을 개선했다.

(2) 적용 직종

마론은 봉제공, 검사공, 작업 지원 등 다양한 직종에서 고령 인력을 적극 활용하고 있으며, 특히 숙련된 기술을 필요로 하는 직무에 고령 직원을 배치하여 안정적인 품질관리를 유지하고 있다.

〈표 1-19〉 적용 직종

직종	주요 업무	근무지
봉제공	봉제 및 검품 작업	생산공장
검사공	완성된 제품의 품질 검사	생산공장
작업지원	생산 보조 및 라인 관리	생산공장

(3) 정년 상향과 고령자 고용 배경

1997년 이전에는 정년이 60세였으나, 고령화사회의 도래와 함께 고령 직원의 지속적인 고용 필요성이 대두되어 정년을 65세로 상향하였다. 또한, 정년 이후에도 계속고용을 통해 원하는 고령자는 계속 근무할 수 있도록 제도를 정비하였다. 이러한 정책을 통해 회사는 고령 인력의 풍부한 경험과 기술력을 안정적으로 활용하고 있다.

(4) 근무 형태 및 근로시간

고령 직원들은 주로 봉제 및 검사 부서에서 파트타임 및 계약직 형태로 근무하며, 필요한 경우 유연근무를 통해 개인의 생활과 업무의 균형을 맞출 수 있도록 돕고 있다.

〈표 1-20〉 근무 형태 및 근로시간

직무	근무 형태	근무시간
봉제공	정규직, 파트타임	주 5일, 하루 8시간 근무 가능(유연근무 도입)
검사공	파트타임	주 3일, 하루 5시간 근무
작업 지원	계약직, 파트타임	프로젝트에 따라 유연근무

(5) 임금 수준 및 임금체계

마론은 능력주의 임금체계를 채택하고 있으며, 각 직원의 업무 성과와 기여도에 따라 임금을 결정한다. 성과 평가 점수는 작업 능력과 팀 기여도를 바탕으로 책정되며, 평가 결과에 따라 상여금과 기본 급여가 조정된다. 정년 이후에도 계속 근무할 경우 근속 연수에 따라 퇴직금도 지급된다.

다. 운영 성과 및 향후 과제

주식회사 마론은 고령 인력을 핵심 인재로 활용함으로써 안정적인 생산성 향상과 고용 유지를 이루고 있다. 특히, 정년 이후에도 고용이 가능한 환경을 제공하여 고령 직원의 기술력 전수와 노하우의 축적에 기여하고 있다.

〈표 1-21〉 고령자 지원 프로그램

프로그램	내용	효과
조명 및 공조 시스템 개선	작업 환경의 쾌적함을 위한 조명 및 공조 장비 설치	고령자의 피로도 감소 및 이직율 감소
능력 개발 프로그램	개인별 능력 향상을 위한 직무교육 제공	업무 능력 향상 및 직무 만족도 향상
유연근무제 도입	다양한 근무시간을 제공하여 고령자 부담 완화	근무 환경 개선 및 직원 만족도 향상

회사는 고령 직원을 위한 쾌적한 작업 환경 조성과 능력 개발 프로그램을 통해 지속적인 성장을 지원하고 있으며, 이를 통해 고령 직원들이 오랫동안 근무할 수 있는 기반을 마련하고 있다. 직원들은 새롭게 도입된 조명과 공조 시스템 덕분에 더 나은 작업 환경에서 높은 생산성을 유지하고 있다.

위에 살펴본 바와 같이, 주식회사 마론은 고령 인력을 조직의 중요한 자원으로 활용하며, 안정적인 고용과 생산성 향상을 위한 다양한 지원을 아끼지 않고 있다. 이를 통해 고령화사회에 발맞춘 지속 가능한 인력 운영 모델을 구축하고 있다.

[사례 7] 오리엔탈 컨설턴트[13]

특징 요약	우수한 인재 확보와 지속적인 경쟁력을 유지하기 위해 직책별로 정년을 설정하고, 고령 인력의 장기 고용을 위한 다층적 지원 체계를 마련
제도 핵심	- 우수한 기술 인력을 확보하고 회사의 경쟁력 강화를 위해, 직책에 따라 다양한 정년 설정 - 우수한 기술 인력을 유지하기 위해 신입 채용뿐만 아니라 시니어 및 경력자 채용을 강화

가. 회사 개요

기업 소개	창업: 1957년 업종: 기술서비스업 직원 수: 957명 60세 이상 직원 비율: 11.4% 소재지: 도쿄도 시부야구

---

13) 高齢·障害·求職者雇用支援機構(2018), 65歳超雇用推進事例集, pp.75-78.

오리엔탈 컨설턴트는 건설 컨설팅을 전문으로 하는 회사로, 사회 인프라 관련 기술과 서비스를 제공합니다. 주요 사업 분야로는 도로와 철도, 도시 계획, 교통, 환경, 관광, 방재, 보험 등이 있으며, 직원의 다수가 20대 후반에서 40대 초반의 젊은 층을 차지하고 있다. 회사는 우수한 기술 인력을 확보하기 위해 시니어와 경력자를 적극적으로 채용하며, 2016년 기준으로 약 70명의 경력직을 채용하여 인재층을 강화했다.

나. 제도 내용
(1) 제도의 개요
오리엔탈 컨설턴트는 2015년 1월부터 직책별로 정년을 상이하게 설정하여 부장, 차장, 기술자, 주임은 65세, 팀 리더는 63세, 일반직은 60세로 구분하였다. 이러한 다층적 정년 제도는 회사의 핵심 기술 인력 확보와 조직의 안정적인 운영을 위한 조치로써 고령자들이 장기적으로 기여할 수 있는 환경을 조성하기 위해 도입되었다.

(2) 적용 직종
이 제도는 주로 고도의 기술과 경험이 필요한 컨설팅과 기술직에 중점을 두고 있으며, 이 외의 행정관리 부서에서도 고령 인력을 활용하여 다양한 업무를 수행하고 있다. 프로젝트 현장에서 필요로 하는 경험과 기술을 유지하기 위해 다양한 연령층을 포함한 다층적 인재 활용을 적극적으로 추진하고 있다.

〈표 1-22〉 적용 직종

직종	주요 업무	근무지
컨설턴트	사회 인프라 프로젝트 관리 및 기술 자문	지사
기술직	프로젝트 현장 관리 및 설계	지사
행정관리	사무 관리 및 지원 업무	본사 및 지사

(3) 정년 상향 배경

오리엔탈 컨설턴트는 건설 컨설팅 업계에서의 경쟁 심화와 인재 부족 문제를 해결하기 위해 2014년부터 정년 상향을 검토했다. 이 업계에서는 오랜 경험이 필요한 터널, 교량 등의 설계와 같은 고난이도 작업이 많아서 경험이 풍부한 고령자의 지속적인 고용이 필요했다. 회사는 내부 팀을 구성하고 외부 전문가의 자문을 받아 정년 상향과 다층적 정년 제도를 도입했다.

(4) 근무 형태 및 근로시간

정년 이후에도 고령 직원들이 지속적인 기여가 가능하도록 계약직 및 파트타임 형태를 도입하고 있으며, 주로 컨설턴트와 기술자 직군에서 유연한 근무 조건을 제공하여 고령 인력의 부담을 줄이고 있다.

〈표 1-23〉 근무 형태 및 근로시간

직무	근무 형태	근무시간
컨설턴트	정규직	주 5일, 8시간
기술직	계약직, 파트타임 가능	주 5일, 프로젝트에 따라 유연근무
행정관리	정규직	주 5일, 사무직 근무시간

(5) 임금 수준 및 임금체계

오리엔탈 컨설턴트의 임금체계는 성과와 능력 평가를 반영하는 구조로, 정년 도달 이후에도 동일한 평가 기준이 적용된다. 고령 직원의 경우 360도 평가 방식을 통해 능력 평가를 실시하고, 이에 따라 기본급여와 상여금이 책정된다. 성과 평가 점수는 주요 성과 목표의 달성도를 반영하며, 반기별로 성과를 점검하여 추가 인센티브를 지급하는 방식이다.

다. 운영 성과 및 향후 과제

오리엔탈 컨설턴트는 정년 상향을 통한 다층적 인재 확보와 고령자의 전문성을 최대한 활용함으로써, 안정적인 기술 인력 확보와 조직의 지속성을 유지하고 있다. 특히, 연령에 맞춘 역할 배분을 통해 고령자들이 책임을 가지고 기술을 전수할 수 있도록 하여, 조직 내 기술력의 축적과 전승을 가능하게 하고 있다.

〈표 1-24〉 고령자 지원 프로그램

프로그램	내용	효과
연령별 역할 설정	연령에 따라 역할을 부여하여 기술전수 활성화	조직 내 세대 간 협력 증대
성과 평가 제도	연 2회 360도 평가로 고령자의 능력과 성과 평가	공정한 성과 평가와 보상 및 동기부여
PDCA 사이클 도입	목표 설정-실행-점검-조치의 사이클로 인재 육성	자기개발 및 지속적 성과 관리 강화

회사는 고령 직원들의 기술 전수와 세대 간 협력을 촉진하기 위해 연령별 역할 설정을 도입했으며, 이를 통해 조직 내 팀워크 강화와 기

술력 유지가 효과적으로 이루어지고 있다. 또한, PDCA 사이클을 활용한 자기 개발 프로그램을 통해 고령 직원들이 지속적으로 성장할 수 있는 환경을 제공하고 있다.

위에 살펴본 바와 같이, 오리엔탈 컨설턴트는 고령 인력을 적극적으로 활용하여 조직의 지속 가능성을 강화하고, 인재 부족 문제를 해결하고 있다. 고령자들이 장기적으로 회사의 핵심 인재로 남을 수 있도록 다양한 제도와 지원을 제공하여 사업 경쟁력을 유지하고 있다.

[사례 8] 쓰지 제작소[14]

특징 요약	숙련 기술이 필요한 공정을 표준화 및 IT화하여 고령자를 활용하고, 이들의 육체적 부담을 줄여 오래 일할 수 있는 환경 마련
제도 핵심	– 누구나 작업을 수행할 수 있도록 숙련 기술이 필요한 공정을 표준화하고 IT화를 진행하여, 고령 직원들의 육체적 부담을 경감 – 이를 통해 고령자가 오래 일할 수 있는 환경을 조성하고 고령자 채용을 활성화 – 2006년부터 단계적으로 정년을 상향해 2013년에는 65세로 조정

가. 회사 개요

기업 소개	창업: 1919년 업종: 주조품 및 금속제조업 직원 수: 150명 60세 이상 직원 비율: 24.2% 소재지: 사이타마현 가와구치시

쓰지 제작소는 사이타마현 가와구치시에 본사를 두고 있는 금속 제조 기업으로, 주조 및 금속 가공 제품을 생산하고 있다. 1919년에 설립된 회사의 주요 제품으로는 엘리베이터용 풀리, 전력회사용 변압기

---

14) 高齢·障害·求職者雇用支援機構(2018), 65歲超雇用推進事例集, pp.31-34.

케이스 등이 있다. 주로 높은 수준의 기술과 노하우를 요구하는 산업에 속해 있어 "3D(힘들고, 더럽고, 위험한)" 업종으로 분류되기 때문에 젊은 직원의 채용이 어렵다.

나. 제도 내용

(1) 제도의 개요

쓰지 제작소는 2006년부터 2013년까지 단계적으로 정년을 60세에서 65세로 상향했다. 이를 통해 고령자가 보다 오래 일할 수 있는 환경을 조성하고, 공정의 표준화 및 IT화를 통해 숙련되지 않은 고령자라도 적응할 수 있도록 하는 변화를 도입했다. 특히, 젊은 인력이 기피하는 고된 작업을 고령자가 대신 수행할 수 있도록 함으로써 작업 인력 부족 문제를 해소하고 있다.

(2) 적용 직종

고령 직원들은 주조 및 제조 공정에서 중요한 역할을 맡고 있으며, 특히 변압기 케이스와 엘리베이터용 풀리 제작에 집중하고 있다. 이 공정들은 일반적으로 숙련된 기술이 요구되지만, 회사는 IT화와 공정 표준화를 통해 작업 과정을 단순화하여 고령자도 수행할 수 있도록 하였다.

〈표 1-25〉 적용 직종과 직무 내용

직종	주요 업무	근무지
주조 공정	원자재를 용해하여 주조 제품을 만드는 작업	공장
제조 공정	변압기 케이스 제작 및 조립	공장
검사 및 품질관리	제품의 품질 확인 및 공정 관리	공장

(3) 정년 상향과 고령자 채용 배경

쓰지 제작소가 정년을 상향하고 고령자 채용을 확대하게 된 배경에는 "3D" 업종이라는 것이 주된 이유 중 하나이다. 이러한 이미지로 인해 젊은 인력의 유입이 어려워지자, 회사는 작업 공정의 표준화 및 IT화를 통한 작업 간소화를 추진했다. 예를 들어, 주조 공정에서 재료를 용해할 때 필요한 혼합 비율을 시스템화하여 경험이 부족한 직원도 적절히 배합할 수 있게 되었다.

또한, 기계 설비의 개선을 통해 고령 직원의 육체적 부담을 줄이고자 하였으며, 이로 인해 더 많은 고령자가 안정적으로 근무할 수 있는 환경을 마련했다. 예를 들어, 무거운 주조 재료를 투입하는 과정에서 유압식 실린더가 장착된 믹서를 도입하여, 고령자도 쉽게 재료를 다룰 수 있게 되었다.

(4) 근무 형태 및 근로시간

고령 직원들은 대부분 주조 공정과 제조 공정에서 정규직으로 근무하고 있다. 다만, 육체적 부담을 줄이기 위해 하루 4시간 근무가 가능한 파트타임 형태를 도입하는 등 유연한 근무 체계를 적용하고 있다. 품질관리와 같은 부서에서는 주 3일 근무가 가능하도록 조정하여 고령 직원의 체력 소모를 최소화하고 있다.

〈표 1-26〉 근무 형태 및 근로시간

직무	근무 형태	근무시간
주조 공정	정규직	하루 8시간, 2교대 근무
제조 공정	파트타임, 정규직	2교대, 고령자는 4시간 단축 근무 가능
품질관리	파트타임	하루 5시간, 주 3일 근무

(5) 임금 수준 및 임금체계

고령 직원들의 임금은 정규직과 파트타임에 따라 달리 지급되며, 특히 고령 직원의 육체적 부담을 고려하여 근무시간에 따라 급여가 산정된다. 예를 들어, 하루 4시간 근무를 하는 파트타임 직원도 기본 시급 외에 성과급을 받을 수 있도록 하여 동기부여를 강화하고 있다.

다. 운영 성과 및 향후 과제

쓰지 제작소는 공정 표준화와 IT화를 통해 고령자들이 쉽게 적응할 수 있는 환경을 조성했다. 이로 인해 작업 공정에서 발생하는 육체적 부담이 경감되었고, 고령자들도 안정적으로 근무할 수 있는 작업 환경이 마련되었다. 또한, 고령자와 젊은 직원 모두가 상호 협력하여 기술을 전수하고 있어서 노하우와 경험이 축적되고 있다.

회사는 고령자 건강관리를 위해 여름철 고온 환경에서 근무할 때 휴게실과 스포츠 음료를 제공하여 열사병 예방에 힘쓰고 있다. 또한, 연령별로 역할을 설정하여 고령자가 젊은 직원을 지도할 수 있는 기회를 제공하고 있으며, 고령자들이 본인의 역할에 자부심을 가지고 일할 수 있도록 돕고 있다.

〈표 1-27〉 고령자 지원 프로그램

프로그램	내용	효과
건강관리	여름철 고온 환경에 대비해 냉방시설 및 스포츠 음료 제공	직원의 건강 유지 및 생산성 향상
연령별 역할 설정	각 세대별로 맡은 역할을 분명히 하되, 고령자가 젊은 직원 지도	동기부여 강화 및 조직 내 결속력 증대
역할 평가 제도	연령에 관계없이 성과에 따른 처우 및 승진 기회 부여	직원의 만족도 및 동기부여 상승

위에 살펴본 바와 같이, 쓰지 제작소는 고령 인력을 적극적으로 활용하여 고령화사회에 대응하는 지속 가능한 인력관리 모델을 마련하고 있다.

[사례 9] 평화택시[15)]

특징 요약	직원 건강 상태의 개별적 관리 등 고령자를 적극 지원
제도 핵심	- 직원의 질병 유무, 기존 질환, 치료, 통원 이력 등의 정보를 목록화하여 건강관리에 활용 - 65세 초과 고용 촉진 지원금을 활용하여 66세로 정년을 상향

가. 회사 개요

기업 소개	창업: 1971년 업종: 도로여객운송업 직원 수: 58명 60세 이상 직원 비율: 89.6% 소재지: 미야자키현 미야자키시

평화택시 주식회사는 미야자키시에서 영업하는 택시 회사로, 1971년에 설립되었다. 이 회사는 고령 직원의 건강 상태를 개별적으로 관리하고, 정년을 기존 60세에서 66세로 상향하여 고령 직원의 고용을 지속하고 있다. 주로 60세 이상에 한정하여 직원을 모집하고 있는데 이는 택시 산업 특유의 고령화 문제를 해결하고 장기적 고용을 유도하기 위한 조치이다.

---

15) 高齢·障害·求職者雇用支援機構(2018), 65歲超雇用推進事例集, pp.11-14.

나. 제도 내용

(1) 제도의 개요

2017년 4월부터 평화택시는 정년을 기존 60세에서 66세로 상향했다. 이를 통해 건강 상태가 양호하고 근무 의지가 있는 직원을 66세까지 고용할 수 있게 되었으며, 정년 이후에도 근로 의욕이 있는 직원들이 계속적으로 근무할 수 있도록 했다. 이러한 제도는 미야자키시의 인구 고령화 문제에 대응하여 고령 인력의 사회적 역할을 확대하는 데 기여하고 있다.

(2) 적용 직종

이 회사는 택시 운전사, 환자 이송, 중고차 판매 등 다양한 업무에서 고령 인력을 활용하고 있다. 특히, 택시 운전 외에도 환자 수송과 중고차 판매 지원 등의 업무에 고령 직원들이 적극 참여하고 있다. 이러한 직무는 그들의 경험과 신뢰성을 바탕으로 효과적으로 수행되고 있다.

〈표 1-28〉 적용 직종 및 직무 내용

직종	주요 업무	근무지
택시 운전사	승객 운송 및 안전 운전	미야자키시
환자 이송 지원	의료기관관 협력하여 환자 수송	미야자키 인근 의료시설
자동차 판매 지원	중고차 판매 및 관리 지원	미야자키 중고차 판매소

(3) 적용 대상자

평화택시는 66세 이상 직원들 중 건강 상태가 양호하고 근무 의지가 있는 모든 직원을 대상으로 정년 후에도 고용을 연장하고 있다. 특히, 신체적 조건이 택시 운전에 적합한 지원자들을 선별하여 채용하며, 매년 고령 직원들의 건강 상태를 지속적으로 점검하여 직무 배치를 결정하고 있다.

(4) 근무 형태 및 근로시간

고령 직원들은 주로 택시 운전, 환자 이송 지원, 중고차 판매 지원 등의 업무를 수행하며, 정규직 또는 파트타임 형태로 유연하게 근무하고 있다. 이른 아침부터 저녁 늦게까지 근무가 가능하며, 직원들의 건강 상태에 따라 탄력적으로 근무시간을 조정하여 체력 소모를 최소화하고 있다.

〈표 1-29〉 근무 형태 및 근로시간

직무	근무 형태	근무시간
택시 운전사	정규직, 파트타임	탄력적 근무(이른 아침부터 저녁 늦게까지)
환자 이송 지원	파트타임	병원 스케줄에 맞춘 근무
자동차 판매 지원	정규직	중고차 판매소 운영시간에 맞춘 근무

(5) 임금 수준 및 임금체계

고령 직원의 임금은 시급제 및 월급제로 운영되며, 이는 근무시간과 직무의 난이도에 따라 결정됩니다. 시급은 지역 최저 임금을 기준으로 책정되며, 근속 연수와 성과에 따라 인상됩니다. 정년 상향 이후에도 동일한 임금체계를 유지하며, 업무에 대한 성과 평가를 바탕으로 추가 인센티브가 제공되기도 한다.

다. 운영 성과 및 향후 과제

평화택시는 이 제도를 통해 고령 인력을 안정적으로 확보하고 있다. 특히, 고령 택시 운전사들의 직무 만족도가 높아, 이들은 고객 응대와 안전 운행을 위한 높은 책임감을 보이고 있다. 또한, 고령자들에게 안정적인 일자리를 제공하여 사회적 기여를 하고 있으며, 지역 내에서 좋은 평가를 받고 있다.

〈표 1-30〉 고령자 건강관리 프로그램

프로그램	내용	효과
건강정보관리	직원들의 질병 유무, 치료 이력, 통원 이력을 목록화하여 건강관리	조기 대응 및 개별관리
월별 안전 캠페인	안전 사고 예방과 건강 유지 방안을 매월 교육 및 점검	직원의 안전 의식 및 건강 증진
환자 이송 안전 점검	이송 지원 시 발생할 수 있는 건강 위험에 대한 사전 점검	택시 및 이송 업무의 안전성 강화

회사는 건강정보관리 프로그램을 통해 고령 직원의 건강 상태를 개별적으로 관리하고 있으며, 필요한 경우 건강 상담과 정기적인 건강검진을 통해 조기 대응에 힘쓰고 있다. 또한, 월별로 안전 캠페인을 실시하여 건강과 안전의 중요성을 강조하고, 각종 사고를 예방하는 데 노력하고 있다.

위에 살펴본 바와 같이, 평화택시 주식회사는 고령 인력을 적극적으로 활용하여 지역사회의 고령화 문제에 대응하고 있으며, 고령 인력의 사회적 기여도를 높이고 있다. 이를 통해 고령화 시대에 맞춘 안정적 고용 모델을 제공하고 있다.

[사례 10] 오하라[16)]

특징 요약	공장의 가동 시간 확장을 위해 60세 이상의 고령자를 적극 활용
제도 핵심	– 생산능력 확대를 위해 이른 아침부터 공장을 가동하면서 고령자를 적극 활용 – 60세 이상의 고령자를 우선적으로 채용

가. 회사 개요

기업 소개	창업: 1959년 업종: 식품 가공 제조업 직원 수: 77명 60세 이상 직원 비율: 20% 소재지: 이시카와현 가나자와시

오하라 주식회사는 식품 가공업을 주요 사업으로 하는 기업으로, 60세 이상 고령 인력을 적극적으로 활용하기 위해 정년을 기존 60세에서 65세로 연장하였다. 고령자의 사회적 활용성을 증대시키고, 동시에 생산성 향상을 도모하기 위해 이러한 정책을 시행하고 있다.

나. 제도 내용
(1) 제도의 개요

오하라 주식회사는 2017년 4월부터 정년을 기존 60세에서 65세로 연장하는 제도를 도입했다. 이는 기존의 고령 인력이 회사에서 오랫동안 근무할 수 있도록 하여 생산성과 노하우를 유지하고자 하는 목적에서 시작되었다. 또한 60세 이상을 대상으로 한 신규 채용을 통해 고령층의 사회적 기여를 촉진하고 있다.

---

16) 高齢・障害・求職者雇用支援機構(2018), 65歳超雇用推進事例集, pp.15-18.

(2) 적용 직종

이 제도는 주로 식품 가공업에서 반복적인 작업을 필요로 하는 직종에 적용되며, 주로 생산 공장의 다양한 작업을 지원하는 역할을 맡는다. 이로 인해 고령자들이 본인의 능력과 경험을 살려 안정적으로 근무할 수 있다.

〈표 1-31〉 적용 직종 및 직무 내용

직종	주요 업무	근무지
가공 및 포장	감자 껍질 벗기기, 세척 및 포장	공장
품질관리	제품 검사 및 품질 보증	공장
물류 지원	포장된 제품의 이동 및 정리	물류창고

(3) 적용 대상자

오하라 주식회사는 60세 이상의 고령자만을 대상으로 한 파트타임 모집을 통해 채용을 진행했다. 이 과정에서 회사는 신문 광고에 "60세 이상만 지원 가능"이라는 내용을 명시하여 높은 지원율을 얻었으며, 많은 고령 인력을 채용할 수 있었다.

(4) 직무 내용과 근무 형태

고령 직원들은 주로 오전 5시부터 오전 9시 반까지 파트타임 형태로 근무한다. 생산 공장은 이른 아침부터 가동을 시작하기 때문에, 고령자들은 성실하게 출근하여 작업을 수행하고 있다. 이들은 감자 껍질 벗기기와 같은 반복적인 수작업을 주로 담당하며, 단순하지만 중요한 역할을 수행하고 있다.

(5) 임금 수준 및 임금체계

고령 직원들의 임금은 시급제로 책정되며, 이는 이시카와현의 최저 임금 이상에서 시작하여 근속 연수에 따라 상승하는 구조이다. 이 외에도 회사는 평가 절차를 간소화하였으며, 고령 인력의 높은 업무 만족도와 일관된 생산성을 유지하고 있다.

다. 운영 성과 및 향후 과제

오하라 주식회사는 이 제도를 통해 다양한 성과를 거두었다. 고령 직원들은 회사 내에서 "달인(達人)"으로 불리면서 존경받고 있으며, 젊은 직원들과도 협력하여 원활한 작업 환경을 구축하고 있다. 이와 더불어 고령 직원들이 오랜 경력을 바탕으로 자신감 있게 업무에 임하며, 회사 내 결속력이 강화되고 있다.

〈표 1-32〉 고령자 동기부여 프로그램

프로그램	내용	효과
노력상	고령 직원들의 노력과 기여를 인정하여 카드를 제공하고, MVP 시상 실시	동기부여 강화 및 직원 간 결속력 강화
건강관리 프로그램	흡연 구역을 건강실로 전환하고 혈압계와 마사지 의자 설치	고령 직원의 건강 증진 및 업무 만족도 향상

또한 고령 직원들의 건강을 고려한 제도도 운영하고 있다. 흡연실을 건강실로 개조하고 다양한 건강관리 기기를 설치하여 직원들이 보다 건강하게 업무에 임할 수 있도록 배려하고 있다. 이와 같은 제도는 고령 직원들의 업무 만족도를 높이고, 건강한 근무 환경을 제공하는 데 기여하고 있다.

제2절 70세 정년연장

[사례 1] 글로벌크린[17]

특징 요약	정년을 70세로 상향하고 고령자, 여성, 장애인 등의 다양한 인재를 고용
제도 핵심	- 정년을 70세로 상향하고, 희망자에게는 상한 연령 없이 계속고용 기회 제공 - 지역의 고령자, 여성, 장애자 등 다양한 인재를 채용 - 휴가 제도를 활성화하여 직원의 건강과 일과 삶의 균형을 지원

가. 회사 개요

기업 소개	창업: 2000년 업종: 기타 사업서비스업 직원 수: 80명 60세 이상 직원 비율: 23.8%(19명) 소재지: 미야자키현 니치난시

주식회사 글로벌크린은 2000년에 설립되어 빌딩 유지관리, 청소관리, 그리고 부동산관리까지 다양한 사업을 전개하고 있다. 이 회사는 사회적 취약 계층과 지역 주민을 고용하여 지역사회에 기여하고 있으며, 직원의 절반 이상이 파트타임이나 고령자, 여성, 장애인으로 구성되어 있다. 특히 지역 고객에게 세계 수준의 품질을 제공하고자 하는 목표를 가지고 있으며, 지속 가능한 운영을 추구하고 있다.

나. 제도 내용
(1) 정년 및 계속고용 제도 개요

글로벌크린은 2011년 65세에서 70세로 정년을 상향하였다. 이를

---

17) 高齢・障害・求職者雇用支援機構(2023), 70歳超雇用推進事例集, pp.21-24.

통해 고령자들이 더욱 오래 근무할 수 있게 되었으며, 희망자에게 는 상한 없는 계속고용 기회가 제공된다. 이 제도는 특히 사회적 소외 계층에게 안정적인 고용 기회를 제공하고, 고령자의 고용 불안을 해소하여 일과 생활의 균형을 유지하도록 돕는 것을 목표로 하고 있다.

〈표 1-33〉 고령자 고용 제도

항목	변경 전	변경 후	비고
정년	65세	70세	
계속고용 상한 연령	제한 없음	제한 없음	재고용 상한 없음, 근로 희망 시 계속 근무 가능 일부 고령 직원의 직무 조정 및 재배치 가능

(2) 적용 직종

이 회사의 다양한 직종에서 고령자와 여성, 장애인들이 활발히 활동하고 있으며, 대부분의 업무는 청소 및 유지관리 관련 작업으로 구성되어 있다. 특히, 부동산관리 업무는 고령자와 장애인이 쉽게 접근할 수 있도록 설계되어 있어, 다양한 배경의 직원들이 일할 수 있는 기회를 제공한다.

〈표 1-34〉 적용 직종

직종	직무 내용	근무지
건물관리직	건물 및 빌딩 유지 보수, 소방 및 안전관리	전국 사업소
하수도관리직	하수도 시설의 정비 및 유지관리	전국 사업소
청소 및 위생직	건물 내 청소와 위생 상태 유지, 공공위생관리	전국 사업소
경비 및 보안직	출입관리 및 시설 보안, 방범 지원	주요 대형 건물과 공공시설

(3) 인사관리 제도

이 회사의 인사관리 제도는 직원의 역량을 효과적으로 평가하고 지속적으로 개선할 수 있는 체계를 갖추고 있다. 정기적인 직무 수행 평가와 상위 평가자와의 피드백 면담을 통해 직원의 장점과 개선점을 파악하며, 이를 바탕으로 적절한 승진 및 보상 기회를 제공한다. 또한 연간 교육 프로그램을 통해 고령 직원도 최신 청소 기술과 관리 역량을 갖출 수 있도록 지원하고 있다.

〈표 1-35〉 인사 제도

구분	내용
평가	기본 평가(기술/경험/업무 기여도)와 리더십 평가
승진	능력과 성과에 따른 승진 기회 제공
직무 배치	경력과 역량에 따라 적합한 직무로 재배치, 정기적인 역할 조정
퇴직금	70세 정년 도달 시 퇴직금 지급, 계속 근속 시 추가 퇴직금 제공

(4) 근무 형태 및 근로시간

유연근무시간제가 도입되어 고령자나 파트타임 직원들이 건강과 생활 패턴에 맞추어 근무할 수 있다. 청소 작업의 경우 하루에 4시간에서 7시간 정도로 유연하게 근무할 수 있으며, 정규직은 교대 근무를 통해 업무에 참여한다. 이러한 유연한 근무 형태는 고령자와 같은 특별한 배려가 필요한 직원들이 장기적으로 근무할 수 있는 환경을 제공한다.

〈표 1-36〉 근무 형태 및 근로시간

직무	근무 형태	근무시간
건물관리	풀타임/파트타임 선택 가능	주 5일, 8시간
청소 및 위생관리	유연근무제 및 파트타임 가능	선택적 근무시간제, 주당 근무 일수 선택 가능

(5) 임금 수준과 임금체계

파트타임 직원의 경우 시급제로 운영되며, 정규직은 월급제로 성과에 따라 승급이 가능하다. 임금은 업무 유형과 수행 능력에 따라 책정된다. 기본 급여는 직무의 난이도와 직원의 역량에 따라 차별화되며, 정기적인 평가를 통해 성과가 우수한 직원에게는 승급 기회를 제공한다.

〈표 1-37〉 임금 수준과 임금체계

항목	기본 급여	평가 및 승급
파트타임 직원	시급제	직무 평가에 따른 소폭 조정
정규직 직원	월급제	성과에 따른 승급 기회 제공

다. 운영 성과 및 향후 과제

글로벌크린은 정년연장 및 유연한 고용 제도를 통해 다양한 인재들이 활동할 수 있는 직장 환경을 조성하고 있다. 특히, 고령자와 여성, 장애인 등 사회적 취약 계층이 경제적 자립을 이룰 수 있는 기회를 제공함으로써 지역사회와 상생하는 모델을 구축하였다. 이와 함께, 직원들의 만족도를 높이기 위해 지속적으로 피드백을 수렴하고 있으며, 이를 통해 일하는 모든 사람이 존중받는 직장 문화를 조성하고 있다.

〈표 1-38〉 고령자 지원 프로그램

프로그램	내용	효과
근로시간 유연화	직원의 건강 상태에 맞춘 유연근무 시간 제도	건강관리 및 근무 지속성 향상
직무교육	신입 및 고령자 대상 직무교육 및 훈련 제공	업무 수행 능력 향상
건강관리 지원	정기 건강검진 및 상담 서비스 제공	건강 문제 조기 발견 및 예방

위에 살펴본 바와 같이, 이 회사는 고령자 지원을 위해 유연근무시간, 직무 교육, 정기 건강검진 등의 프로그램을 운영하고 있으며, 이를 통해 업무 만족도와 장기근속을 지원하고 있다.

[사례 2] 인락[18]

특징 요약	고령자, 미경험자를 포함하는 신규 채용과 철저한 교육훈련 제도를 통해 업무 역량 강화
제도 핵심	– 고령자라도 학습 의지와 겸손함이 있다면 신규 채용 – 미경험 고령자에게 철저한 교육훈련을 제공 새로운 업무에 적응을 지원 – 고령자 직원의 요구 사항과 근무 환경을 지속적으로 파악

가. 회사 개요

기업 소개	창업: 2006년 업종: 기타 사업서비스업 직원 수: 13명 60세 이상 비율: 50.4% 소재지: 아이치현

인락 주식회사는 2008년에 설립되어, 각종 시설 경비, 점포 보안,

18) 高齡·障害·求職者雇用支援機構(2023), 70歲超雇用推進事例集, pp.37-40.

교통 경비, 이벤트 경비 등 다양한 위험관리 서비스를 제공한다. 이러한 업무는 고도의 위험관리 역량이 요구되며, 이는 회사가 직원 교육과 현장 대응 능력 강화를 위해 전문성을 갖춘 조직으로 발전하게 된 계기가 되었다. 본사와 영업소는 주로 아이치현 및 기후현에 위치해 있으며, 직원 대부분이 현장에 근무하는 경비원들로 구성되어 있다.

나. 제도 내용
(1) 정년 및 계속고용 제도 개요
2020년부터 정년을 65세에서 70세로 연장하고, 계속고용 상한을 제거하여 고령자가 원할 경우 계속 근무할 수 있도록 지원하고 있다. 이 제도 개편은 고령자에게 안정적이고 장기적인 일자리를 제공하여 고용 연속성을 확보하는 동시에, 회사에게는 숙련된 인력을 지속적으로 활용할 수 있는 기회를 제공하였다.

(2) 적용 직종
주요 직종으로는 시설 경비, 점포 보안, 교통 경비 등이 있으며, 고령자 직원들이 각 분야에서 활동하고 있다. 특히, 고령자들은 시설과 점포에서 주로 근무하며 경비 업무의 안정성에 기여하고 있다.

〈표 1-39〉 적용 직종

직종	주요 업무	고령자 활용 비율
시설 경비	시설 내외부 순찰, 비상 상황 대응	50%
점포 보안	점포 내 보안 유지, 고객 안전관리	30%
교통 경비	교통 정리, 안전관리	20%

(3) 인사관리 제도

이 회사의 인사관리 제도는 업무의 전문성과 책임감을 평가하는 "업무 평가"와 고령자의 경비 업무 적응을 위한 "능력 평가", 그리고 팀 내 소통과 협업 능력을 평가하는 "팀워크 평가"로 구성되어 있다. 이 평가 결과에 따라 고령자 직원의 추가 교육 필요 여부와 포지션 조정이 이루어진다.

(4) 근무 형태 및 근로시간

고령자 직원은 정규직뿐만 아니라 파트타임으로도 근무 가능하며, 다양한 근무 형태를 통해 개별적인 근무 요구 사항을 반영하고 있다. 특히 점포 보안 분야에서는 유연근무제를 적용하여 고령자가 적합한 근무시간을 선택할 수 있도록 지원한다.

〈표 1-40〉 근무 형태 및 근로시간

직무	근무 형태	근무시간
시설 경비	정규직, 파트타임	주 5일, 하루 8시간
점포 보안	계약직, 파트타임	유연근무제
교통 경비	정규직	주 5일, 하루 8시간

(5) 임금 수준과 임금체계

임금체계는 기본급, 성과급, 특별 수당으로 구성되어 있다. 기본급은 경비 업무에 필요한 기본 임금이며, 성과급은 연간 근무 실적에 따라 지급된다. 특별 수당은 야간 근무나 추가 근무가 있을 경우 지급되며, 근무시간과 성과에 따라 추가적인 보상이 이루어진다.

다. 운영 성과 및 향후 과제

인락 주식회사는 정년연장 및 계속고용 제도를 통해 고령자와 미경험자를 포함한 다양한 연령층의 신규 채용과 교육을 효과적으로 운영하고 있다. 특히 경비 업무 특성상 연령에 상관없이 필요한 경우 철저한 훈련 과정을 통해 업무에 빠르게 적응할 수 있도록 하고 있으며, 고령자의 장기근속을 통해 회사의 인력 안정성 확보와 고객 신뢰도 증진에 기여하고 있다.

〈표 1-41〉 고령자 지원 프로그램

프로그램	내용	효과
맞춤형 훈련 과정	고령자 직원이 필요로 하는 실무 교육 제공	고령자 직무 적응력 향상
건강관리 프로그램	건강검진 및 건강상담 지원	직원 건강 유지 및 관리
사회적 지원 활동	지역사회 안전 프로그램 참여	회사 이미지 제고 및 직원 만족도 향상

회사는 맞춤형 훈련 과정과 건강관리 프로그램을 통해 고령자 직원들이 건강하고 안전하게 근무할 수 있도록 지원하고 있으며, 사회적 지원 활동을 통해 지역사회와의 협력을 강화하고 있다.

위에 살펴본 바와 같이, 인락 주식회사는 고령자와 미경험자를 포함한 다양한 인력을 효과적으로 활용하여, 고령화사회에 대응하고 지역사회와의 협력을 강화하는 방향으로 기업 경쟁력을 확보하고 있다.

[사례 3] 니카타 아파타이트[19]

특징 요약	고령자의 지속고용을 위해 정년을 70세로 연장하고 다양한 인재가 각자의 능력을 발휘할 수 있는 환경을 조성하여 조직의 생산성을 높임
제도 핵심	- 고령자와 장애인 등 다양한 인재가 능력을 발휘할 수 있도록 지원 - "사람은 재산"이라는 경영철학을 바탕으로 고령자 고용 확대

가. 회사 개요

기업 소개	창업: 1988년 업종: 전동기계장치 및 자동차 부품 제조업 직원 수: 95명 60세 이상 직원 비율: 20% 소재지: 조에쓰시(上越市)

니카타 아파타이트는 전동기계장치 제조를 주요 사업으로 하는 회사로, 자동차 및 전자 부품 산업에서 주요 고객을 확보하고 있으며, 지역 경제 및 사회적 책임을 중시하는 기업으로 성장해 왔다. 특히 경영 철학인 "사람은 기업의 재산"을 바탕으로 직원 개개인의 능력 발휘를 지원하며, 장애인 및 고령자를 포함한 다양한 인재가 활약할 수 있는 환경을 조성하고 있다.

나. 제도 내용

(1) 정년 및 계속고용 제도 개요

2014년에 니카타 아파타이트는 고령화에 대비해 정년을 기존 65세에서 70세로 연장하였다. 이 정책은 고령자 고용을 적극 지원하기 위한 방침으로, 정년 이후에도 계속 근무를 희망하는 직원에게 상한 없

---

19) 高齡·障害·求職者雇用支援機構(2022), 70歲超雇用推進事例集, pp.33-36.

이 고용을 유지할 수 있는 기회를 제공하고 있다. 이는 고령 인력의 전문성을 회사 내에서 지속적으로 활용하기 위함이다.

(2) 적용 직종

고령자들은 생산, 검사, 유지 보수 및 관리 직종에서 자신의 경험을 바탕으로 업무를 수행하며, 각 부서에서 중요한 역할을 맡고 있다.

〈표 1-42〉 적용 직종

직종	주요 업무	고용 형태
생산직	기계장치 및 전자 부품 조립	정규직, 계약직
검사직	품질검사	정규직, 계약직
유지 보수직	설비 및 기계 장비의 점검 및 수리	정규직
관리직	품질관리 및 생산 공정 감독	정규직

(3) 인사관리 제도

니카타 아파타이트는 고령자와 젊은 직원이 모두 공정한 평가와 승진 기회를 제공받을 수 있도록 인사 제도를 개선하였다. 평가와 보상에서 고령자의 업무 기여를 적극 반영하여 고령자가 업무에서 더 큰 만족감을 느끼도록 하고 있다.

〈표 1-43〉 인사 제도

항목	주요 내용	고용 형태
평가	고령자에게도 정기 및 프로젝트 성과를 평가받을 기회 제공	정규직, 계약직
승진	고령자에게도 경력과 성과에 따른 승진 기회 제공	정규직, 계약직
보상	기본급 외에 성과급 지급	정규직
교육훈련	직무 관련 교육, 고령자 위한 맞춤형 교육 제공	정규직

(4) 근무 형태 및 근로시간

고령자는 자신의 체력과 건강 상태에 따라 근무시간을 조정할 수 있으며, 회사는 이를 통해 고령자의 장기근속을 장려하고 있다. 또한, 유연한 근무 방식을 채택함으로써 근무 만족도를 높이는 한편, 회사의 안정적인 인력 운영에도 기여하고 있다.

〈표 1-44〉 근무 형태 및 근로시간

직무	근무시간	근무 형태
정규직(풀타임)	일 8시간(9~18시)	주 5일 근무
단시간 근로	일 4~5시간	주 3~4일 근무
유연근무제	조정 가능	건강 상태에 따라 맞춤형 근무

(5) 임금 수준과 임금체계

니카타 아파타이트는 성과 기반의 임금체계를 운영하여 고령자도 자신의 기여에 따른 공정한 보상을 받을 수 있도록 하고 있다. 성과급은 개별 성과와 팀 성과를 모두 반영하며, 상여금과 기타 수당이 추가로 지급되어 고령자의 생활 안정에 기여하고 있다.

〈표 1-45〉 임금 수준 및 임금 형태

항목	내용
기본급	직무와 경력에 다른 차등 책정
성과급	개인 성과와 팀 성과에 따라 지급
상여급	연 2회, 성과 평가에 따른 보너스 지급
기타 수당	직책 수당, 위험 수당, 시간 외 근무 수당 등 제공

다. 운영 성과 및 향후 과제

니카타 아파타이트는 정년연장과 고령자 지속 고용을 통해 인재의 효율적 활용과 기업 내 생산성 향상을 이끌어 냈다. 특히 고령자의 경험을 활용하여 품질관리의 엄격함과 생산성 향상을 달성함으로써, 전체적인 업무 성과에도 긍정적인 영향을 미치고 있다. 또한, 고령자의 노하우를 통해 젊은 직원들에게도 기술과 경험을 전수하며, 세대 간의 협업을 강화하고 있다.

〈표 1-46〉 고령자 지원 프로그램

프로그램	내용	효과
교육훈련	직무 관련 최신 지식과 기술 교육 제공, 고령자를 위한 맞춤형 교육 실시	고령자의 역량 강화 및 기술 습득
건강관리 프로그램	정기 건강검진 및 스트레스 관리 프로그램	건강한 근무 환경 조성 및 체력 관리
피드백 세션	분기별 피드백 제공 및 업무 개선 방안 제안	업무 만족도 및 성과 향상

회사는 고령자를 위해 정기적인 교육과 건강관리 프로그램을 운영하며, 분기별 피드백 세션을 통해 업무 개선 기회를 제공한다. 이러한 지원을 통해 고령자의 근무 만족도를 높이고, 기업 내에서 더 오랜 기간 동안 활약할 수 있도록 장려하고 있다.

위에 살펴본 바와 같이, 니카타 아파타이트는 고령 인력의 장기 고용을 통해 기업의 지속 가능한 인재 관리와 생산성 향상을 도모하고 있다. 이 회사는 앞으로도 고령자와 다양한 계층의 인재가 각자의 역량을 발휘할 수 있는 환경을 조성하여, 기업의 경쟁력을 강화해 나갈 계획이다.

[사례 4] 오오츠야[20]

특징 요약	고령자들이 계속적으로 근무할 수 있는 기회를 제공하고 있으며, 장기적인 인사관리 및 조직 내 세대 간 협력을 촉진하는 방안 도입
제도 핵심	- 고령자에게도 임금 인상 등 동일한 근로 조건을 적용하여 근무 안정성 보장 - 70세 이후 고령자 근로자의 근무 환경 개선을 위해 적극적인 작업 환경 개선

가. 회사 개요

기업 소개	창업: 1963년 업종: 음료 및 식품제조업 직원 수: 338+명 60세 이상 직원 비율: 26.0%(88명) 소재지: 후쿠이현 후쿠이시

오오츠야는 1963년에 설립된 음료 및 식품 제조업체로, 전국에 걸쳐 다수의 지점을 운영하고 있다. 주요 사업으로는 음료, 주류 및 기타 식품의 제조와 판매를 포함하며, 높은 품질의 제품으로 고객들에게 신뢰를 얻고 있다. 평균연령 43.6세, 60세 이상 직원의 비율 26.0%에 이르며, 고령자 고용을 적극 지원하는 제도를 운영하고 있다.

나. 제도 내용

(1) 정년 및 계속고용 제도 개요

오오츠야는 2019년부터 정년을 기존 65세에서 70세로 연장하였으며, 70세 이후에도 희망하는 직원에 대해서는 73세까지 재고용이 가능하다. 이 제도는 고령자의 근무연장을 통해 고령자들이 안정적으

---

20) 高齢・障害・求職者雇用支援機構(2022), 70歳超雇用推進事例集, pp.53-56.

로 근무할 수 있는 환경을 제공하고, 전문성과 경험을 지속적으로 활용하기 위해 마련되었다.

(2) 적용 직종

오오츠야는 다양한 직종에서 고령자의 재고용을 적극 지원하고 있으며, 제조 및 판매와 같은 주요 직종에서 고령자들이 그들의 경험과 지식을 활용할 수 있도록 하고 있다. 특히, 제조직과 판매직에서는 고령자들이 지속적으로 역할을 수행할 수 있는 환경을 마련하여 고용 안정성을 높이고 있다.

〈표 1-47〉 적용 직종

직종	주요 업무 내용	고령자 근무 가능 여부
제조직	음료 및 식품 제조	가능
판매직	제품 판매 및 고객관리	가능
관리직	사무 관리 및 인사관리	제한적 가능
물류직	제품 운반 및 창고관리	가능

(3) 인사관리 제도

인사관리는 연령에 관계없이 성과와 능력을 중심으로 이루어지며, 고령자도 동일한 평가와 승진 기회를 제공한다. 고령자는 젊은 직원들과 협력하며 자신의 경험과 지식을 공유하는 역할을 맡고 있으며, 이를 통해 세대 간 협력을 증진시키고 조직의 역량을 강화하고 있다.

(4) 근무 형태 및 근로시간

오오츠야는 고령자의 건강 상태와 개인 사정에 따라 근무 형태를 다양하게 제공하고 있다. 제조직과 판매직의 경우, 풀타임과 시간제 근무 모두 가능하며, 관리직에서도 유연근무 제도를 도입하여 고령자들이 자신의 여건에 맞게 근무할 수 있는 환경을 제공한다.

〈표 1-48〉 근무 형태

직무 유형	근무 형태	시간제 근무 옵션
제조직	풀타임 및 교대 근무 가능	가능
판매직	파트타임 및 시간제 근무 가능	가능
관리직	주 5일 근무, 유연근무 제도	가능
물류직	풀타임 및 파트타임 근무 가능	가능

(5) 임금 수준과 임금체계

임금은 기본급과 성과에 따른 인센티브로 구성되며, 고령자에게도 동일한 기준을 적용하여 공정한 임금체계를 유지하고 있다. 성과와 기여도에 따라 분기별로 인센티브가 지급되며, 연간 실적에 따른 보너스도 제공되어 근무 의욕을 높이고 있다.

다. 운영 성과 및 향후 과제

오오츠야는 70세 정년연장 및 73세 재고용 제도를 통해 고령자들이 지속적으로 근무할 수 있는 안정적인 환경을 조성하였다. 이러한 제도는 고령자의 경험을 적극 활용하고, 젊은 직원과의 세대 간 협력을 강화하여 조직 내 역량을 증대시키는 효과를 보였다.

〈표 1-49〉 고령자 지원 프로그램

프로그램	내용	효과
건강관리 프로그램	정기 건강검진 및 상담 지원	고령자의 건강 유지 및 근로 지속성 강화
세대 간 협력 워크숍	고령자와 젊은 직원 간의 지식 및 경험 공유	조직 내 세대 간 이해 증진
리프레시 프로그램	재충전 및 스트레스 관리 프로그램 운영	직원들의 만족도 및 업무 효율성 향상

위에 살펴본 바와 같이, 이와 같은 프로그램을 통해 오오츠야는 고령자들이 건강하고 활기차게 근무할 수 있는 환경을 제공하고 있으며, 젊은 직원들과의 협력을 강화하여 조직의 안정성과 성장 가능성을 높이고 있다.

〈그림 1-2〉 오오츠야의 개정된 고용 제도 개요

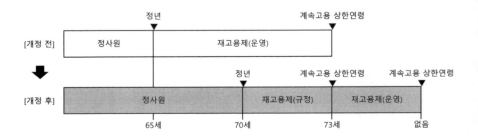

[사례 5] 일본환경매니지먼트[21]

특징 요약	정년연장과 함께 직무 배치, 근무시간 등의 유연성을 통해 고령 직원이 지속적으로 역량을 발휘할 수 있도록 지원
제도 핵심	- 정년연장으로 고령자 장기 고용을 실현하고 근무 제도를 유연하게 변경 - 세대 간 지식 전수와 교류를 통해 조직 내 협력 강화, 젊은 직원과 고령 직원의 상호 성장 촉진

가. 회사 개요

기업 소개	창업: 1974년 업종: 기타 업무 서비스업 직원 수: 1,512명 60세 이상 직원 비율: 62.0% 소재지: 사이타마현 도다시

일본환경매니지먼트 주식회사는 1974년에 설립되어 건물관리 및 청소, 하수도 시설 유지관리 등의 다양한 서비스 분야에서 오랜 경험을 쌓아 온 전문 기업이다. 회사는 전국에 30개 사업소를 운영하며, 주로 공공기관과 대형 상업시설을 대상으로 종합적인 건물관리 서비스를 제공한다. 직원의 60% 이상이 60세 이상의 고령 인력으로, 이들의 풍부한 경험과 노하우가 회사 경쟁력의 중요한 요소로 작용하고 있다. 회사는 고령자 고용에 있어 체계적인 지원을 통해 장기 고용을 실현하고 있으며, 이들이 전문성과 숙련된 기술을 발휘할 수 있도록 다양한 제도를 마련하고 있다.

---

21) 高齡·障害·求職者雇用支援機構(2022), 70歲超雇用推進事例集, pp.65-68.

나. 제도 내용

(1) 정년 및 계속고용 제도 개요

2018년, 일본환경매니지먼트는 고령화사회에 대응하고 숙련된 인력을 안정적으로 확보하기 위해 정년을 기존 65세에서 70세로 연장하였다. 이를 통해 직원들이 70세까지 자신의 경력을 활용하여 지속적으로 일할 수 있는 기반을 마련하였고, 70세 이후에도 재고용 제도를 통해 업무를 계속 수행할 수 있도록 지원하고 있다. 이 제도는 직원들이 고령에도 불구하고 자신이 가진 기술과 경험을 활용하여 사회에 기여할 수 있도록 돕는 중요한 장치로, 특히 전문성과 노하우가 필요한 직무에 고령 직원들이 배치되어 기업의 인적 자산이 충분히 발휘될 수 있도록 하고 있다.

〈표 1-50〉 고령자 고용 제도

항목	변경 전	변경 후	비고
정년	65세	70세	
계속고용 상한 연령	제한 없음	제한 없음	재고용 상한 없음, 근로 희망 시 계속 근무 가능 일부 고령 직원의 직무 조정 및 재배치 가능

(2) 적용 직종

회사는 고령 직원들을 주로 건물관리, 하수도 유지 보수, 청소 및 위생관리, 보안 및 경비와 같은 중요한 분야에 배치하고 있다. 이러한 직종들은 대체로 오랜 경험과 전문 지식을 요구하는 분야로, 고령 직원들이 보유한 숙련된 기술과 노하우가 매우 유용하게 활용된다. 고령 직원들은 건물 유지 보수와 청소, 안전관리에 있어서 높은 책임감을 가지고 일하며, 특히 공공시설과 대형 상업 건물의 안전과 청결을 유지하는 데 중요한 역할을 담당하고 있다.

〈표 1-51〉 적용 직종

직종	직무 내용	근무지
건물관리직	건물 및 빌딩 유지 보수, 소방 및 안전관리	전국 사업소
하수도관리직	하수도 시설의 정비 및 유지관리	전국 사업소
청소 및 위생직	건물 내 청소와 위생 상태 유지, 공공 위생관리	전국 사업소
경비 및 보안직	출입관리 및 시설 보안, 방범 지원	주요 대형 건물과 공공시설

(3) 인사관리 제도

고령 직원의 인사관리 제도는 공정하고 투명하게 운영되며, 각 직원의 기술력, 업무 기여도, 리더십 역량 등이 평가 요소에 포함된다. 승진 기회는 연령과 상관없이 능력과 성과에 따라 주어지며, 특히 숙련된 고령 인력들이 그들의 경험을 통해 조직 내에서 더 높은 위치로 성장할 수 있도록 지원한다. 또한, 근속 기간에 따른 퇴직금 제도를 통해 장기근속자의 경제적 안정성을 보장하고 있다.

〈표 1-52〉 인사 제도

구분	내용
평가	기본 평가(기술/경험/업무 기여도)와 리더십 평가
승진	능력과 성과에 따른 승진 기회 제공
직무 배치	경력과 역량에 따라 적합한 직무로 재배치, 정기적인 역할 조정
퇴직금	70세 정년 도달 시 퇴직금 지급, 계속 근속 시 추가 퇴직금 제공

(4) 근무 형태 및 근로시간

회사는 고령 직원들에게 다양한 근무 형태를 제공하여 개인의 건강 상태와 생활 리듬에 맞춰 근무할 수 있도록 배려하고 있다. 풀타임과 파트타임 중 선택 가능하며, 특히 필요에 따라 근무시간을 조정할 수 있는 유연근무제를 시행하여 고령자들이 부담 없이 근무할 수 있도록 돕는다. 이를 통해 고령 직원들의 건강을 지키면서도 업무 효율성을 높이고 있다.

〈표 1-53〉 근무 형태 및 근로시간

직무	근무 형태	근무시간
건물관리	풀타임/파트타임 선택 가능	주 5일, 8시간
청소 및 위생관리	유연근무제 및 파트타임 가능	선택적 근무시간제, 주당 근무일수 선택 가능

(5) 임금 수준과 임금체계

임금체계는 기본급, 성과급, 승급 제도를 포함하여 구성되며, 고령 직원들의 기여도를 공정하게 평가하여 성과에 따른 보상을 제공한다. 특히, 고령 직원이 회사에 대한 기여도를 높일 경우 추가적인 성과급이 지급되며, 정년 도달 시 일시금 형태의 퇴직금이 지급된다. 이와 같은 임금체계는 고령 직원들이 지속적으로 동기부여를 받고 자신의 경험과 노하우를 바탕으로 업무에 전념할 수 있도록 하는 중요한 역할을 하고 있다.

<표 1-54> 임금 수준 및 임금 형태

항목	내용
기본급	근속 연수와 직무에 따라 차등 지급
성과급	업무 기여도 및 평가 결과에 따라 성과급 지급
임금 인상	일정한 성과 기준을 충족할 시 승급 가능, 고령 인력도 동일 기준 적용
퇴직금	정년 도달 시 일시금으로 지급, 장기근속자에게 추가 퇴직금 제공

다. 운영 성과 및 향후 과제

일본환경매니지먼트는 정년을 70세로 연장하고 고령자들이 안정된 근무 환경에서 지속적으로 활동할 수 있도록 지원함으로써, 회사의 경쟁력과 인적 자산을 극대화하고 있다. 고령 인력이 젊은 직원들에게 전문 지식과 경험을 전수함으로써 세대 간 협력을 촉진하고, 이를 통해 조직의 업무 효율성과 생산성을 높이는 성과를 거두고 있다.

<표 1-55> 고령자 지원 프로그램

프로그램	내용	효과
세대 간 지식 전수	고령 직원이 젊은 직원에게 업무 노하우와 기술을 전수하도록 멘토링 체계 구축	세대 간 협력 증진, 업무 효율성 강화
건강관리	정기 건강검진 및 건강 상담을 통해 고령 직원의 건강을 지속적으로 관리	고령 직원의 건강 유지, 업무 지속성 보장
근무시간 조정	건강 상태에 따라 근무시간을 조정하여 고령 직원이 부담 없이 일할 수 있도록 지원	고령 직원의 업무 지속성 강화, 효율성 증대
직무 재배치	고령 직원의 건강 상태에 맞는 직무를 선택하거나 변경할 수 있도록 지원	고령 직원의 만족도 향상, 근로 지속성 유지

일본환경매니지먼트는 고령자 지원 프로그램을 통해 세대 간 지식 전수와 건강관리, 근무시간 조정 등을 시행하여 고령 직원들이 업무에 부담을 느끼지 않고 오랜 기간 안정적으로 근무할 수 있도록 돕고 있다. 이러한 프로그램은 고령 직원들의 건강을 유지하고, 직무 만족도를 높이며, 회사 내에서 고령 직원들의 지식과 경험이 계속해서 활용될 수 있도록 하는 데 중요한 역할을 하고 있다.

위에 살펴본 바와 같이, 일본환경매니지먼트 주식회사는 고령 직원들이 자신들의 경력과 지식을 회사와 사회에 환원할 수 있도록 다양한 지원 제도를 마련하고 있으며, 이를 통해 기업의 지속 가능성과 경쟁력을 강화하고 있다.

[사례 6] 히나타야[22]

특징 요약	임금과 직무 체계 변경 없이 정년연장과 함께 고령자를 위한 작업 환경 개선과 건강관리 프로그램 도입
제도 핵심	- 정년을 65세에서 70세로 연장하고, 임금 및 직무 체계는 변동 없이 유지 - 작업 효율성 향상 및 직원 부담 경감을 위해 작업 환경을 지속적으로 개선 - 안전 위생관리 및 건강관리 프로그램을 통해 직원 건강 상태를 정기적으로 모니터링

가. 회사 개요

기업 소개	창업: 1995년 업종: 식료품 제조업 직원 수: 66명 60세 이상 직원 비율: 28.1% 소재지: 미야자키현

---

22) 高齢·障害·求職者雇用支援機構(2020), 65歳超雇用推進事例集, pp.24-27.

주식회사 히나타야는 1995년에 설립되어, 닭고기와 돼지고기 등의 육류 가공식품을 제조 및 판매하는 식품 제조업체이다. 본사는 미야자키현에 위치하며, 직원 수는 66명, 평균연령은 약 49.5세이다. 60세 이상의 직원 비율은 28.1%로 비교적 높으며, 이는 회사가 고령자 고용에 중점을 두고 있음을 시사한다. 회사는 고령 근로자의 숙련된 경험과 기술을 존중하며, 장기적으로 일할 수 있는 환경을 제공하고 있다.

나. 제도 내용
(1) 제도의 개요

히나타야는 2009년에 기존 정년을 65세에서 70세로 상향 조정하여 고령 근로자들이 더욱 안정적으로 장기 근무할 수 있는 환경을 조성하였다. 이 제도는 전 직원을 대상으로 하며, 별도의 계속고용 제도 없이 일관된 고용 정책을 유지하고 있다. 70세 정년까지의 연장은 고령 근로자들이 숙련된 기술을 회사 내에서 지속적으로 활용할 수 있게 하며, 후배 직원에게 경험과 기술을 전수할 수 있는 기회를 제공한다. 이를 통해 회사는 고령 근로자의 고용 안정성을 보장하고, 조직 내에서 이들의 지식과 기술을 장기적으로 활용하는 구조를 구축하였다.

(2) 적용 직종

히나타야의 70세 정년 제도는 생산직, 관리직, 품질관리, 연구개발 등 모든 직종에 적용된다. 이는 특정 직종에 국한하지 않고 모든 직무에 걸쳐 정년을 동일하게 적용함으로써, 전 직원이 평등하게 고용 안정성을 보장받을 수 있도록 한다. 고령 근로자의 숙련된 기술이 유지될 수 있도록 전 직종에 동일한 정년이 적용되며, 다양한 직종 간 기술 전수 및 협업의 시너지를 높이는 데 기여하고 있다.

(3) 적용 대상자

정년연장 제도는 전일제 근무자를 대상으로 하며, 파트타임 근무자에게도 적용된다. 그러나 계약직 근무자에게는 적용되지 않는다. 이로 인해 장기근속을 목표로 하는 전일제 및 파트타임 근로자에게 고용 안정성을 강화하여, 고령 근로자들이 근무 형태에 상관없이 장기적으로 회사에 기여할 수 있는 기회를 제공한다. 회사는 이러한 정년연장 제도를 통해 고령 근로자들에게 더욱 안정적인 고용 환경을 마련하고 있다.

(4) 직무 내용과 근무 형태

히나타야는 직무 특성에 맞춰 다양한 근무 형태를 운영하고 있다. 생산직의 경우 주간 고정근무로 야간 근무는 배제하여 근로자의 피로를 줄이고 있으며, 품질관리직과 연구개발직에는 유연근무시간제를 적용하여 업무의 효율성을 높이고 있다. 특히 연구개발직에는 탄력적 근무시간제를 허용하여, 프로젝트 성과에 맞춘 유연한 근무 환경을 제공한다. 이러한 근무 형태의 다양화는 각 직무에 최적화된 작업 환경을 조성하고, 직원들의 작업 만족도와 생산성을 높이는 데 기여하고 있다.

〈표 1-56〉 직무 내용 및 근무 형태

직무	근무 형태
생산직	주간 고정근무
품질관리직	유연근무시간제 가능
관리직	정규 근무시간제
연구개발직	탄력적 근무시간제 가능

(5) 임금 수준 및 임금체계

히나타야는 연공에 따른 기본급과 성과 평가에 기반한 성과급을 조합하여 직원의 임금을 책정하고 있다. 기본급은 연공을 기준으로 하여 직원의 근속 연수에 따라 점진적으로 상승하며, 성과급은 연 2회 실시되는 성과 평가에 따라 차등 지급된다. 이러한 성과급은 직원의 업무 기여도와 능력을 평가하여 지급하며, 교통비와 가족 수당, 직책 수당 등의 복리후생 수당을 통해 직원의 경제적 안정성을 지원한다. 이외에도 승진은 연간 평가를 통해 공정하게 이루어지며, 성과와 근속 연수에 따라 승진 및 보상이 이루어지는 구조이다. 이러한 임금체계는 직원의 동기부여와 만족도를 높이는 중요한 요인으로 작용하고 있다.

다. 운영 성과 및 향후 과제

히나타야는 고령 근로자들의 장기근속을 지원하기 위해 다양한 프로그램을 운영하고 있다. 65세에서 70세로 정년을 연장하여 고령 근로자들이 보다 안정적으로 근무를 지속할 수 있는 환경을 마련하였으며, 정기적인 건강관리 프로그램을 통해 각 근로자의 건강 상태를 모니터링하고, 필요한 경우 건강 상담 서비스를 제공한다. 작업 환경 개선 프로그램을 통해 설비와 작업 공간을 최적화하여 고령 근로자들이 더욱 안전하고 효율적으로 업무를 수행할 수 있도록 지원하고 있으며, 재교육 및 재배치 지원 프로그램을 통해 필요시 새로운 직무에 적응할 수 있도록 돕는다.

〈표 1-57〉 고령자 지원 프로그램

프로그램	내용
건강관리	정기 건강검진 및 맞춤형 건강관리 지원, 건강상담 서비스 제공
작업 환경 개선	설비와 작업 공간 개선을 통해 고령 근로자들이 안전하고 효율적으로 근무할 수 있도록 지원
재교육 및 재배치 지원	고령 근로자의 필요에 맞춘 업무 재교육과 적합한 직무로의 재배치 지원

이러한 프로그램은 고령 근로자의 숙련된 기술과 경험을 유지하며, 회사의 생산성 및 안정성 향상에 기여하고 있다.

〈표 1-58〉 고령 사원의 인사 제도 변화

항목	70세 정년제 도입 전 (65세 정년 시)	70세 정년제 도입 후 (70세 정년 시)
정년 연령	65세	70세
기본급	초임급에 승급을 더하는 방식	변경 없음
급여 인상	연 1회 실시, 인사 평가 결과를 바탕으로 결정	변경 없음
상여	연 2회 지급, 기본급 × 상여 계수로 결정	변경 없음
인사 평가	영업 부문: 성과 평가 영업 부문 외: 의욕, 능력, 성과에 따른 종합 평가	변경 없음
업무 내용	59세까지의 현직 직원과 동일	변경 없음

직책	직책 정년 없음	변경 없음
배치 전환	없음	변경 없음
근무시간	풀타임 근무	변경 없음
퇴직금	퇴직 시(65세) 지급	변경 없음, 퇴직 시(70세) 지급

[사례 7] 테크노스틸다이신[23]

특징 요약	자격 보유 고령자의 장기 고용을 통해 기술 전수 및 후배 양성
제도 핵심	– 자격 보유 고령자를 장기 고용하여 기술 전수, 후배 양성, 기업 경쟁력 강화 도모 – 외부 컨설턴트 협력을 통해 고령 인력의 경험을 조직 전반에 확산

가. 회사 개요

기업 소개	창업: 2001년 업종: 철강제품 제조업 직원 수: 105명 60세 이상 직원 비율: 14% 소재지: 도치기현 우쓰노미야시

테크노스틸다이신은 일본 도치기현에 본사를 둔 철강 제품 제조업체로, 건축 및 토목공사에 필요한 철골 보강 제품을 주로 생산한다. 회사는 2001년에 설립되어 현재까지 지속적으로 성장해 왔으며, 현재는 우쓰노미야 공장을 포함한 4개 사업소에서 105명의 직원이 근무하고 있다. 정직, 신뢰, 발전을 기업 이념으로 삼고 있으며, 고령 인력의 경험과 기술을 활용하여 품질 높은 제품을 생산하는 데 주력하고 있다. 특히, 60세 이상의 직원 비율이 14%로 고령자 고용 안정성

---

23) 高齢 · 障害 · 求職者雇用支援機構(2019), 65歳超雇用推進事例集, pp.20-23.

을 강조하고 있으며, 이들의 노하우를 후배 직원들에게 전수하는 것을 중요한 목표로 삼고 있다.

나. 제도 내용
(1) 제도의 개요
테크노스틸다이신은 2015년에 정년을 기존 65세에서 70세로 연장하였으며, 이에 따라 고령 직원들이 장기적으로 안정된 고용을 유지할 수 있도록 하였다. 추가적으로, 정년 이후에도 희망하는 직원에 대해서는 연령 제한 없이 계속고용이 가능하도록 하여 경험이 풍부한 인력을 계속 활용할 수 있게 만들었다. 이러한 제도는 고령 인력의 안정적인 고용을 보장함과 동시에, 회사 내에서 이들이 쌓아 온 기술과 경험이 후배들에게 전수될 수 있는 환경을 제공한다. 고령 인력이 안정된 고용 상태에서 회사에 기여할 수 있도록 함으로써, 테크노스틸다이신은 지속적인 경쟁력 강화를 목표로 하고 있다.

〈표 1-59〉 고령자 고용 제도

항목	내용
정년연장 시기	2015년
정년 연령	기존 65세에서 70세로 상향 조정
직책 정년	없음
계속고용 제도	상한 연령 없음, 희망자에 대해 계속고용
적용 대상	전 직원

(2) 적용 직종
테크노스틸다이신은 회사의 모든 직종에서 70세 정년 및 계속고용 제도를 동일하게 적용하고 있다. 이로 인해 고령 직원이 각 직종에서 자신이 가진 기술과 경험을 발휘하고, 후배들에게 기술을 전수하는 역할을 수행할 수 있다. 생산직, 관리직, 기술직, 연구개발직 등 전 직무에 걸쳐 동일한 고용 조건을 부여함으로써, 모든 직무에서 고령 인력의 경험을 충분히 활용할 수 있도록 배려하고 있다.

(3) 적용 대상자

이 회사에서는 60세 이상의 고령 직원 중에서도 자격을 보유한 인력에게 우선적으로 계속고용의 기회를 제공한다. 경험과 기술 능력이 뛰어난 직원들은 회사에 중요한 자산으로 간주되며, 이들이 오랜 경력을 통해 쌓은 노하우와 전문성이 회사의 생산성과 품질 향상에 기여할 수 있도록 하고 있다. 테크노스틸다이신은 이러한 고령 인력을 적극적으로 채용하고, 이들이 후배 직원들에게 기술을 전수할 수 있는 기회를 제공함으로써, 세대 간의 기술 계승을 이루어 가고 있다.

(4) 직무 내용과 근무 형태

테크노스틸다이신은 직무 특성에 따라 유연한 근무제를 도입하여, 고령 인력이 보다 지속적이고 안정적으로 근무할 수 있는 환경을 제공하고 있다. 생산직의 경우 주간 고정근무를 원칙으로 하며, 관리직과 연구개발직 등은 유연근무시간이 적용된다. 특히 연구개발직에 대해서는 주 4일 근무가 가능하여, 업무 부담을 줄이고 고령 인력이 더욱 효과적으로 근무할 수 있도록 배려하고 있다. 이와 같은 근무 형태의 유연성은 고령 직원의 근로 만족도를 높이고, 이들이 보다 장기적으로 회사에 기여할 수 있게 한다.

〈표 1-60〉 직무 내용과 근무 형태

구분	근무 형태
생산직	주간 고정근무, 유연근무 가능
관리직	정규 근무시간제
기술직	탄력적 근무시간 허용
연구개발직	주 4일 근무 가능

(5) 임금 수준과 임금체계

테크노스틸다이신은 연공을 기반으로 한 기본급과, 업무 성과에 따른 성과급을 혼합한 임금체계를 운영하고 있다. 또한, 가족 수당, 기술 수당, 직무 수당 등 다양한 수당을 통해 고령 인력의 경제적 안정성을 제공한다. 승진은 연공과 업무 성과를 기준으로 공정하게 이루어지며, 고령 직원도 평가와 승진 기회를 동일하게 보장받는다. 이러한 임금체계는 고령 인력에게 공정하고 안정적인 보상을 제공하여, 이들이 장기적으로 근무할 수 있는 환경을 조성한다. 특히 고령 인력의 경험과 기술이 회사에 큰 기여를 하고 있다고 평가되면, 추가적인 성과급과 수당을 통해 보상을 강화하여 이들의 근무 의욕을 높인다.

〈표 1-61〉 임금 수준과 임금 형태

항목	내용
기본급	연공에 따른 기본급 지급
성과급	업무 성과에 따른 성과급 지급
수당	가족 수당, 기술 수당, 직무 수당 지원
승진 기준	연공과 평가에 따른 승진

다. 운영 성과 및 향후 과제

테크노스틸다이신은 70세까지의 정년연장과 함께 다양한 고령자 지원 프로그램을 통해 고령 직원이 지속적으로 기여할 수 있도록 돕고 있다. 먼저, 건강관리 프로그램을 통해 고령 직원들이 정기적으로 건강 상태를 점검받고 맞춤형 건강관리를 받을 수 있게 하여, 건강하게 근무할 수 있는 환경을 조성하고 있다. 또한, 기술 전수 프로그램을 통해 고령 직원들이 쌓아 온 기술과 경험을 후배들에게 효과적으로 전수할 수 있도록 체계적인 시스템을 마련하고 있다. 이를 통해 고령 직원의 가치와 역할을 존중하며, 필요할 경우 직무 재교육과 업무 재배치 프로그램을 통해 고령 직원이 자신의 역량을 최대한 발휘할 수 있도록 지원하고 있다.

이러한 운영 성과는 테크노스틸다이신의 경쟁력 강화에 크게 기여하고 있으며, 고령 인력과 젊은 인력이 협력하여 기업의 지속 가능성을 향상시키고 있다.

〈표 1-62〉 고령자 지원 프로그램

프로그램	내용
건강관리 프로그램	정기 건강검진과 맞춤형 건강관리 지원
기술 전수 프로그램	고령 직원의 기술과 경험 전수 시스템 구축
재교육 프로그램	고령 인력 대상 직무 재교육 및 업무 재배치 지원

[사례 8] 에프코프 생활협동조합[24]

특징 요약	고령 근로자의 고용 안정성을 강화하기 위해 65세 정년 도입 후, 반년 만에 70세로 상향

24) 高齢・障害・求職者雇用支援機構(2018), 65歳超雇用推進事例集, pp.79-82.

24) 高齢・障害・求職者雇用支援機構(2018), 65歳超雇用推進事例集, pp.79-82.

제2편 기업 운영사례 219

제도 핵심	- 정년을 70세로 상향하여 고령 근로자의 고용 안정성 강화 - 전 직원의 정규직 전환을 통해 고용 안정성 제공 - 50세 이상 직원들의 경력 개발 및 역량 강화를 위한 체계적인 교육 프로그램 운영

가. 회사 개요

기업 소개	창업: 1983년 업종: 생활협동조합 직원 수: 2,530명 60세 이상 직원 비율: 18.8% 소재지: 후쿠오카현 쿠루메시

에프코프 생활협동조합은 후쿠오카현에 위치한 생활협동조합으로, 지역 주민을 위한 식료품 배달, 방문 간호 서비스 등을 제공하고 있다. 이 협동조합은 정규직 중심의 고용 안정성을 강조하며, 고령화사회에 발맞춰 정년을 65세에서 70세로 상향 조정하였다. 이를 통해 고령 직원들이 오랜 기간 근무할 수 있도록 지원하고 있으며, 직원들의 업무 만족도를 높이고자 다양한 인사 제도를 운영하고 있다.

나. 제도 내용
(1) 제도의 개요

에프코프 생활협동조합은 2017년에 기존 65세 정년제를 도입한 후 반년 만에 70세로 정년을 상향 조정하여 고령 직원들의 안정적인 고용 환경을 마련하였다. 정년 상향 조정 이후, 추가적인 계속고용 제도는 운영하지 않으며, 고령 근로자는 정년이 도달할 때까지 안정적으로 근무할 수 있다. 이 제도는 고령화사회에 대응하고, 장기근속을 유도하여 조직 내 전문성을 강화하려는 취지로 마련되었다.

(2) 적용 직종

에프코프 생활협동조합의 정년제는 모든 직종에 적용된다. 영업직, 관리직, 서비스직 등 다양한 직무에 종사하는 직원들이 정년을 보장받을 수 있으며, 이를 통해 고령 근로자의 경험과 전문성을 조직 내에서 지속적으로 활용할 수 있도록 하고 있다.

(3) 적용 대상자

정년연장 제도는 정규직으로 고용된 모든 직원에게 적용된다. 에프코프는 전 직원 정규직 고용을 원칙으로 하고 있어, 비정규직 및 계약직 인력에 대해서는 해당 제도가 적용되지 않는다. 이를 통해 고용의 안정성을 보장하고 직원들이 장기적으로 근무할 수 있는 환경을 제공한다.

(4) 직무 내용과 근무 형태

에프코프 생활협동조합은 직원들의 근무 형태를 유연하게 운영하여 근무 만족도를 높이고 있다. 영업직은 유연근무시간이 가능하며, 서비스직은 근무시간 조정이 용이하게 설정되어 있다. 이러한 근무 형태는 직원들의 개인적인 필요와 일과 삶의 균형을 맞출 수 있도록 지원하며, 생산성 향상에도 기여하고 있다.

(5) 임금 수준 및 임금체계

에프코프 생활협동조합은 직무와 연공에 따른 기본급을 제공하며, 업무 성과에 따라 성과급을 차등 지급하여 직원의 동기를 높이고 있습니다. 또한 교통비, 가족 수당, 복리후생 수당 등을 지원하여 경제적 안정성을 제공한다. 승진과 평가 기준은 업무 성과와 근속 연수를 바탕으로 이루어지며, 이를 통해 직원들이 공정하게 평가받고 보상받을 수 있는 환경을 조성하고 있다.

다. 운영 성과 및 향후 과제

에프코프 생활협동조합은 70세 정년제 도입 후 고령 근로자의 고용 안정성이 강화되었으며, 이에 따른 운영 성과는 다음과 같다.

① 고령 근로자의 장기근속 증가: 70세까지 근무가 가능해지면서 고령 직원의 장기근속 비율이 증가하였고, 이를 통해 조직 내 경험과 전문성을 유지할 수 있었다. 고령 직원들의 업무 경험은 후배 직원들에게 긍정적인 영향을 미치고 있으며, 이로 인해 직원 간의 기술 전수와 노하우 공유가 활발히 이루어지고 있다.

② 직원 만족도 향상: 정년연장과 다양한 근무 형태 제공으로 인해 직원들의 만족도가 높아졌다. 특히, 고령 근로자들은 안정적인 근로 환경에서 오랫동안 일할 수 있다는 점에서 큰 만족을 나타내고 있다. 이를 통해 조직에 대한 충성도와 몰입도가 향상되었으며, 전체적인 생산성 또한 증가하고 있다.

③ 우수 인재 확보: 정규직 채용 원칙과 장기 고용 보장 정책을 통해 우수 인재들이 에프코프 생활협동조합에 장기적으로 근무할 수 있는 기반이 마련되었다. 정년연장을 통해 타 기업 대비 고용 안정성을 제공함으로써, 인재 확보 측면에서도 긍정적인 성과를 이루어 내고 있다.

[사례 9] 미래공업[25]

특징 요약	전 직원 정규직 채용 등 독창적인 인사 정책과 70세 정년 등을 통하여 고용 안정과 직원 만족도 향상
제도 핵심	- 연간 휴일 140일, 잔업 금지 등 독특한 인사 정책을 통하여 직원의 삶의 질 향상 - 2006년부터 70세 정년을 도입하여 고령자 고용에 대한 선도적 정책 운영 - 타사보다 앞선 개혁으로 우수 인재 확보와 직원 동기부여 향상

가. 회사 개요

기업 소개	창업: 1965년 업종: 전기 장비 제조업 직원 수: 847명 60세 이상 직원 비율: 7.8% 소재지: 기후현 안파치시

미래공업은 기후현에 본사를 둔 전기 기계 장비 제조업체로 1965년에 설립되었다. 고객의 니즈를 신속히 반영하여 제품 개발 및 생산에 반영하는 것을 강점으로 삼고 있으며, 경쟁력 있는 가격과 우수한 품질로 시장에서의 입지를 공고히 하고 있다. 전 직원 정규직 채용 원칙을 통해 안정된 고용 환경을 제공하며, 모든 직원이 평등한 근로 조건에서 일할 수 있도록 다양한 복지 및 인사 제도를 운영하고 있다.

나. 제도 내용

(1) 정년 및 계속고용 제도 개요

미래공업은 2006년에 정년을 기존 61세에서 70세로 상향 조정하

25) 高齡·障害·求職者雇用支援機構(2018), 65歲超雇用推進事例集, pp.67-70.

여, 고령 근로자의 고용 안정성을 높였다. 이는 전 직종의 정규직 직원에게 동일하게 적용되며, 추가적인 계속고용 제도 없이 정년을 도달한 직원은 퇴직한다. 이러한 제도는 고령자들이 안정적으로 장기간 근무할 수 있는 환경을 조성하는 한편, 경험이 풍부한 고령 인력을 지속적으로 활용할 수 있도록 설계되었다. 특히 70세까지 근무할 수 있도록 함으로써, 고령 직원들이 회사에서 오랜 경력을 쌓고 후배 직원들에게 기술과 노하우를 전수할 수 있는 기회를 제공한다.

〈표 1-63〉 고령자 고용 제도

항목	내용
정년연장 시기	2006년
정년 연령	기존 61세에서 70세로 상향 조정
직책 정년	없음
계속고용 제도	별도 계속고용 제도 없음
적용 대상	모든 직종의 정규직 직원

(2) 적용 직종

미래공업은 정규직으로 채용된 모든 직종의 직원에게 동일한 정년과 고용 조건을 적용한다. 이는 생산직뿐만 아니라 사무직, 관리직, 연구개발직 등 모든 직무에 걸쳐 이루어지며, 정년 이후 고용의 안정성과 일관된 근로 조건을 보장한다. 이를 통해 회사는 모든 직원이 동일한 조건에서 일하며 동등한 기회를 가질 수 있도록 하고 있다.

(3) 인사관리 제도

미래공업의 인사관리 제도는 직원의 성과와 역량을 중시하며, 평가 결과에 따라 적합한 직무로의 이동이 이루어진다. 또한, 신입 채용뿐만 아니라 경험과 기술을 갖춘 중도 채용도 적극적으로 시행하여, 다양한 배경과 능력을 지닌 인재를 확보하고 있다. 전 직원 정규직 채용을 원칙으로 하며, 이를 통해 장기적인 고용 안정성을 제공한다. 모든 직원은 업무 성과와 능력에 따라 평가되며, 부서 간 이동 및 승진의 기회가 공정하게 주어진다.

〈표 1-64〉 미래공업의 특이한 인사 정책 일람

제도명	내용
고용 형태	파트타이머, 아르바이트, 파견 직원 등 비정규직은 고용하지 않음 육아휴직자가 발생 등 불가피한 경우에만 파견직 활용
연간 휴일 수	연간 휴일 수는 유급휴가를 포함하여 약 140일. 여름휴가는 약 10일, 연말연시는 약 20일이며, 비상시를 제외하고 중간 휴무도 있음
근무시간	근무시간은 하루 7시간 15분으로, 시작 시간은 오전 8시 30분, 종료 시간은 오후 4시 45분
잔업 금지	원칙적으로 잔업을 금지하지만, 긴급 시 최소한의 잔업은 허용
부업 허용	회사는 업무에 지장이 없다면 근무시간 외나 휴일에 아르바이트나 부업을 인정
보고·연락· 상담 금지	상사에게 '보고', '연락', '상담'을 금지. 이는 직원 스스로 판단하고 행동하도록 독려하기 위한 방침. 실제로도 시행 중
신입 사원	신입 사원이라도 의욕이 있다면 일을 맡기며, 실패하더라도 질책하지 않음
육아휴직	육아휴직은 자녀가 만 3세가 될 때까지 가능하며, 횟수 제한 없이 사용할 수 있음
해외여행	5년에 한 번 전 직원이 참여하는 해외여행을 실시. 희망자는 전원 참가 가능하며, 비용은 회사가 부담. 여행 후 추가 유급휴가 제공 가능
동호회 활동비	사내 동호회 활동에 대해 월 최대 1만 엔의 활동비를 지원하며, 최소 인원이 5명 이상일 경우 지원
자기계발	직원이 통신강좌 수강료를 부담하면 회사가 이를 지원하며, 회사가 지정한 자격증 취득 시 수속비와 수강료를 보조
개선 제안 제도	1997년부터 개선 제안 제도를 도입하여 제안 내용에 따라 최대 3만 엔의 상금을 지급

(4) 직무 내용과 근무 형태

미래공업은 근무 형태에 있어서 직원들의 편의와 업무 효율성을 극대화할 수 있도록 유연한 근로 형태를 도입하고 있다. 생산직은 주간 근무로 고정되어 있으며, 사무직과 연구개발직에 한해서는 탄력적 근무시간을 허용하여 직원들이 보다 효율적으로 일할 수 있도록 지원하고 있다. 또한, 업무의 특성에 따라 맞춤형 근무 형태를 제공하여, 직무에 최적화된 작업 환경을 유지한다. 이는 직원의 근무 만족도와 생산성 향상에 기여하며, 장기적인 고용 관계를 촉진한다.

〈표 1-65〉 직무 내용 및 근무 형태

구분	근무 형태
생산직	주간 고정근무, 야간 근무 없음
사무직	유연근무시간제 가능
관리직	정규 근무시간제
연구개발직	탄력적 근무시간제 허용
적용 대상	모든 직종의 정규직 직원

(5) 임금 수준과 임금체계

미래공업은 연공에 따른 기본급과 업무 성과에 따른 성과급을 혼합한 임금체계를 운영하고 있다. 교통비, 식비, 가족 수당 등 다양한 복리후생 수당을 지급하여 직원의 경제적 안정성을 높이고 있으며, 승진은 평가와 고용 연수를 기준으로 공정하게 이루어진다. 이러한 임금체계는 직원의 동기부여와 만족도를 높이는 데 기여하고 있다. 성과에 따라 차별화된 보상을 제공함으로써, 직원들이 더욱 열정을 갖고 업무에 임할 수 있도록 하고 있다.

다. 운영 성과 및 향후 과제

미래공업은 고령자 고용 안정성 강화를 위해 다양한 프로그램을 운영하고 있다. 70세까지의 정년연장 제도를 통해 고령 직원이 안정적으로 근무할 수 있는 환경을 조성하였으며, 건강관리 프로그램을 통해 직원들이 건강한 상태에서 장기 근무할 수 있도록 지원하고 있다. 또한, 고령 직원이 후배들에게 기술과 노하우를 체계적으로 전수할 수 있는 프로그램을 운영하고 있으며, 필요시 재교육과 재배치를 통해 적합한 직무로 이동할 수 있도록 지원한다.

〈표 1-66〉 고령자 지원 프로그램

프로그램	내용
건강관리 프로그램	정기 건강검진 및 맞춤형 건강관리 지원, 건강 상담 서비스 제공
기술 전수 프로그램	고령 직원의 풍부한 경험과 노하우를 후배 직원에게 전수할 수 있는 체계 구축
재교육 및 재배치 지원 프로그램	고령 근로자에게 필요한 업무 재교육과 적합한 직무로의 재배치 지원

제2장 계속고용

제1절 재고용

1. 재고용 및 임금·직무 제도

[사례 1] 후지전기(富士電機)[26]

특징 요약	65세 이후 고령자의 고용 안정과 기업의 인력 부족을 해결
제도 핵심	- 선택식 정년연장 제도를 도입 - 65세 이후 재고용제를 도입

가. 회사 개요

후지전기는 일본 도쿄에 소재한 종업원 17,493명(2022년 3월 현재)의 전기업 대기업이다.

기업 소개	업종: 전기업 종업원 수: 17,493명(2022년 현재) 소재지: 도쿄도

---

26) 日本經濟團體連合會(2024), 高齡社員のさらなる活躍推進に向けて, pp.63-65에서 발췌하여 인용함.

나. 제도 내용

후지전기는 '모든 직원들이 60세 이후에도 활기차게 일하는 것'을 기본 방침으로 직원들의 취업 의욕과 자사의 노동력 확보, 고령자 고용 관련 법제를 고려하여 60세 이후의 고용 제도를 정비하였다.

이에 따라 높은 성과를 발휘하는 직원을 높게 처우하는 간부 사원^(관리 감독자)용 '시니어 테스크 제도', 60~65세에 정년 연령을 본인이 선택하는 일반직 사원용 '선택 정년연장 제도', 65세 이후의 취업 기회 확보를 목적으로 하는 '65세 이후 고용 가이드라인'을 실시하였다.

60세 이후 고용 제도는 시니어 테스크 제도, 선택 정년연장 제도, 65세 이후 고용 가이드라인이 있다.

〈표 2-1〉 후지전기의 60세 이후 고용 제도

제도 명칭	제도 내용
시니어 테스크 제도	간부 사원을 성과에 따라 4개 테스크 레벨 (1 부장 레벨~4 실무 담당 레벨)로 나누어 처우 성과는 매년 1회 재검토
선택 정년연장 제도	일반 사원은 57세에 본인이 60세부터 65세까지 6개 연령 중에서 정년 연령을 선택 60세 이후 처우는 일률적으로 정년 직전의 60%로 설정
65세 이후 고용 가이드라인	발전 부문의 제조, 엔지니어링 등 부문이나 직종에 대해서는 75세까지 취업 가능 풍부한 스킬이나 경험을 갖고 지력이나 체력이 충분한 경우 회사가 엄선해 고용

첫째, 시니어 테스크 제도이다. 이 회사는 기존에 간부 사원의 경우 60세 이후에는 60세 시점의 임금 수준을 그대로 일률적으로 지급하고 있었다. 그러나 2020년에 '시니어 테스크 제도'를 도입하여 매년

일의 가치·난이도에 따라 처우를 탄력적으로 적용하였다.

이 제도는 형평성의 담보나 기준의 명확화 차원에서 간부 사원을 Ⅰ(부장 레벨)부터 Ⅳ(실무 담당)까지 4개 테스크 레벨로 나누어 각 레벨에 따라 처우를 한다. 회사는 이 테스크 레벨을 매년 재검토한다.

2023년도 기준으로 60세에 도달한 간부 사원의 94.8%가 60세 이후의 고용연장을 희망하고 있고, 65세까지 고용연장을 희망하는 사람은 89.0%였다.

둘째, 선택 정년연장 제도이다. 모든 일반 사원을 대상으로 하는 선택 정년연장 제도는 사원이 57세에 도달하면 그는 60~65세까지의 6개 연령 중에서 본인의 정년 연령을 선택한다. 60세 이후의 처우는 정년 전의 60%로 일률적으로 설정되어 있다.

과거 2000년에 이 제도를 도입했을 때에는 사원이 55세에 도달하면 60세 정년과 65세 정년 중 하나를 선택하고, 그 처우는 56~59세에는 기존의 85%, 60세 이후에는 기존의 50~55% 정도 수준으로 설정되어 있었다.

도입 초기에는 65세 정년을 선택하는 사원은 10% 정도이고 그것도 매년 감소했다. 그래서 이 회사는 이 제도를 적극적으로 활용하도록 하기 위해 2006년에 현 제도로 개정을 하였다. 개정 이후에는 정년연장을 선택하는 사원의 비율이 대폭 상승해 2021년에는 82.5%가 되었다.

셋째, 65세 이후 고용 가이드라인이다. 이 회사는 발전 부문의 제조, 엔지니어링 등의 특정 부문·직종에서 65세 이후의 고령 사원을 적극적으로 활용할 필요가 있었다. 그래서 2020년에 '65세 이후 고용 가이드라인'을 채택해 운영하고 있다.

이 가이드라인에 의해 회사는 지력·체력에 문제가 없고 풍부한 스킬·경험을 가지고 있어서 높은 성과를 기대할 수 있는 사람을 회사가 엄선해 75세까지 고용한다. 급여는 업무의 내용이나 난이도, 영향 범위 등의 관점에서 5단계, 상여는 성과에 대한 인센티브로 3단계로 설정되어 있다.

다. 운영 성과 및 향후 과제

이 회사는 선택 정년연장 제도에 있어서 처우를 어떻게 설정할 것인가를 중요한 과제로 파악하고 있다. 현재 임금 수준은 정년 전의 60%로 일률적으로 정하고 있다. 이 수준은 60세를 기점으로 연금 등의 공적 급부를 수급하는 것을 전제로 한 것이다. 향후에는 고령자 고용수급 상황의 변화, 공적급부 변화 등을 감안하여 재검토할 예정이다.

[사례 2] 아사히 맥주[27]

특징 요약	사원 개개인의 커리어 라이프 플랜에 따라 일하는 방법을 추진
제도 핵심	- 60세 이후 '시니어 스태프 제도'에 의한 활약 기회를 확대 - 사외에 도전하는 시니어 직원들을 위한 '세컨드 라이프 지원 제도' 정비 - 제2인생기 경력을 재검토하는 계기로 서포트 프로그램을 충실

가. 회사 개요

기업 소개	업종: 주류 제조 및 판매점 종업원 수: 4,122명(2023년 현재) 소재지: 도쿄도

---

27) 日本經濟團體連合會(2024), 高齡社員のさらなる活躍推進に向けて, pp.46-49.

아사히 맥주는 주류를 제조 및 판매하는 대기업이다. 전체 종업원 수는 2023년 3월 현재 4,122명이다.

나. 제도 내용

아사히 맥주는 사원의 성장 없이는 조직의 성장이 없다는 경영방침 아래 커리어 플랜과 라이프 플랜을 지원하는 체제를 정비하고 있다. 2022년에는 아사히 그룹 재팬에 커리어 지원조직 '커리어 오너십 실'을 설립하여 이를 더욱 강화했다.

아사히 맥주의 60세까지의 기본적인 경력 경로에 대해 살펴보자. 우선 과장보까지의 일반 사원은 직업자격 제도에 근거해 승격을 실시한다. 그 후, 관리직(프로듀서)에 등용되면 적성에 따라 고도 전문 스태프직 코스나 매니지먼트직 코스로 나누어진다. 관리직은 역할등급 제도에 근거한 승격을 실시하고, 57세 4월 혹은 9월에 역직 정년이 되어 역할등급이나 처우를 변경한다. 60세 이후에는 60세 정년제가 적용되어 '시니어 스태프'가 된다.

〈그림 2-1〉 아사히 맥주의 승격·시니어스태프 제도

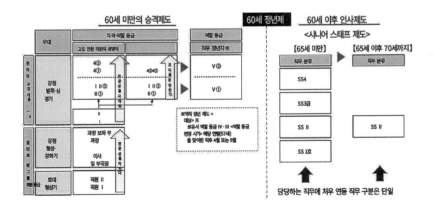

이 회사는 50세 이후 고령 직원들을 위한 커리어 지원을 체계화했다. '계속 활약할 수 있는 인사 제도', '사외전직을 지원하는 제도', '커리어 자율에 관한 지원 시책'을 중심으로 추진하고 있다.

〈그림 2-2〉 50세 이후 고령 사원을 위한 각종 시책

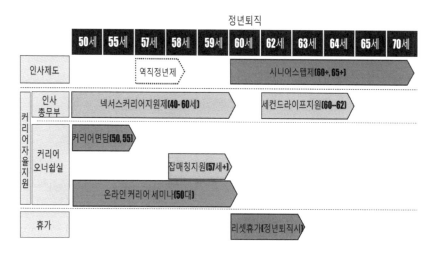

시니어 스태프 제도는 4개 직무의 '시니어 스태프 제도(60~65세)'와 1개 직무의 '시니어 스태프 제도(66~70세)'가 있다.

'시니어 스태프 제도(60~65세)'에는 'SSIV, SSIII, SSII, SSI'이 있다. 2021년에는 여기에 새로운 직무 구분으로 'SSIV'를 신설했다. 이 직무는 중요 고객의 담당이나 매니지먼트를 수행한다.

〈표 2-2〉 시니어 스태프 제도(60~65세) 개요

구분	직무 이미지	근무 형태	월례급	상여금	계약
SS Ⅳ	자립적으로 업무를 판단하고 수행하고 성과를 창출을 하는 역할	풀타임	본급+직책수당	전년 평가로 변동	1년마다 갱신
SSⅢ			본급+직책수당		
SSⅡ			본급		
SSⅠ	상급자의 지시와 조언을 받아 정형업무를 정확히 수행하는 역할	파트타임	시급	출근일수X 단기	

'시니어 스태프 제도(65~70세)'는 65세 도달 전에 직무 구분, 인사 평가, 건강 상태 등을 바탕으로 본인이 희망하고 회사가 직무 제시가 가능하다고 판단하는 경우에 이루어진다. 이때 직무는 SSⅡ 단일직무로 판매, 예산, 업무 개선을 담당한다.

회사에서는 향후 'SSⅢ'나 'SSⅣ'로 직무를 확대하는 방안을 검토하고 있다.

〈표 2-3〉 시니어 스태프 제도(65~70세) 개요

구분	직무 이미지	근무 형태	월례급	상여금	계약	고용 기간
SSⅡ	자립적으로 업무를 판단하고 수행하며 성과를 창출하는 역할	풀타임	본급	전년평가로 변동	1년마다 갱신	70세까지

한편, 고령 직원 개인이 가진 독립 개업이나 타사로의 전직 등 다양한 경력 계획 및 라이프 플랜의 실현을 지원하기 위해 시니어 스태프 직원을 대상으로 '세컨드 라이프 지원 제도'를 운영하고 있다. 구체적으로는, 수석 스태프의 재적 기간에 따른 퇴직일시금 지급, 독립기업·NPO나 사회공헌 활동 참가, 농림업 종사의 지원, 해외 이주 지

원, 재취업 지원 등을 실시한다. 또한 역직 정년자와 정년퇴직이 가까운 고령 직원에게 경력 상담이나 정보제공 등을 지원하는 '작업 매치 지원 제도'도 실시하고 있다.

인사 평가 제도는 2021년에 역할과 처우와 연동해 도입한 9블록 평가를 실시하고 있다. 가치(행동 평가)와 실적(성과 평가)의 2개 축으로 평가를 실시하여 승급·상여·승격 등에 반영하고 있다.

또한 수석 직원은 승급·승격을 하지 않기 때문에 인사 평가는 상여에 반영하고 있다.

다. 운영 성과 및 향후 과제

이 회사는 고령 직원들의 활약 기회를 늘리기 위해 추가적인 조치를 검토하고 있다. 이미 관리직(프로듀서)의 역할등급 제도를 2024년 3월 31일에 폐지하고, 역직 정년 제도를 2024년 4월 2일 폐지했다. 그리고 현재 60세 정년제를 적절한 시기에 연장하려고 검토하고 있다.

[사례 3] 다이킨 공업[28]

특징 요약	다이버시티 매니지먼트에 의한 베테랑 사원의 활약을 추진
제도 핵심	- 70세까지 희망자 전원을 재고용하는 제도를 도입 - 성과 평가 기준을 변경(일률에서 성과로, 4단계) - 베테랑 직원 활약을 향한 과제를 부문별로 재정리

가. 회사 개요

기업 소개	업종: 공조기, 화학제품 제조업 종업원 수: 7,618명(2023년 현재) 소재지: 오사카시

다이킨 공업은 공조기와 화학제품을 제조하는 대기업이다. 전체 종업원 수는 2023년 3월 현재 7,618명이다.

나. 제도 내용

다이킨 공업은 경영전략의 일환으로 '다이버시티 매니지먼트의 심화에 의한 인재력 강화'를 추진하고 있다. 다이버시티 매니지먼트는 기업 성장을 위해 사원 한 사람 한 사람의 활약이나 도전, 성장을 지원하는 것이다. 그 일환으로 고령 사원의 활약을 추진하고 있다.

이 회사는 1979년에 이미 60세 정년제를 도입했고, 2001년에는 희망자 전원 65세까지의 재고용 제도를 도입하였다. 회사에서 '베테랑 직원'이라고 부르는 56세 이상 직원이 2021년에 전체의 20%를 차지하고, 2030년에 약 25%가 될 것으로 전망되었다. 이에 이 회사는 베테랑 사원 한 사람 한 사람의 활약이 향후 추가 사업 성장의 열쇠가

---

28) 日本經濟團體連合會(2024), 高齢社員のさらなる活躍推進に向けて, pp.50-52.

될 것이라고 보고 2021년 4월에 재고용 제도를 개정해 최대 70세까지 일할 수 있게 했다.

〈그림 2-3〉 재고용 제도 개정 개요

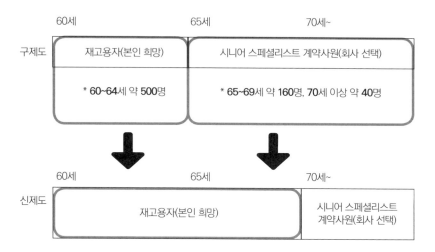

주: 1. 제도 개혁에 따라, 현 재고용자 및 70세 미만의 시니어 스킬 스페셜리스트 계약
　　사원은 2021년 4월부터 신재고용 제도로 이행
　　2. 70세 이후의 시니어 스킬 스페셜리스트 계약 사원은 종래대로 시행

　재고용 사원에게 개편된 상여금 제도를 적용했다. 60세 미만의 직원과 마찬가지로 일률적으로 지급되던 상여금을 성과에 따라 4단계로 지급한다. 구제도의 연간 임금 총액(51~55세의 임금 총액의 70% 정도)과 동등한 수준이 되도록 표준평가를 설정한 후, 성과에 따라 상여금이 올라가도록 하였다(표준 100%, C등급 115%, B등급 130%, A등급 160%). 그러나 확정갹출형 기업연금은 70세까지 연장했으나 65세까지는 60세 이전과 동일하나 65세 이후에는 지급금액이 약간 감소된다.
　또한, 재고용 사원에게는 풀타임 근무 이외에 '개별 설정형 근무'를 선택할 수 있게 했다. 개별 설정형 근무는 병이나 가족의 개호 등의 개인 사정을 확인한 후, 업무 내용에 따라 근로시간이나 근무일수를 설정할 수 있다.

다. 운영 성과 및 향후 과제

이 회사는 2024년 4월부터 정년 연령을 65세로 인상하였다. 아울러 기존의 56세 역직 정년제를 폐지하였다. 향후에도 다양한 인재가 도전·성장하고 성과를 올릴 수 있도록 제도를 재검토해 나갈 계획이다.

[사례 4] 일본전기(NEC)29)

특징 요약	연령에 관계없는 인사의 실현을 향한 활약 기회의 정비
제도 핵심	– 자신의 커리어 플랜에 적합한 일을 선택·응모할 수 있는 공모 제도를 도입 – 4단계 등급에 따라 담당 업무에 적합한 임금 수준을 설정 – 인재의 적재 배치와 시기적절한 배치 변경을 목적으로 역직 정년 제도를 폐지

가. 회사 개요

기업 소개	업종: 통신인프라, IT 서비스 종업원 수: 22,036명(2023년 현재) 소재지: 도쿄도

일본전기는 통신인프라와 IT 서비스를 제공하는 전문기업이다. 전체 종업원 수는 2023년 3월 현재 22,036명이다.

---

29) 日本經濟團體連合會(2024), 高齢社員のさらなる活躍推進に向けて, pp.60-62.

나. 제도 내용

일본전기는 사원이 주체적으로 커리어에 도전해 스스로 선택해 가는 '커리어 자율'과 '적시 적소 적재'를 실현하기 위해 선택식 인사 제도를 추진하고 있다. 그 일환으로 '연령에 관계없는 인사'를 추진하면서 시니어 직원의 활약 기회를 정비하고 있다.

이 회사는 60세 정년과 정년 이후 계속고용 제도를 운용하고 있다. 2020년에는 수석 사원의 일하는 방식과 처우 체계를 재검토했고, 2023년에는 고용연장의 상한 연령을 70세로 인상했다. 또한 2021년 56세에 도달한 관리직에 적용하던 역직 정년 제도(포스트 오프)를 폐지했다.

2020년 10월에 커리어 지원을 전문으로 하는 자회사 'NEC 라이프 커리어'를 설립해 직원의 커리어 면담이나 잡 매칭 등을 집중적으로 지원하고 있다. 기존에는 회사 내부에서 제공하던 서비스를 외부의 전문조직인 자회사를 설립해 그곳에서 제공하도록 했다.

또한 직원들에게 내부 경력 기회를 제시하고 직원이 자신의 경력을 주체적으로 선택할 수 있는 'NEC Growth Careers(사내 공모 제도)'를 운영하고, 고용연장 사원을 대상으로 하는 공모 제도도 정비하였다.

〈그림 2-4〉 시니어 관련 시책의 전체상

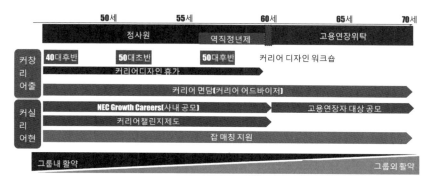

회사가 필요로 하는 포지션을 공개하면 고용연장을 희망하는 시니어 직원이 자신의 커리어 플랜에 적합한 일을 스스로 선택해 지원할 수 있게 하였다. 물론 회사가 특정 직원에게 정년 전의 전문성을 활용하도록 포지션을 제공하는 경우도 있다.

정년퇴직 후 수석 직원은 원칙적으로 역할을 변경해야 하나, 담당할 수 있는 업무를 확대해 그에 알맞은 등급과 처우를 설정하기도 한다. 수석 사원에 대해 4단계의 등급과 임금밴드를 신설하여 고용연장 후의 포지션에 따라 등급을 정한다. 계약 기간은 1년으로 70세까지 최대 9회 갱신할 수 있다.

기존에는 정년퇴직 후 고용연장 사원은 한정적인 업무만 담당했고, 임금 수준은 직무 내용에 관계없이 일률적으로 정년 전의 50% 정도(관리직은 20% 감소)를 지급했다.

또한, 이 회사는 기존에는 관리직이 56세에 도달하면 포스트 오프를 실시하는 역직 정년 제도가 있었다. 그 경우 ① 포스트 오프 이후 동기부여가 저하되고, ② 일정 연령에 포스트 오프로 연령 도달까지 미스매치가 방치되며, ③ 젊은 사원을 포함한 조직 전체의 참여의 저하가 우려되는 등 다양한 문제점이 나타났다.

그래서 적시에 인재를 적합하게 배치할 목적으로 2021년 4월에 역직 정년 제도를 폐지했다.

다. 운영 성과 및 향후 과제

회사는 앞으로도 적정한 인력 계획에 의해 포지션과 인건비의 적정화를 추진하면서, 각자가 담당하는 직무에 맞는 처우와 성과의 발휘를 증진시키기 위한 방안을 추진할 계획이다.

[사례 5] 태양(太陽)생명보험[30]

특징 요약	건강 수명 연장이라는 사회적 과제에 부응하기 위한 태양생명의 건강 프로젝트 추진환경 정비
제도 핵심	- 2017년에 65세 정년제와 70세까지 계속고용 제도 도입 - 57세 역직 정년 제도의 폐지와 퇴직금·연금 제도의 개정 - 2020년 성과를 반영하기 쉬운 구조를 실현하기 위해 평가 제도·급여 표를 개정

가. 회사 개요

기업 소개	업종: 생명보험업 종업원 수: 11,704명(2023년 현재) 소재지: 도쿄도

태양생명보험은 생명보험 전문기업이다. 전체 종업원 수는 2023년 3월 현재 11,704명이다.

나. 제도 내용

이 회사는 필요한 인재 확보 및 정착, 연령에 관계없이 능력을 발휘할 수 있는 환경의 구축을 목표로 청년부터 시니어까지 전 세대가 대상이 되는 인사 제도 개정의 일환으로 고령자 고용 제도를 개정했다.

2017년 4월에 65세 정년제와 70세까지의 계속고용 제도를 도입하는 것과 동시에, 57세에서의 역직 정년 제도와 특별직원 제도(비역직자도 역직 정년자와 마찬가지로 처우를 낮추는 제도)를 폐지하고, 퇴직금·연금 제도를 개정했다. 또한 2020년 4월에 평가 제도 및 급여 테이블을 개정했다.

---

30) 日本經濟團體連合會(2024), 高齡社員のさらなる活躍推進に向けて, pp.69-72.

(1) 2017년 제도 개정

최장 70세까지 계속고용하는 제도를 도입했다. 60세 이상의 시니어 직원에 대한 현황조사(매년 1회 실시)에서 희망하는 최장 근무 연령을 청취하고 해당 시니어 직원의 건강 상태나 최근 인사 평가 등을 파악해 적용 및 갱신 요건으로 설정한다.

아울러 기존에는 일률적으로 57세로 적용하던 역직 정년 제도와 특별직원 제도를 폐지해, 높은 경영 능력이나 전문성을 가진 시니어 인재가 더 활약할 수 있는 구조로 정비했다.

임금은 57세부터 65세까지 단계적으로 처우를 낮추던 것을 65세까지 100% 동일하게 지급하고 65세 이후 계속고용 기간만 인하하였다. 구제도에 비해 직원의 평생임금이 평균 15% 이상 증가했다.

동시에 퇴직금·연금 제도도 개정했다. 기존에는 60세에 퇴직 일시금으로 지급하던 부분에 대해서는 65세 정년제의 도입에 따라 60세

〈그림 2-5〉 처우 이미지

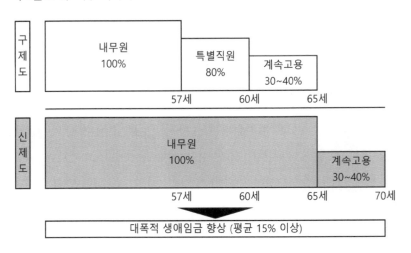

시점의 퇴직금 원자를 정하고 65세 정년에 지급하는 구조로 변경했다. 60세부터 지급하던 퇴직연금에 대해서도 지급 개시 연령을 65세로 변경하였고, 지급금액은 구제도와 같은 금액으로 설정했다.

(2) 2020년 제도 개정

2020년 4월에는 급여 테이블과 평가 제도를 개정했다. 급여 테이블은 고정 부분인 자격급을 축소한 반면, 성과급이나 직위수당 등의 변동 부분을 확대함으로써 연공적인 요소가 강했던 급여 체계에서 성과 반영이나 관리직 등용으로 인센티브가 강한 급여 체계로 변경되었다.

평가 제도는 관리직에 요구되는 능력인정 요건과 강격 요건을 엄격 운용하여 자격을 보장하지 않도록 했고, 관리직의 인원수를 적정하게 컨트롤하기 위해 정량적인 평가 항목을 늘리고 평가 기준을 명확화·엄격화했다. 또한 인사 평가를 처우에 반영하는 비율(평가 승률)을 인상했다.

한편, 65세 정년제를 지원하는 양립지원 제도를 확충하고 건강경영을 추진하였다. 사원 본인의 상병이나 육아, 개호와 일과의 양립을 지원하는 제도를 확충했다. 예를 들어, '암치료' 휴가 신설, 3년의 개호휴업, 30일의 개호휴가 등을 들 수 있다.

또한 '예방', '조기 발견', '중증화 예방'의 3가지 측면에서 건강 증진을 위한 관리를 강화하고 있다. 이를 위해 연령대별 각종 건강검진을 지원하고 있다.

다. 운영 성과 및 향후 과제

이 회사는 2023년 3월에 65세 정년제를 도입한 후 처음으로 65세 정년을 맞은 14명 직원 중에서 8명이 계속고용 제도를 이용했다.

이 회사는 향후 제도를 안정적으로 운용해 나가는 데 있어서 다음과 같이 2가지 과제를 갖고 있다.

첫째, 시니어 직원에게 얼마나 적절한 역할을 부여할 수 있는가이다. 이 회사는 시니어 직원들의 절충력과 친화력을 활용하는 직무에 기대를 하고 있다. 즉, 본사의 경우 고객상담 창구 및 내부 감독, 리스크 관리, 컴플라이언스, 지사의 경우 고객 서비스, 영업직원 모집·관리 등이다. 그리고 로테이션과 리스킬링을 통해 활성화시키려는 계획을 갖고 있다.

둘째, 적절한 처우 평가가 가능한가이다. 시니어 직원에게 맞는 적절한 역량을 설정하고 직원들이 납득할 수 있는 평가 제도를 도입하여 적절한 처우를 할 필요가 있다.

[사례 6] 마츠야(松屋)31)

특징 요약	베테랑 사원의 계속 활약과 성과에 기반한 처우를 구현
제도 핵심	- 1998년 초기 단계부터 65세 정년을 도입 - 동시에 65세 이후 계속고용제를 도입 - 실력주의에 기반한 인력 배치와 성과에 기반한 처우를 구현

---

31) 高齢·障害·求職者雇用支援機構(2017), 65歳雇用推進マニュアル(全體版), pp.76-77.

가. 회사 개요

기업 소개	창업: 1919년 업종: 백화점 종업원 수: 약 500명(2017년 현재) 소재지: 도쿄도

마츠야는 1919년에 창업하여 백화점을 운영하는 전통이 있는 회사이다. 전체 종업원 수는 약 500명으로 평균연령은 43.7세이고 60세 도달자는 연 5~10명 수준이다.

나. 제도 내용

이 회사는 1998년에 다른 기업들보다 앞서 정사원을 대상으로 65세 정년을 도입하였다. 이는 고령화가 진행되면서 그들의 경험과 지식을 활용하고, 실력주의에 의해 인력을 배치하고 처우하겠다는 경영 원칙을 반영하기 위한 것이었다.

60세 이후 65세 정년 이전에 퇴직하고 싶은 경우에는 통상의 퇴직과 같이 1개월~반년 전에 신청하면 된다. 2021년 현재 해당자의 95%가 65세 정년을 선택하였다.

또한, 본인과 회사의 희망에 따라 65세 이후에도 재고용하는 제도를 두고 있다(시급제).

정년연장자의 임금은 60세 이전과 동일하게 적용된다. 퇴직금은 65세 정년퇴직 시 지급(60세 이후 퇴직금 누진은 없음)된다.

40세까지는 직능자격 제도(역직자 제외)가 적용된다. 2012년에 검토하여 강격과 패자 부활도 도입했다. 역직 정년은 없어 60세 이후에도 그 이전의 직책이 그대로 유지된다.

평가 제도는 반기 평가(6개월 단위로 상여금에 반영)와 연간 평가(12개월 단위,

월정임금에 반영)가 있다. 이는 목표관리 제도에 근거하여 실시된다.

그리고 정년연장자에게도 모두 풀타임 근로를 원칙으로 운영하고 있다.

다. 운영 성과 및 향후 과제

향후에는 고령자의 건강관리 지원을 강화하고 실시 상황을 지켜 보면서 필요한 조정을 해 나갈 계획이다.

[사례 7] 사토홀딩스[32]

특징 요약	타사보다 앞서는 선도적 인적자원관리 실천
제도 핵심	- 전 사원이 매일 문자로 제안하는 제도(삼행 제도)를 운영 - 65세 이상자 재고용제(플레티넘 사원 제도) 도입

가. 회사 개요

기업 소개	창업: 1951년 업종: 기계 제조업 종업원 수: 4,800명(2017년 현재) 소재지: 도쿄도

이 회사는 1951년에 창업한 기계(바코드 프린터·라벨·태그·씰) 제조업 회사이다. 2017년 현재 종업원 수는 4,800명으로 평균연령은 41.5세이고, 60세 도달자는 연간 10~20명 수준이다.

나. 제도 내용

사토홀딩스는 2007년에 정년을 60세에서 65세로 연장하였다. 또

---

32) 高齡·障害·求職者雇用支援機構(2017), 65歲雇用推進マニュアル(全體版), pp.86-87.

선택의 기회를 주는 것을 목적으로 51세에 정년을 선택할 수 있는 선택 정년 제도를 도입했다. 50대에 커리어 연수를 실시해서 65세까지의 커리어를 생각할 기회를 제공하고 있다. 60세에 역직을 떠나 지식과 경험의 전승과 젊은 직원 지도를 담당한다.

60세에 도달하면 그 이후 정년직전 임금(기본급)의 80%, 62세에 도달하면 그 이후 70%, 63세 도달하면 그 이후 60%를 지급받는다.

평가 제도는 60세 이전과 동일하게 적용된다. 근무시간은 원칙적으로 풀타임으로 하게 된다.

2011년 4월부터는 회사와 본인이 협의하여 일정한 요건을 충족하면 1년마다 갱신하면서 재고용하는 플래티넘 사원 제도를 도입하였다.

다. 운영 성과 및 향후 과제
사토홀딩스는 직원들이 자신의 역할을 자각시키기 위해 커리어 의식의 향상을 도모하는 다양한 지원을 할 계획이다.

[사례 8] 사이타마 토요펫트(埼玉トヨペット)33)

특징 요약	65세까지는 폭 넓은 활약을 기대하고 세컨드 커리어를 적극 지원
제도 핵심	- 65세 선택식 정년제 도입 - 세컨드 커리어 지원 제도 운영 - 정년 후 70세까지 계속고용 제도 도입

33) 高齡·障害·求職者雇用支援機構(2017), 65歲雇用推進マニュアル(全體版), pp.104-105.

가. 회사 개요

기업 소개	창업: 1956년 업종: 자동차 판매업 종업원 수: 약 1,600명(2017년 현재) 소재지: 사이타마현 사이타마시

이 회사는 1956년에 창업한 자동차 판매회사이다. 2017년 현재 종업원 수는 약 1,600명으로 40대 미만이 70%를 차지하고 60세 도달자는 연간 10명 수준이다.

나. 제도 내용

이 회사는 2014년 10월에 65세 정년제를 도입했다. 멀지 않아 60세 도달자가 급증할 것으로 예상되는 가운데, 정비 부문과 영업 부문에 인력난이 있고 그들이 60세 이후에도 활약하게 하려는 목적이 있었다. 그런데 본인이 기존 정년 60세와 65세 중에서 하나를 선택할 수 있게 하였다. 55세 도달 시 개최되는 '세컨드 커리어 지원 강습'에서 우선 선택을 하되 59세에 최종적으로 확인을 한다.

모든 직원은 60세 정년을 선택한 경우에는 65세까지 풀타임으로 재고용되고, 65세 정년을 선택한 경우에는 65세 이후 70세까지 파트타임으로 재고용된다. 2017년 현재 90%가 65세 정년을 선택하고 있다.

역직 정년제는 없으나 후임이 없는 일부 포스트를 제외하고는 역직을 부여하지 않는다.

60세 이후에 임금은 역할급, 직무급과 각종 수당으로부터 구성되는데, 연공적 요소가 폐지되었기 때문에 그만큼 감액이 된다. 퇴직금은 60세 정년을 선택한 경우에는 60세부터 지급되고, 65세 정년을 선택한 경우에는 확정갹출형 부분 중 40%는 60세부터 지급되고 나머지 60%는 65세부터 지급된다. 60~65세도 적립된다.

정년연장자는 모두 원칙적으로 풀타임으로 근무한다.

55세 이상의 직원을 대상으로 경력지원 세미나를 실시하고 있다.

다. 운영 성과 및 향후 과제

이 회사는 향후 실시 상황에 근거해 필요한 제도 재검토를 실시하려고 한다.

[사례 9] 일본생명보험[34]

특징 요약	고령자의 재고용을 통한 전문 능력 활용과 활력 제고
제도 핵심	- 정년 후 듀얼 재고용제(전문직 시니어 스페셜리스트, 희망자 전원 시니어 어소시에이트 도입

가. 회사 개요

기업 소개	창업: 1889년 업종: 생명보험업 종업원 수: 67,116명(2007년 현재) 소재지: 오사카

일본생명보험은 일본의 생명보험회사 중에서 가장 큰 규모를 가진 회사이다. 이 회사는 2006년 4월 1일부터 60세 정년퇴직자를 대상으로 하는 '시니어 스페셜리스트 제도'와 '시니어 어소시에이트 제도'라는 2개의 재고용 제도를 도입하였다.

---

34) 高齢・障害・求職者雇用(2007), 高齢者雇用の企業事例ベスト20, pp.4-9.

나. 제도 내용

(1) 제도의 개요

시니어 스페셜리스트 제도는 변호사나 회계사 등 고도의 전문 능력을 가진 직원을 정년 후에도 활용하기 위해 만든 것으로 근로조건은 직무 내용 등에 따라 개별적으로 결정된다. 또 시니어 어소시에이트 제도는 개정된 고연령자 등 고용안정법에 따라 고객 대응력의 강화를 위해 만든 제도로 원칙적으로 희망자 전원을 대상으로 한다.

최근 생명보험은 고객 대응을 위해 직원들에게는 보험의 전문적인 지식부터 실무적인 내용까지 고도의 스킬이 요구된다. 베테랑 직원들이 이러한 고객 요구에 대응할 수 있기 때문에 그들을 활용하려는 것이다.

〈표 2-4〉재고용제 개요

시니어 스페셜리스트	대상자	고급 전문적 능력(변호사, 회계사 등)
	고용 형태	1년 갱신 유기 고용계약(65세까지)
	근로조건	개인별 설정
시니어 어소시에이트	대상자	원칙적으로 희망자 전원(단, 건강 상태나 근무 상황, 근무 태도를 기준으로 일부 제외)
	고용 형태	1년 갱신의 유기 근로계약 (법률에 따라 65세까지 단계적으로 인상)
	근로조건	일률적으로 설정

(2) 적용 직종

일본생명보험은 내무직(종합직, 업무직, 일반직), 의무직, 노무직, 고객담당직, 영업관리직, 영업직의 6개 직종이 있다. 각 직종별 직무 내용과 근무지는 〈표 2-4〉와 같다.

〈표 2-5〉 직종과 직무 내용

직종		직무 내용	근무지
내부직	종합직	기획 입안, 절충 조정 등 직무	국내외 모든 사무실
	업무직	사무 지도 및 통괄 직무	채용 시 정한 출퇴근 가능한 사무실
	일반직	정형적 사무 및 영업보조 직무	
의무직		의무 직무	국내외 모든 사무실
노무직		보안, 용무, 승무 직무	채용 시 정한 출퇴근 가능한 사무실
고객담당직		계약 보전 직무	
영업관리직		영업거점 관리 직무	국내외 모든 사무실
영업직		보험모집 직무(비례급 중심 임금체계)	채용 시 정한 출퇴근 가능한 사무실

이 2개의 재고용 제도는 의무직과 영업직을 제외한 4개의 직종을 대상으로 도입되었다.

(3) 적용 대상자

시니어 스페셜리스트는 변호사, 회계사 등 특별한 자격과 능력을 가진 직무 수행자에게만 적용한다. 그러나 시니어 어소시에이트 제도는 누구나 희망하면 적용된다. 단, 건강 상태나 근무 상황, 근무 태도를 기준으로 60세 이후 근무에 큰 지장이 없어야 한다. 본인이 희망함에도 불구하고 재고용을 하지 않는 경우에는 엄밀한 기준을 정하고 이를 노조와 협의한다. 따라서 실질적으로 희망자 전원을 재고용하게 된다.

(4) 직무 내용과 근무 형태

시니어 스페셜리스트 제도에 의한 재고용은 기본적으로 60세 이후 직무 내용에 큰 변화가 없지만, 시니어 어소시에이트 제도에 의한 재고용은 대부분 직무 내용이 바뀐다.

후자의 경우 재고용 후의 직무는 대부분 고객 대응이다. 구체적인 과업으로는 기존 계약자에 대한 애프터서비스, 신규 고객을 위한 보험·연금 상담 등이 중심이 된다.

보험회사에 오랫동안 근무해 온 베테랑들은 이러한 직무에 관한 전문적인 지식이 풍부해 직무를 잘 수행할 수 있다고 판단되었다. 다만 재고용 시에는 직무 내용이 정년 이전과 다른 경우도 있어 그런 경우 일정한 교육을 실시하고 있다.

재고용 후의 근무 형태는 60세 정년 이전과 동일하다. 즉, 원칙적으로 주 5일 근무로 오전 9시부터 오후 5시까지의 7시간(풀타임) 근무한다. 다만, 고객 대응상 필요성에 따라 유연근무제를 운영할 수도 있다.

근무지는 주거를 마련한 장소에서 통근 가능한 전국의 지사나 영업소를 선택할 수 있다.

(5) 임금 수준 및 임금체계

임금은 각 개인마다 근무일수가 다를 수 있기 때문에 실제로 근무한 일수에 따라 임금이 결정된다. 구체적으로 임금체계를 보면, 기본급과 직무 성과급으로 구성된다. 직무 성과급은 담당 직무 및 기능 발휘 상황을 반영한다. 즉, 직무별 고정액에 개인별 가산금(기능 발휘 상황에 따라 가산)으로 구성되어 있다. 한편, 상여금은 지급되지 않으나 직원 전체 상여금 재원 중 일부를 재고용자의 직무 성과급에 포함시켜 지급한다.

연봉은 정년 전과 비교하여 대체로 30% 정도이다. 하지만, 정년 이전부터 임금을 삭감하는 다른 기업들과는 달리 일본생명보험에서는 정년 이전에 임금을 전혀 삭감하지 않고, 퇴직연금도 재고용 기간 중에 전혀 삭감하지 않고 지급하고 있다.

다. 운영 성과 및 향후 과제

이 회사에서는 매년 1회 자기신고 제도를 운영하고 있다. 그때에 직원들에게 재고용 제도를 설명하고 이 제도를 활용할 의사가 있는지를 묻는다. 60세 도달년도의 전년도 말까지 마지막 의사를 확인하고, 재고용을 희망하는 경우에는 희망 근무지 등을 기록한 서류를 제출하도록 한다. 그리고 정년퇴직일(60세에 도달하는 생일) 직전에 의료기관이 발급한 건강진단서를 제출하게 한다.

시니어 어소시에이트 제도의 최초의 대상자인 2006년도 정년퇴직자 수는 약 200명 미만이었다. 이 중 재고용을 희망하는 사람은 60명 정도였다. 이들은 이미 60세에 정년퇴직하는 것을 전제로 제2의 인생을 설계해 왔기 때문에 예상 외로 희망자가 많지 않았다. 향후에는 희망자가 급속하게 증가할 것으로 예상된다.

제2절 역직 정년제

[사례 1] 히로시마전철(廣島電鐵)[35]

특징 요약	65세 이후 재고용과 라이프 스타일에 맞는 근무 선택
제도 핵심	- 65세 정년제 도입과 65세 이후 재고용제 도입 - 60세 역직 정년제 도입

가. 추진 배경

1912년에 설립되어 버스, 전철, 부동산을 사업 영역으로 하는 히로시마전철은 2021년 9월 현재 종업원 수 1,754명 가운데 약 1,200여 명이 운전직이고 60세 이상이 199명이다.

자격과 경험을 가진 승무원들이 오랫동안 활약하도록 하기 위해 1991년에 운전직에 한해 당시 정년 60세를 65세까지 재고용하는 제도를 도입하였고, 2006년에는 정직원의 전 직종으로 확대하였다. 2010년에는 정년을 60세에서 65세로 연장하였다.

2017년에는 다양한 업무방식을 가능하게 하기 위해 단시간 정사원 제도를 도입해 정사원이 육아나 개호, 연령 등 본인의 라이프 스타일에 맞게 근로시간을 선택할 수 있게 하였다. 아울러 정년 후 재고용의 상한 연령을 70세로 하였다.

나. 제도 내용

2010년에 정년을 기존 60세에서 65세로 연장하면서 60세 역직

---

35) 高齡 · 障害 · 求職者雇用支援機構(2021. 12), エルダー(No. 505), pp.25-28.

정년제를 도입하였다. 모든 직종에서 원칙적으로 60세에 역직을 내려놓는다. 다만 회사가 필요하다고 인정한 자는 계속 역직을 할 수 있다.

회사는 역직 정년제 도입을 한 지 7년째인 2017년에 제도 운영에 대해 재검토를 하였다. 버스와 전철의 운전 부문에서는 운전 업무로 돌아가는 것에 불안을 느낀 사람이 있어서 초보 운전자 동승지도와 교육을 담당하는 업무로 배치해 주었다. 사무 부문에서는 역직 정년 후 강직을 하여 일반 직원으로 돌아가는 것을 원칙으로 한다. 그러나 역직 정년자에게도 2021년 4월부터는 새롭게 도입된 관리직 제도를 적용하기로 하였다. 이 제도는 각 부서에서 전문성을 발휘하고 특정 프로젝트 리더를 맡는 역항을 수행하는 사람에게 관리자 역할을 부여한다. 부장 대우로 '주간', 과장 대우로 '주사'를 신설했다.

다. 운영 성과 및 향후 과제

회사는 IT화 등으로 일하는 환경이 급변하고 있기 때문에 고령자들이 65세 이후에도 계속 일을 하고 특히 전문적인 능력을 발휘하려면 지속적인 능력 개발이 필요하다고 인식하고 있다.

회사는 향후에 도시 중심부를 달리는 기간버스와 외관만 운행하는 교외버스로 분리해 운행하는 노선 재편을 하고 다양한 단시간 근무를 설계한다면 연령에 관계없이 육아, 개호 등을 하면서 일을 할 수 있는 구조가 실현될 수 있다고 기대한다.

[사례 2] 가와사키중공업(川崎重工業)[36]

특징 요약	역할과 성과 중심의 신인사 제도와 고령자의 능력 활용
제도 핵심	- 65세 정년제 도입, 역직 정년제 폐지 - 새로운 직무 등급제(13개) 도입

가. 추진 배경

조선, 철도차량 시스템, 항공기 등 수송용 기기 제조를 비롯해 산업용 기계, 모터 사이클, 환경 플랜트 등 폭 넓은 사업을 전개하는 가와사키중공업은 고베시에 위치하고 있다.

종업원의 평균연령이 점차 높아지면서 회사는 인사 처우에 있어서 연령 요소를 배제하고 역할과 성과를 중시하는 신인사 제도를 도입하게 되었다.

나. 제도 내용

일반 직원의 정년은 2019년 4월부터 기존 60세에서 65세로 연장되었다. 그리고 간부 직원은 60세 정년을 그대로 두고 65세까지 재고용을 하였다. 그리고 50세 역직 정년제를 도입하였다. 그런데 2021년 7월부터 간부 직원(관리직층)의 정년도 60세에서 65세로 연장하고, 그간 시행하였던 역직 정년제를 폐지하였다.

기존의 역할등급 대신에 약 400명 간부 직원의 직무 분석과 직무 평가를 실시해 13등급으로 구성된 새로운 직무 등급 제도를 도입하였다. 직무 평가 방법은 지식과 경험, 문제 해결, 달성 책임의 3가지 요소를 평가 기준으로 하였다. 이 직무 등급이 보수(역할급)를 결정하

---

36) 高齢·障害·求職者雇用支援機構(2021. 12), エルダー(No. 505), pp.29-32.

는 베이스가 되었다. 그리고 간부 직원의 보상을 기존 연봉제에서 월봉제로 바꾸었다.

〈표 2-6〉 가와사키중공업의 직무 등급제

직무 등급	역할 정의	
13	회사 경영에 큰 영향을 미치는 역할	부문장/본부장
12		역할이 큰 부장 역할이 큰 프로젝트의 부문장 펠로우에 준하는 특별한 고도 전문직
11	회사 경영에 영향을 미치는 역할	총괄부장/역할이 큰 부장
10		역할이 큰 프로젝트의 총괄직 전사 수준의 특별한 고도 전문직
9	컴퍼니, 부문, 본부 등 각 단위조직의 운영에 큰 영향을 미치는 역할	부장/역할이 큰 과장
8		일반 프로젝트의 총괄직 부문 레벨의 특별한 고도 전문직
7	컴퍼니, 부문, 본부 등 각 단위조직의 운영에 영향을 미치는 역할	과장/각 직제 담당 리더
6		각 프로젝트 담당 리더 부문 수준의 고도 전문직
5	컴퍼니, 부문, 본부 등 각 단위조직의 운영지원을 하는 역할	각 직제의 주요 스태프 각 프로젝트의 주요 직원
4		
3		
2		
1		

그러나 당분간은 대부분의 간부 직원은 60세 도달 시점에서 후배에게 지식과 기술, 노하우를 지도하는 역할로 변경되고 그에 따라 직무 등급도 변경될 것이다. 그들은 60세 이전 직무 등급과 관계없이 60세 이후에는 1~3등급으로 변경된다. 임금은 대체로 역할 변경 전의 65% 정도까지 내려가나 정년연장 이전의 재고용자 임금 수준과 동일하고 동 연령대의 시장 임금과 비교해 손색이 없는 수준이다.

다. 운영 성과 및 향후 과제

이 회사는 노동력 감소와 고령자의 능력 발휘를 도모하기 위해 역직 정년제를 폐지하였다. 그러나 인사 정체를 통한 포스트의 신진대사와 조직 활력 감소는 해결해 나갈 과제이다.

이러한 과제를 해결하기 위해 2가지 조치를 하고 있다. 첫째, 포스트 임기제를 도입한 것이다. 하나의 포스트에 머물 수 있는 최장 기간을 5년으로 정한 것이다. 역직 정년제 폐지 이후 이를 보다 더 엄격하게 운영하고 있다.

둘째, 역량 평가에 기초하여 행동 특성을 구분하고 있다. 행동 특성 구분은 능력이나 적성에 따른 직무로의 합리적인 배치를 실현하고 간부 사원의 능력 향상을 촉진할 목적으로 신설되었다. 이 행동 특성은 역량 평가에 기초한다. 역량 평가는 고객 지향, 효과적인 팀 구축 등의 항목으로 구성되어 있다. 이러한 행동 특성 구분은 어느 직무 등급의 어느 포스트에 가장 적합한 능력과 적성의 소유자를 배치할 것인가를 판단한다. 예를 들어 N4 직무 등급 10 또는 11 직무에 배치되는 것이 기본이지만, 직무 등급 12와 9에도 배치될 수 있다.

〈그림 2-6〉 행동 특성 구분과 직무 등급의 대응관계

능력 구분		직무 등급
N5		13
		12
N4		11
		10
N3		9
		8
N2		7
		6
N1		5
		4
		3
		2
		1

제3절 사외고용

1. 고령자 파견형 고령자 전용기업[37]

[사례 1] 요코가와전기(橫河電機)[38]

특징 요약	계속고용 의무이행을 통한 고령자 고용 안정 실현
제도 핵심	- 고령자 파견 회사 요코가와 휴먼 크레에이트를 설립해 운영

가. 추진 배경

이 회사는 단카이(團塊) 세대들이 대량으로 정년을 맞게 됨에 따라 노조 측에서 문제를 제기하여 본격적으로 고령자 전용기업 설립을 검토하기 시작하였다. 2000년대 초에 연금 수급 연령이 60세에서 62세로 다시 65세로 조정됨에 다라 기존 정년과의 괴리가 생겨서 그 공백기간 동안 일을 하기를 희망하는 근로자들이 증가하였다.

정년 이후 일정 연령까지 근로자를 의무적으로 고용연장을 해야 하는 법률(2006년 4월 1일 시행)이 시행된 것도 고령자 전용기업의 설립을 추진한 배경 중의 하나이다.

나. 제도 내용

요코가와전기는 1975년에 요코가와사업소(yokogawa elder)라는 명칭

---

37) 고령자 전용기업이란 해당기업의 주생산품이나 서비스를 제공하는 근로자들의 다수가 고령자로 구성되어 있는 기업이라고 정의한다. 대체로 전체 근로자 중 고령자가 차지하는 비중이 50%를 초과하는 경우를 말한다.
38) 고진수 외(2006), 서울 지역 고령자 전용기업 설립 모형과 지원과제, 노동부, pp.48-50에서 발췌·인용하였음.

으로 일본에서는 처음으로 개별기업 단위에서 정년자취업지원센터를 설립하였다. 근로자 본인이 일을 하려는 의욕이 있고 건강하면 전원 회사에서 재고용을 하였는데, 임금은 후생연금(당시 300만 엔)의 80%(240만 엔)을 수령할 수 있도록 하였다(후생연금만 받는 것보다 60만 엔을 더 받음).

직무는 대체로 정년 전에 하던 일을 그대로 수행하였으나 다른 일을 희망하거나(전체의 약 10%), 본인의 업무가 사업조정 등으로 없어진 경우에는 다른 직무(사내 우편 업무, 인쇄 업무 등)를 부여하거나 다른 회사로의 재취업을 지원하였다. 1년 단위로 계약하는데 대체로 1~3년 근무를 하였다(최장 83세까지 근무를 하였음). 요코가와 사업소는 요코가와전기 그룹 계열사들과 도급계약을 체결하여 업무를 수행하였다.

그런데 2001년에 경영개선 계획에 따라 요코가와 휴먼 크레에이트 (yokogawa human create: YHC)를 설립하여 요코가와 사업소의 업무를 그 곳으로 이관하였다. YHC는 후생노동성의 허가를 받아 운영하는 고령자 파견 회사이다. 근로자들은 파견 근로를 하는 형태로 바뀌었고 65세까지 5년간 근무를 하였다. 2006년 9월 현재 60세 이상인 340 명이 근무하고 있었다.

한편, YHC 설립과 동시에 개인사업주 제도를 도입하여 운영하였다. 이 제도에서 근무자들은 YHC와 근로계약이 아니라 위탁계약을 체결하였다. 이 경우 후생연금을 100% 수령하게 되고 YHC에서는 3개월에 1회 임금이 아니라 보수를 받는다(근로소득이 아니라 사업소득임).

2006년 9월 현재 고령자 파견은 350명이고 일반 파견(비고령자)은 500명이며, 고령자 파견 전체의 80% 정도는 개인사업주이고 나머지 20% 정도만 파견 근로자로 구성되어 있다. 요코가와전기에서는 향후에 고령자 고용의무가 발생하기 때문에 개인사업주보다는 파견 근로로 전환할 예정이다.

임금(또는 보수)은 200만 엔을 지급해 여기에 공적연금 200만 엔과 사적연금 100만 엔을 합쳐 총 500만 엔으로 생활하도록 하는 것이 목표이다.

이 회사는 YHC와는 별도로 1995년에 재단법인 무사시노(武藏野) 고령자경험활용센터를 설립해 운영하고 있다. YHC에서 65세까지 근무한 후에 이 센터로 옮긴다. 요코가와전기뿐만 아니라 다른 회사에서도 오고 있다. 항만 운송, 건설 업무, 경비 업무, 생산공정 업무 이외의 모든 업무에 1년씩 파견한다. 2006년 9월 현재 임금은 112,800엔이고 상여금은 250%를 1년에 2회로 나누어 지급한다.

2006년 9월 현재 63명이 소속되어 있다.

다. 운영 성과 및 향후 과제

과거 2006년까지는 근로자파견법에 의해 허용되는 파견 직종은 26개 직종이었다. 그것이 확대되어 생산 공정에도 허용되면서 자사에서 고용의무를 수행하기 어려운 경우에도 법률로 허용된 다른 기업에 계속고용을 통해 의무이행을 할 수 있게 되었다.

[사례 2] 마에가와 제작소(前川製作所)39)

특징 요약	계속고용 이행을 위한 고령자 재고용을 실현
제도 핵심	- 노동자 파견 회사인 크리에이트 서비스를 설립해 운영(그룹사 파견)

39) 고진수 외(2006), 서울 지역 고령자 전용기업 설립 모형과 지원과제, pp.51-53에서 발췌·인용하였음.

가. 추진 배경

마에가와 제작소는 고객의 니즈에 개별적으로 대응해 제품을 설계·제작하는 개별수주 방식으로 생산을 하여 양보다는 질을 추구하고 있다. 그리하여 정년은 회사가 결정하지 않고 근로자 본인이 직접 결정한다는 문화가 자리를 잡아 1977년에 '정년제로 제도'를 도입하였다.

이에 따라 고령자의 비율이 높아져 그들이 주체성을 발휘하면서 일을 처리하여 회사 전체에 활력이 높아지도록 할 필요성이 커졌다.

나. 제도 내용

정년제로 제도 도입과 더불어 60세 이후 근로에 대한 상담을 해 주는 제도를 두었다. 매년 1회 계약 갱신 시 태어난 달에 실시해 최종 퇴직 시까지 계속된다.

이 회사는 1994년에 고령자의 고용 기회 확보를 목적으로 '크리에이트 서비스(Create Service)'를 설립하여 60세 이상 근로자를 재고용시켜 그룹 내 각사에 파견하였다.

이 조직은 고령자 특례 노동자 파견 사업을 수행하기 위하여 1997년 봄에 공익법인인 고연령자직업경험활용센터로 지정되어 1997년 8월에 재단법인 후카가와(深川) 고연령자직업경험활용센터로 새롭게 출발하였다.

이 회사의 주력 공장인 모리타니(守谷) 공장에서는 2000년 현재 근로자 750명 중 30명이 60세 이상이다.

2. 고령자 전적형 고령자 전용기업

[사례 1] 대일본스크린제조[40]

특징 요약	고령자의 다양한 니즈를 반영하는 선택식 정년 설계
제도 핵심	- 3개 코스(조기전적, 정년재고용, 정년퇴직) 선택제 도입 - 그룹 내 고령자 파견 및 업무도급 회사 ㈜리버전65를 설립해 운영

가. 제도 개요

이 회사는 2004년 4월에 이 제도를 도입하였고, 도입 대상은 전 사원이다. 55세에 A코스(조기전적), B코스(정년재고용), C코스(정년퇴직)의 3코스 중에서 선택한다. 조기전적은 그룹 내의 업무 하청 및 인재 파견을 전담하는 고령자전용기업 '㈜리버전65'를 설립(2004년 4월)해 원칙적으로 65세까지 고용한다.

나. 제도 내용

① A코스(조기전적)

전적 연령에 따라 고용기한을 설정(최장 65세)한다. 55세 전적 시 65세, 56세 전적 시 64세, 57세 전적 시 63세, 58세 전적 시 62세, 59세 전적 시 61세이다. 정년(60세) 후에는 유기(1년) 고용계약을 체결하고 갱신한다. 전적 후 연봉은 현역 시의 75% 정도이고, 60세 이후에는 60% 정도이다. 전적 후는 원칙적으로 전적 전의 직장에 파견되어 담당 업무를 계속(관리직은 라인에서 제외)한다.

---

40) 勞務行政研究所(2005), 勞政時報, pp.163~170.

〈그림 2-7〉 대일본스크린의 A코스(55세) 임금 수준

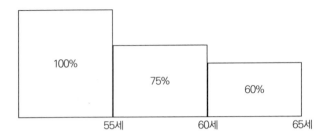

② B코스(정년재고용)

정년까지 100%의 임금을 지급하고, 후생연금 지급 개시 연령까지 고용(2004년 당시 63세, 최장 65세)한다. 유기(1년) 고용계약을 갱신한다.

〈그림 2-9〉 대일본스크린의 B코스(55세) 임금 수준

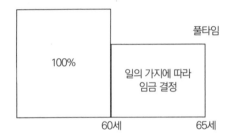

재고용 후에는 회사가 지정한 직무에서 일을 하고, 임금은 직무 가치에 따라 차등(풀타임 근무 시 대졸 초임 정도 수준) 지급한다. 풀타임형과 파트타임형이 있는데, 파트타임은 풀타임의 80% 정도의 임금을 지급한다.

③ C코스(정년퇴직)

종전 정년 60세까지 근무하고, 근로조건은 종전과 동일하다.

3. 신규 사업형 고령자 전용기업

[사례 1] 스바루(スバル)[41]

특징 요약	지역공동으로 계속고용 의무이행을 위한 대안 마련
제도 핵심	- 60년 정년 이후 5년간 전적을 통한 고용의무 이행 - 지역 내 동종업계가 공동으로 고령자 채용회사를 설립

가. 추진 배경

1988년부터 일본이 초고령사회에 접어들면서 정부와 기업이 모두 대응책을 강구하기 시작했다. 고령자 고용 기업의 설립은 에이메(愛媛)현 제지회사에서 퇴직한 직원들 모임인 'Think Tank'에서 고령자 고용을 확대하자는 취지에서 처음으로 제안하였고 마침 고령자고용법이 개정되어 고령자 고용을 권고함에 따라 에이메 펄프 협동조합 8개사가 종이 가공회사를 만들고 싶다고 하여 본격적으로 시작되었다.

실제로는 그중 6개사(泉製紙, 服部製紙, 丸石製紙, 大高製紙, 이토멘, 아이무)가 출자를 하여 1988년 2월에 스바루가 설립되었다.

나. 제도 내용

6개 회사에서 60세에 정년퇴직하고 이 회사에 입사를 하면 65세까지 5년간 고용을 한다. 고령자는 장시간 근로가 어렵다고 판단해 주 5일 1일 7시간 30분 근무하여 1개월 156시간 근무를 하게 하였다. 계획 생산을 하기 때문에 잔업은 거의 없다.

---

41) 고진수 외(2006), 서울 지역 고령자 전용기업 설립 모형과 지원과제, 노동부, pp.48-50에서 발췌·인용하였음.

60세 정년퇴직자에게는 모두 동일한 임금(퇴직 전보다 10~20% 감액된 금액이나 연 300% 상여금, 식사비, 여행비를 별도로 지급)을 지급한다. 베이스 업은 매년 하고 있다. 그러나 승진승급은 없다.

2006년 8월 현재 전체 인원 16명 중 10명이 60대 이상으로 62.5%를 차지하고 있다.

다. 운영 성과 및 향후 과제

회사 설립 때부터 티백, 좌변위생시트 등 틈새시장 상품을 선정하였고, 자동화 설비를 갖추고 시작해 고령자가 생산하는데 용이하게 하였다. 그리고 취약한 영업은 6개 출자회사 영업조직이 대행을 해 주었다.

최근에 종이로 만든 니트 의류, 모자, 슬리퍼 등 다양한 고부가가치 상품에 대한 수요가 커지고 있다. 새로운 수요가 있는 상품개발에 노력해 경영수지를 안정화시켜 나갈 계획이다. 그렇게 자체적으로 생존해 나가야 고령자 고용을 지속해 나갈 수 있을 것이다.

제3장 무정년과 정년 폐지

제1절 무정년

[사례 1] 판켈(ファンケル)42)

특징 요약	일할 의욕이 높은 사원을 위한 액티브 시니어 사원 제도를 도입
제도 핵심	- 정년을 65세로 올리고, 아울러 상한 연령 없는 재고용 제도를 도입 - 역직 정년제, 역직 임기제를 도입해 관리직 포스트 부족 문제를 회피 - 세컨드 커리어 연수로 커리어 재설계를 지원

가. 회사 개요

기업 소개	창업: 1981년 업종: 화물운송업, 도매업 종업원 수: 2,654명(2022년 현재) 소재지: 가나가와현 요코하마시

주식회사 판켈은 1981년에 설립한 화장품·건강식품의 연구개발·제조 및 판매회사이다. 직원 수는 2,654명으로 평균연령은 37.4세이

---

42) 高齢·障害·求職者雇用支援機構(2023), 70歳雇用推進事例集, pp.77-80.

고 60세 이상은 60명(2.3%)으로 적다. 고용 형태별로는 정규직 951명, 비정규직 1,703명이다. 비정규직은 계약 사원에서 무기계약 사원으로 전환한 직영점의 판매직 종사자들이다.

나. 제도 내용

(1) 배경

판켈은 2017년 이전에 60세 정년, 65세까지 계속고용(희망자 전원)을 하였다. 저출산 고령화가 진행되는 가운데 정년연장을 실시하는 기업이 늘어나고 회사 내부에서도 계속 일하고 싶은 직원이 증가하였다. 그래서 이 회사는 2017년에 일하고 싶은 사람을 오랫동안 고용할 수 있는 제도를 구축한다는 목표로 상한 연령이 없는 계속고용 제도를 도입하였고, 2022년에는 정사원의 정년 연령을 65세로 연장하였다.

〈그림 3-1〉 판켈의 제도 변경 개요

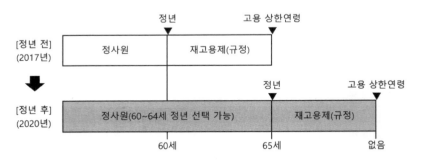

정년연장에 따라 구 제도 하에서 계속고용으로 전환된 60대 전반의 고령 사원은 정사원으로 전환하지 않고 구 제도의 계속고용자(촉탁 사원)를 그대로 유지하였다.

(2) 제도 개선 내용

정년연장에 따라 60대 전반 고령자를 대상으로 임금표를 새롭게 마련했다. 즉, 59세 이전의 임금표를 재검토하여 60세 도달 시 60대 전반층용 임금표의 등급을 부여하고 그다음부터는 인사 고과에 근거한 승급 및 강급이 이루어진다.

그리고 역직 정년제와 역직 임기제를 새롭게 도입했다. 역직 정년제는 역직별로 정년 연령을 설정하고 역직 정년에 도달한 관리자는 역직을 떠나는 동시에 역할 등급이 관리직에서 일반 사원으로 변경되어 라인 업무에 종사한다. 역직 임기제는 전체 역직자를 대상으로 3년에 1회 재임용의 판단을 하는 제도이다.

정사원의 기본급은 역할등급 제도와 연동한 역할급(등급별 호봉제)이다. 인사 고과 결과에 근거하여 승급 및 강급을 연 1회 실시하고 있다. 정년연장 후에도 승급은 신 정년 연령까지 계속된다. 역직자에게는 직무 수당이 지급된다. 상여금은 기본급에 회사의 실적과 근무성적에 기초한 계수를 가미하여 지급된다. 퇴직금은 신 정년 연령인 65세까지 적립된다.

인사 평가는 역할 평가와 실적 평가(목표관리)로 구성되어 있다. 역할 평가 결과는 승급에 반영되고, 실적 평가 결과는 상여금에 반영된다.

이 회사는 액티브 시니어 사원 제도라는 재고용 제도를 실시하고 있다. 65세 정년 도달자가 일정한 기준을 충족하면 계속고용으로 전환된다. 고용 형태는 1년 계약의 파트타임 사원이다. 업무 내용은 본인과 상담하면서 개별적으로 결정된다. 그들에게는 기본급(시급제)만 지급되고 승급은 없다. 근무 방식은 다양하고 주 4일 근무나 하루 5시간 근무 등 본인의 희망에 유연하게 대응할 수 있다.

이 회사는 정년 도래 이전에 자신의 커리어에 대해 되돌아보고 앞으로 어떻게 진로를 설정할 것인지 구체적으로 생각할 기회를 제공하도록 세컨드 커리어 연수를 실시한다. 2020년에 시작된 이 세컨드 커리어 연수는 55세 이상을 대상으로 온라인 형식으로 실시되었다.

다. 운영 성과 및 향후 과제

현재 고령 사원은 적기 때문에 특별히 해결해야 할 과제는 제기되지 않고 있다. 그러나 현재 가장 인원수가 많은 연령층인 40대가 10년 후에 정년 연령에 가까워진다. 그때가 되면 새롭게 검토해야 할 과제가 등장할 것으로 예상된다.

[사례 2] 벨조이스(ベルジョイス)[43]

특징 요약	본인의 의사를 존중할 수 있는 선택 정년제 도입
제도 핵심	- 65세 선택 정년제 도입, 그 후에는 상한 연령 없이 계속고용 - 고령 사원은 '릴리버'로 인근 점포에서 지도역을 수행 - 고령 사원이 활약토록 업무지원과 노동재해 방지를 적극적으로 추진

가. 회사 개요

기업 소개	창업: 1951년 업종: 음식료품 소매업 종업원 수: 4,499명(2022년 현재) 소재지: 이와테현 모리오카시

주식회사 벨조이스는 1951년에 설립해 슈퍼마켓을 운영하는 소매

---

43) 高齢·障害·求職者雇用支援機構(2023), 70歳雇用推進事例集, pp.81-84.

업종 회사로 본사가 있는 이와테현을 중심으로 미야기현, 아오모리현에 58개 점포를 보유하고 있다. 직원 수는 4,499명으로 평균연령은 49.2세이고 60세 이상이 1,368명(30.4%)이다. 고용 형태별로는 정사원 942명, 계약 사원 167명, 파트타임 아르바이트 3,390명이다. 계약 사원은 파트타임 아르바이트에서 계약 사원으로 전환된 사람(일반 계약 사원)과 정년 후 계속고용자(전문 계약 사원)로 나누어져 있다.

나. 제도 내용

(1) 배경

이 회사는 그간 60세 정년, 65세까지 계속고용(희망자 전원을 재고용) 제도를 갖고 있었다. 그러다가 매장에 고령 사원이 증가하면서 그들이 갖고 있는 경험이나 스킬을 활용하기 위해서 2019년 3월에 정년을 65세로 연장하였다.

〈그림 3-2〉 벨조이스의 제도 변경 개요

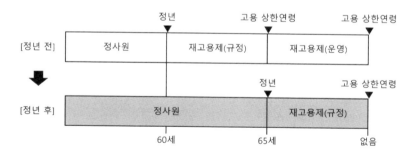

그런데 베테랑 사원들이 정년 연령을 자신들이 선택하고 싶다는 의견을 제시하였다. 그래서 회사는 그들의 의견을 받아들여 정년 연령

은 원칙적으로 65세이지만 본인의 의사에 따라 60세부터 64세까지 정년 연령을 선택할 수 있게 했다. 정년 연령의 선택은 60세 도달의 반년 전에 대상자에게 연락해 60세 도달 1개월 전에 개인 면담을 통해 이루어진다.

정년연장에 따라 구 제도 하에서 계속고용으로 전환된 60대 전반층의 고령 사원은 구 정년 연령 60세 도달 시에 퇴직금을 지불하였기 때문에, 정사원으로 전환되지 않고 구 제도에 의한 계속고용자로 유지된다.

(2) 제도 개선 내용

정년연장 이후에 60대 전반층은 원칙적으로 60세 이전의 인사관리 제도가 계속 적용된다. 정년연장 후에도 역직자는 신 정년 연령까지 역직을 계속한다. 본인의 희망에 따라 역직을 그만두는 경우 직원등급을 변경하고 있다.

임금 중 기본급은 역할등급 제도에 연동한 기초급^(등급별 정액급)과 습숙급^(習熟給, 등급별 범위급)으로 이루어진다. 습숙급은 등급별로 상한·하한을 마련하여 연 1회 인사 평가 결과에 근거하여 승급을 실시하고 있다. 승급은 정년연장 후에도 신 정년 연령까지 이루어진다. 상여금은 '기본급×월수×계수'로 산출된다. 월수는 경영 실적에 따라, 계수는 인사 평가 결과에 의해 결정되고, 인사 평가는 3개^(성과 달성도 평가, 과제 달성도 평가, 행동 평가) 영역으로 구성되어 반기마다 실시된다.

65세의 정년에 도달한 사람 중에 희망하는 사람은 전원 계속고용을 하고 있다. 정년 시에 담당하는 업무나 역할을 계속^(이하 '현직 계속')하는 경우, 계속고용 시 직원 등급은 정년퇴직 시의 등급을 유지한다.

본인의 제의(경우에 따라서는 회사 측의 제시)에 의해 직책을 떠나, 담당 업무나 역할을 변경하기도 한다.

계속고용자의 기본급은 정년 전 정사원과 동일한 기초급과 숙련급 임금표를 적용한다. 현직 계속의 경우, 기초급은 정년 시의 등급을 유지하지만, 숙련급은 정사원과 다르다. 상여금은 정사원과 동일하게 지급한다.

고령 직원은 정사원과 동일한 역할과 업무를 수행한다. 또한, 일부는 매장의 신입 사원 연수 시 지도원 역할을 하도록 하고 있다. 매장에 지도역 고령 사원이 배치되어 있지 않으면 본사 소속의 고령 사원이 지도를 한다. 이를 '릴리버 제도'라 부르고 있다. 현재 수산, 반찬, 육류의 부문에 베테랑 40명이 릴리버로 활약하고 있다.

다. 운영 성과 및 향후 과제

정년연장을 준비할 때 정년에 가까운 베테랑 직원에 대한 의견을 청취함으로써 정년 연령을 선택할 수 있는 제도를 도입하였다. 그러나 현재 실제로 65세 이전의 연령을 정년으로 선택한 정년 도달자는 거의 없다.

이 회사는 선택 정년제를 과도기적 제도로 생각하고 장래에는 정년 연령을 65세로 통일할 예정이다.

[사례 3] TIS[44]

특징 요약	라이프 플랜을 배려한 선택 정년제 도입
제도 핵심	- 65세 선택 정년제를 도입 - 정년 후에도 정규직과 같은 처우를 하는 엘더사원 제도를 도입 - 커리어 스테이지에 따른 커리어 지원을 실시

가. 회사 개요

기업 소개	창업: 1971년 업종: 정보 서비스업 종업원 수: 5,853명(2022년 현재) 소재지: 도쿄 신주쿠

TIS 주식회사는 1971년에 설립된 소프트웨어 개발, 솔루션의 제공 및 관련 컨설팅 업무를 하는 업체이다. 2022년 현재 직원 수는 5,853 명으로 평균연령은 38.9세이고 60세 이상은 166명(2.8%)이다.

나. 제도 내용

(1) 배경

2018년까지 이 회사는 60세 정년제, 65세까지 계속고용 제도(희망 자 전원 재고용)를 운영하고 있었다. 만성적 인력 부족 상황에 있는 IT 업종에서 60세 이후 한정된 직역에 재고용을 하면 성과가 높은 베테랑 직원들이 은퇴를 하게 된다. 이 회사는 고령 직원을 오랫동안 활약할 수 있는 환경을 정비하기 위해 2019년 4월에 정년을 65세로 연장하였고, 2020년 4월에는 70세까지 계속고용하는 '엘더사원 제도'를 도입했다.

---

44) 高齡·障害·求職者雇用支援機構(2023), 70歳雇用推進事例集, pp.85-88.

다음 표는 65세 정년연장과 엘더사원 제도를 실시하기 전과 실시한 후를 비교한 것이다.

〈그림 3-3〉 TIS의 제도 변경 개요

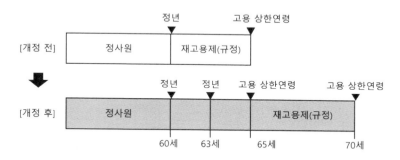

한편, 이 회사는 직원들의 라이프 스타일을 존중하여 선택 정년제를 함께 실시했다. 선택 정년은 60세, 63세, 65세 중에서 선택할 수 있다. 정년 선택은 원칙적으로 59세 때에 결정하나, 63세 생일월의 반년 전까지 상사의 승인을 얻으면 정년 연령을 변경할 수 있다.

(2) 제도 개선 내용

정년연장에 따라 60대 전반층은 원칙적으로 60세 전의 제도를 계속 적용하고 있다. 하지만 그렇지 않은 제도도 있다. 바로 60세 역직 정년제이다.

정사원의 직군은 M직(매니지먼트직), H직(하이엔드 프로페셔널직), 프로직(프로페셔널직)의 3개의 직군으로 이루어진다. 신졸 채용자는 프로직의 4등급(G1~G4)의 경력 패스를 거친 후, 고도 전문직으로서 사내위원회에서 인정받으면 H직(하이엔드 프로페셔널직)이 된다. 그리고 프로직 최상위 G4

나 H직 조직장의 포스트로 임명된 자는 M직(관리직)이 된다.

이 회사는 M직(매니지먼트직)의 경우 정년연장에도 불구하고 60세가 되면 강직하는 역직 정년제(포스트 오프)를 실시하고 있다. 역직 정년에 이른 M직은 전문직(하이엔드 프로페셔널직: 'H직')으로 옮겨 업무를 한다. 이들의 기본급은 변하지 않는다.

기본급은 사원등급 제도(직종·등급 제도)와 연동한 '역할급(등급별 호봉제)'이다(프로페셔널직은 '실력급'). 승급과 강급은 연 1회 인사 고과 결과에 근거하여 실시하고 있다. 또한 정년연장 후에도 신 정년 연령까지 승급과 강급을 실시한다.

한편, 이 회사는 65세 정년 도달자를 대상으로 일정한 기준을 마련하여 계속고용으로 전환하는 '엘더사원 제도'를 운영하고 있다. 고용 형태는 1년 계약의 유기계약 사원이다. 업무 내용은 정년 시에 담당하는 업무나 역할을 계속하는 것을 원칙으로 하고 있다.

사원등급 제도는 정년 시 직종과 등급을 계속 유지한다. 승격은 계약 갱신 시에 승격 전의 등급과 평가를 바탕으로 결정된다. 임금 제도도 정사원의 임금체계가 그대로 적용된다. 다만 계속고용자에게 퇴직금은 적용되지 않는다.

이 회사는 40대 후반부터 60대 전반의 모든 직원들을 대상으로 세컨드 커리어 지원 제도를 실시하고 있다. 전직 준비를 지원하는 것을 목적으로 하는 경력 지원 제도로 전직 지원금과 경력 지원 서비스 제공, 전직을 위한 휴가 부여 등이 제공된다. 그리고 각 커리어 단계마다 커리어 디자인 교육과 상담 지원을 하고 있다.

다. 운영 성과 및 향후 과제

TIS는 향후 고령자 고용의 과제로 정년퇴직자에 대한 지원 확충을 꼽고 있다. 고령자의 근무 의욕에 따라 가능한 한 많은 직원이 오랫동안 일할 수 있도록 지원할 수 있는 구조를 계속 검토해 나가고자 한다.

[사례 4] 오카베 병원[45]

특징 요약	고령자 고용을 위해 1955년부터 65세 정년제를 실시
제도 핵심	- 친숙한 간호 직원이 다년간 환자를 담당해 환자로부터 신뢰를 획득 - 65세 정년과 70세까지의 계속고용제 도입(그 후에도 연장 가능)

가. 회사 개요

기업 소개	창업: 1944년 업종: 의료업 종업원 수: 472명(2021년 현재) 소재지: 이시카와현 가나자와시

이시카와현 가나자와시의 의료법인 적인회는 오카베 병원을 중심으로 '오카베그룹'을 소유하고 있다. 오카베 병원은 1944년에 전신인 가나자와 뇌병원으로 개원한 이래 정신과 의료의 거점으로서 지역사회에 공헌해 왔다. 오카베 병원은 의료업뿐만 아니라 개호노인 보건시설, 공동생활 지원사업, 방문간호, 지역포괄 지원센터를 함께 운영한다. 1997년에는 사회복지법인도 설립하여 소규모 특별양호 노인홈, 소규모 다기능형 주택개호, 치매그룹 홈, 장애인 취업계속지원사업, 취업이행지원사업을 하고 있다.

---

45) 高齢·障害·求職者雇用支援機構(2022), 70歳雇用推進事例集, pp.61-64.

직원 수는 472명으로 평균연령은 46.6세이고 60세 이상은 15.7%를 차지하고 있다. 환자의 입원 기간이 길어지는 경향이 있기 때문에, 간호 직원들은 환자와 장기적인 인간 관계와 신뢰 관계를 구축할 수 있어야 한다.

나. 제도 내용

오카베 병원은 전신인 가나자와 뇌병원을 개조하여 1958년에 발족했지만 처음부터 정년 연령은 65세였다. 다른 곳보다 일찍 정년을 연장한 이유가 있었다. 정신병원은 격리병동 등 폐쇄적 이미지가 강하고 근로조건이 나빠서 간호사들이 취업처로 선호하지 않았다. 그래서 병원에서는 인재 확보를 위해 중도 채용에 힘을 쏟는 한편, 다른 병원보다 정년 연령을 높여 현직자가 더 오래 일할 수 있게 하였다.

정년 65세 이후에도 70세까지 일할 수 있는 계속고용 제도를 마련하고 있다. 일에 대한 의욕이 있는 건강한 사람이라면 본인이 희망하면 가능하다. 매년 1년의 풀타임 고용계약을 체결하고 이를 갱신한다. 70세 이후에도 본인이 희망하며 의욕과 건강에 문제가 없으면 계속 갱신된다. 82세까지 근무한 간호사도 있었다.

오카베 병원의 임금체계는 기준내 임금(기본급, 여러 수당)과 기준외 임금(시간외 수당, 휴일출근 수당, 야근 수당, 당직 수당 등)으로 구성된다. 기본급은 직종급과 능력급으로 구성되며, 직종별 임금은 호봉과 등급으로 결정되며, 능력급 부분은 숙련도 평가 결과가 반영된다. 또한 역직자에게는 직무 수당이 지급된다. 승급은 연 1회 실시하나 60세 이후에는 승급이 없다. 퇴직금은 60세에 정산된다.

오카베 병원에서는 평가의 투명성과 직원 만족도를 높이기 위해 등급숙련도 평가 제도를 도입하고 있다. 능력급 결정의 기초가 되는 숙련도 평가는 각 직종에 요구되는 업무를 세분화해 이루어진다. 인사고과는 자기고과와 고과자 고과로 구성되어 있고, 60세 이상도 동일하게 적용된다.

한편, 오카베 병원에서는 60세가 된 직원은 대체하기 어려운 경우를 제외하고 원칙적으로 역직을 그만두게 하는 역직 정년제를 도입하고 있다. 역직 정년 후에는 후계자를 육성하거나 퇴원 후 통원치료자 커뮤니케이션, 병동의 입욕이나 배설의 보조 등에 종사하게 한다.

고령 직원에게는 컨디션이나 사정에 따라 근무 형태와 근무시간을 탄력적으로 운용할 수 있게 해 준다.

다. 운영 성과 및 향후 과제

오카베 병원은 환자의 건강한 힘이 최대한 발휘되어 자립과 사회 복귀에 주력하기 위해 언제든지 입원할 수 있고 조기에 퇴원할 수 있는 체제를 구축하고 있다. 현재 입원 범위를 줄이면서 퇴원 후 생활훈련 시설의 정비와 재택요양에 필요한 방문개호에도 힘을 쏟고 있다. 이를 위해서는 직원의 협력이 필요하며, 앞으로도 고령 직원의 확보는 중요한 자원이 될 것이다.

[사례 5] 야마토하우스[46]

특징 요약	60대 사원을 전략적으로 재배치해 시니어의 의욕과 공헌도를 향상
제도 핵심	- 61세 이후 근로 방식과 근로시간, 직무 결정에 본인 의향을 최우선 고려 - 청장년 사원을 후방에서 지원하는 부서에 시니어 사원을 중점 배치 - 65세 정년 후에도 건강하고 의욕 있으면 연령 상한 없이 재고용

가. 회사 개요

기업 소개	창업: 1955년 업종: 종합건설업 종업원 수: 18,424명(2021년 현재) 소재지: 오사카부 오사카시

야마토하우스 공업 주식회사는 1955년에 설립되어 파이프하우스, 조립식 미제트하우스를 개발해 일본의 주택산업을 선도해 왔다. 현재는 단독주택이나 임대주택 등 주택사업, 도시개발사업, 환경 에너지 사업, 의료·개호로봇판매사업 등을 하고 있다. 종업원은 18,424명으로 평균연령은 40.5세이고 60대 이상은 961명이다.

나. 제도 내용

(1) 배경

야마토하우스는 2003년에 60세 정년 후 촉탁재고용 제도를 도입했고, 2013년에는 65세 정년제를 도입하였다. 60세에서 65세로 정년을 연장할 때에는 그 시점에서 재고용되어 있던 65세 미만 자에게는 다시 정직원으로 복귀할 것인지 그대로 재고용자로서 계속 일할지를 선택하게 했다. 그 후 2015년에 65세 정년 이후 재고용 제도인 액티

---

46) 高齢·障害·求職者雇用支援機構(2022), 70歳雇用推進事例集, pp.73-76.

브 에이징 제도를 도입해 연령 상한이 없게 하였다.

야마토하우스가 일찍부터 고령자 활용을 위해 앞장을 선 배경이 있다. 장래의 저출산 고령화에 의한 노동력 부족이나 고령자 고용에 대한 사회적 요구에의 대응도 있지만, 자사의 풍부한 인재를 한층 더 잘 활용할 필요가 있었다. 일급 건축사 등 희소한 국가자격 보유자는 정년 후 타사로 고액의 보수로 스카우트되는 일이 자주 발생하고, 사내에 남아 있는 재고용자는 일과 처우의 균형이 이루어지지 않아 근로 의욕이 저하되는 사례가 증가했다. 그래서 이 회사는 오랜 세월 쌓아 온 경험과 지식으로 고레벨의 업무를 담당할 수 있는 고령 종업원을 사내에서 충분히 활용하고자 하였다.

(2) 제도 개선 내용

60세 이후 65세까지 4코스가 있다. 즉, 이사 코스(약 10%), 시니어 매니저 코스(10% 미만), 멘토 코스(10%), 플레이어 코스(약 70%)이다.

① 이사 코스

정년이 적용되지 않는다. 지점장이나 본사 부문장 등의 역할을 담당하며, 상무이사, 이사, 부이사의 3등급이 있다. 실적에 따라 승진이 된다. 보수는 60세 도달 전과 같은 수준이다.

② 시니어 매니저 코스

회사의 지명에 따라 60세 이후에도 과장, 실장, 본사 그룹장 등 관리직을 계속한다. 역할과 호칭에 변함이 없고, 보상도 60세 도달 전과 같은 수준이다. 1년마다 갱신되며, 후계자가 육성되면 다른 코스로 이동한다.

③ 멘토 코스

멘토는 일정 등급의 라인장 경험자 중에서 사업소장이나 부문장의 추천으로 임원이 결정한다. 멘티에 대한 업무지원과 자신의 경험·지식을 전승한다. 시니어 멘토라는 호칭으로 일을 하며, 멘토 수당이 지급된다.

④ 플레이어 코스(평생 현역 코스)

관리 역직의 '시니어 전문가', 주임·일반 역직의 '시니어 스태프'로 영업, 설계, 공사, 애프터서비스 관리 등 현장의 베테랑 플레이어로 활약한다. 직종별 성과급(판매촉진 수당, 완공 수당)은 60세 이전과 동일하게 지급된다.

60세까지 직원의 기본급은 직능급과 자격급으로 구성되고, 관리자에게는 역할급이 지급된다. 60세 이후 시니어 직원의 처우는 기본급은 직능급으로 단일화되어 지급된다. 60세를 초과하는 직원에게 지급되는 수당도 있다. 후계자 육성을 하는 수석 멘토에게는 멘토 수당, 상위 기술자에는 상위 기술자 수당이 지급된다.

이 회사는 본인의 희망을 최우선적으로 고려하여 경험이나 지식을 잘 활용할 수 있도록 재배치하기 위해 노력한다. 회사는 60세에 도달하는 사람들을 대상으로 1박 2일의 라이프 디자인 세미나를 개최한다. 정년 후의 인사 제도에 대해 설명하고, 향후 진로와 노후 준비에 대한 전문교육을 실시한다. 그리고 그해 7월에 상사와의 면담을 통해 희망하는 직종과 근무지를 제3희망까지 적은 희망조서를 제출하게 한다. 재배치 조정을 거친 후 그 결과를 당해년도 12월 말에 통보한다. 처음 1개월간은 특별휴가를 준다.

한편, 정년 65세 이후에는 재고용 제도가 있다. 2015년에 도입된 '액티브 에이징 제도'이다. 일정한 요건을 충족하면 연령 상한이 없이 계속 일할 수 있다. 재고용 요건은 건강 상태, 근무 태도, 직무 수행 능력 등이다. 주 4일의 풀타임 근무로 월액 20만 엔의 급여와 상여금을 받는다. 기업연금도 받을 수 있다.

다. 운영 성과 및 향후 과제

야마토하우스에서는 시니어 활용을 '비용'이 아니라 '투자'로 생각하고 있다. 65세 이후 액티브 에이징 제도로 일하는 고령자가 늘어나면서 인건비 부담은 증가하고 있다. 그러나 시니어 직원은 고도의 업무를 수행하면서 후진 육성에도 기여하고 있고, 회사는 인재에 대한 투자 효과를 보고 있다.

[사례 6] 리소나 홀딩스[47]

특징 요약	개인의 다양한 생활 방식과 근로 방식에 부응하는 선택 정년제를 도입
제도 핵심	- 60세부터 65세까지는 정년을 스스로 정할 수 있는 선택 정년제 - 풀타임 사원과 파트타임 사원 모두 동일한 금액의 기본급 지급 - 전문 능력을 가진 고령 사원은 복선형 인사 제도(19개 코스)에서 자신의 강점을 발휘

가. 회사 개요

기업 소개	창업: 1918년 업종: 은행업 종업원 수: 27,829명(2021년 현재) 소재지: 오사카부 오사카시

리소나 홀딩스는 일본 5대 은행 그룹의 하나로 산하에 리소나 은

---

47) 高齢・障害・求職者雇用支援機構(2022), 70歳雇用推進事例集, pp.77-80.

행, 사이타마 리소나 은행, 간사이 미라이 파이낸셜 그룹(간사이 미라이 은
행과 미나토 은행)을 갖고 있는 일본 최대의 상업은행 그룹이다. 종업원은
27,829명이고 평균연령은 40.3세이다.

리소나 홀딩스는 2013에 경제산업성의 '다이버시티 경영기업 100
선'에 선정되었다. 선택 정년제 등 고령친화적 인사관리도 다이버시티
경영의 일환으로 추진된 것이다.

나. 제도 내용

리소나 은행과 사이타마 리소나 은행은 2021년에 60세 정년을 변경
해 60세부터 65세까지 자유롭게 선택할 수 있게 했다. 선택 정년제는
은행권에서는 최초로 채택되었다. 고령자 고용에 의해 종업원의 동기
부여가 높아지고, 고령 사원의 지식이나 경험을 반영한 조직 만들기가
가능해져 그룹과 산하은행의 경쟁력 향상에 연결된다고 판단했다.

물론 정년연장 이전인 2019년부터 정년 이후 계속고용 상한 연령을
65세에서 70세로 연장한 바 있다. 이번 선택 정년제 도입에 의해 종업
원에 의해 정년퇴직 시의 연령은 다르지만, 계속고용의 대상은 건강
상태, 출근 상황, 근무 태도 등을 종합적으로 감안하여 결정된다.

계속고용 시 직무는 원칙적으로 그 전까지 해 온 직무를 그대로 하
게 한다. 기본급은 계속고용자를 위한 별도의 임금표가 적용되며, 상
여금은 직위에 근거한 표준액을 바탕으로 상사가 평가하여 지급된
다. 정년 이후의 임금도 실적에 따라 승급이 가능하며, 상여도 60세대
이후에 대해서도 실적에 따라 지급된다.

금융권의 업무는 지점을 중심으로 하는 비즈니스에서 금융과 IT를
융합한 핀테크로 이행하고 있어 이에 대응할 수 있는 인재 육성이 긴

급한 과제이다. 그래서 리소나 은행과 사이타마 리소나 은행에서는 직원의 개개의 경력의 전문화와 고도화의 실현을 목표로 2021년에 인사 제도를 복선형으로 쇄신했다. 기존의 3개 커리어 필드(솔루션계, 고객 서비스계, 기획 스태프계)를 19코스로 세분화하면서 확충했다. 디지털 인재(DX 스페셜리스트, IT 스페셜리스트, 데이터 사이언티스트 등), 기업 법무 인재, 리스크 관리 인재, 감사 인재 등 경영관리 및 기업 거버넌스 전문 인력 등이 포함되었다. 고령자도 새로운 분야에 도전할 수 있는 기회를 제공한다.

직원은 업무 범위와 근무시간에 따라 정사원, 스마트 사원(한정 정사원), 파트너 사원으로 구분되고, 운전자 등은 서무 사원에 속한다. 정사원은 업무 범위와 근무시간에 한정이 없고, 먼 쪽으로의 전근이나 이동, 시간외 근무나 휴일 근무가 있는 등 책임이나 부담이 크다. 스마트 사원은 업무 범위와 근무시간 중 어느 한쪽이 한정, 파트너 사원은 양쪽이 한정되어 있어 정사원에 비하면 부담이 작아진다. 파트너 사원으로부터 스마트 사원이나 직원(정사원)으로의 등용 제도도 있다. 상사의 추천이나 시험, 면접 전형으로 커리어업이 가능하다.

각 사원이 담당하는 직무는 난이도와 직책의 크기에 따라 19단계의 직무 등급으로 세분화되며 연공적인 요소는 없다. 또한 상위 직무 등급으로의 승격도 연공적으로는 운용되지 않는다. 인사 평가는 3종류의 사원 모두에게 공통적으로 적용되고, 정년 이후 사원에게도 동일하게 적용된다.

직원은 자신의 취업, 결혼, 출산, 복직 등 인생의 각 단계에서 커리어 형성과 일과 생활의 양립을 위해 일하는 방식을 선택할 수 있다. 정년퇴직 후 계속고용자는 잔업은 하지 않고, 지정일 근무나 반나절 근무도 선택할 수 있다. 자신의 체력이나 생활 면의 여건에 따라 근무하는 것이 가능하다.

직원의 처우는 책임이나 부담의 크기에 따라 결정된다. 정사원, 스마트 사원, 파트너 사원 모두 동일한 직무 등급과 근무 형태이면 시급 환산으로 동액의 직무급(기본급)이 지급된다. 퇴직금은 급여·상여금에 승률을 곱하여 매월 적립액이 산정된다. 퇴직금은 자신이 선택한 정년에 받는다.

리소나 홀딩스에서는 직원들의 경력 형성을 지원하고 있다. 이를 위해 입사 시와 입사 3년째, 5년째, 38세, 48세, 57세 전후에 커리어업 연수를 실시한다.

다. 운영 성과 및 향후 과제

65세까지의 선택 정년제와 70세까지의 계속고용이 본격화되면 고령층 직원이 젊은층이나 중년층 직원과 함께 일하는 장면이 늘어날 것이다. 일부에는 세대 간의 커뮤니케이션 갭을 우려하는 목소리도 있다. 리소나 홀딩스는 다른 세대가 각각의 강점을 살리면서 일을 해나가는 풍토를 만들기 위한 다양한 시책을 검토하고 있다.

제2절 정년 폐지

[사례 1] 신화피아노(伸和ピアノ)[48]

특징 요약	정년제 폐지로 실제 정년이 없음
제도 핵심	- 정년제 폐지, 승급 정지와 역직 정년은 없음 - 직무급을 도입하여 의욕이 있는 직원의 급여를 인상 - 객관적인 지표를 이용한 공평한 인사 평가

가. 회사 개요

기업 소개	창업: 1970년 업종: 화물운송업, 도매업 종업원 수: 122명(2021년 현재) 소재지: 지바현

신화피아노 주식회사는 1970년 지바현에서 창업해 피아노의 매입, 판매, 수선, 조율, 배송 등을 주된 업무로 하는 회사이다. 2021년 현재 종업원 수는 122명으로 평균연령은 44.7세이고 60세 이상은 16명이다. 경력직 채용을 중심으로 매년 3~5명을 채용하고 있다.

나. 제도 내용
(1) 배경

이 회사는 2016년 8월까지 '65세 정년+희망자 전원 상한 연령이 없는 계속고용의 근무연장 제도'를 가지고 있었다. 회사 입장에서는 업무를 수행하는데 고령 종업원의 경험과 스킬이 필수적이었기 때문에,

---

48) 高齢 · 障害 · 求職者雇用支援機構(2022), 70歳雇用推進事例集, pp.45-47.

계속고용으로 전환해도 처우는 정년 전과 동일한 수준을 지급하였다. 또한, 본인이 퇴직을 제안하지 않는 한 계속고용을 하고 있었다. 이와 같이 실질적으로 정년은 없었으나, 고령 종업원의 안정적인 생활과 평생 현역으로의 활약을 뒷받침하기 위해 2016년 8월에 정년제를 폐지했다.

<그림 3-4> 신화피아노의 제도 변경 개요

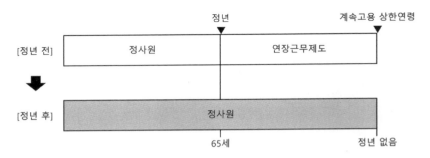

(2) 제도 개선 내용

이 회사는 직원들의 동기부여를 향상시키기 위해 2020년 11월 그간의 이사부장-이사과장의 2등급이었던 사원등급 제도를 이사부장-차장-부장대리-과장의 4등급으로 개정했다.

또한, 2021년 4월부터 임금 제도의 전면적인 개정을 실시했다. 우선 기본급은 전 종업원에게 일률로 하였다. 그리고 근속연수에 따른 승급제도(근속급)를 신설했다. 이에 따라 매년 정기적으로 승급이 실시된다(정기적인 승급 금액은 입사 2~3년까지는 1만 엔, 그 이후에는 단계적으로 완만한 커브를 그리며 근속 16년 이후부터는 퇴직까지 매년 5천 엔 승급).

한편, 직무의 난이도에 따른 직무급을 마련했다. 또 관악기 수리 부문, 피아노 수리 부문, 조율 부문, 피아노 도장 부문 등 기술이 필요한 부문에서는 각 부문에 '작업기술과 능력급의 상관관계'라는 객관적인 지표에 근거한 능력급을 신설했다. 개인의 기술 평가에 대한 검토는 반년마다 수행되고 그 결과는 다음 달의 급여에 반영된다.

역직, 배치 이동, 인사 고과, 근로시간 등은 정년 전과 동일하다.

〈표 3-1〉 신화피아노의 주요 제도의 비교

구분	정년 폐지 전(~2016. 7)	정년 폐지 후(2016. 7~)
명칭	근무연장 제도	–
정년 연령 (계속고용 상한 연령)	65세(희망자 전원 상한 연령 없는 계속고용)	없음
사원 구분	계속고용 사원	정사원
대상자	정년퇴직자	전체 사원
직무 내용	정년 전 직무 계속	정년 전 직무 계속 (희망 시 이동 가능)
역직	계속(역직 정년 없음)	변경 없음
기본급	정년 전과 동일	변경 없음
승급	없음	변경 없음
수당	정년 전과 동일	변경 없음
인사 고과	정년 전과 동일	변경 없음
퇴직금	계속고용 종료 시 지급	퇴직 시 지급
근로시간	풀타임 근무 (단시간, 단일근무 가능)	희망지 우선 (단시간, 단일근무 가능)
배치 전환	원칙적으로 없음	본인 희망 우선(계속, 이동)

한편, 이 회사는 오랫동안 축적해 온 경험과 기술을 활용하기 위해 고령 직원의 작업은 지금까지 담당하고 있는 작업을 계속하게 하고 있다. 그리고 그간 축적해 온 경험이나 지식을 효과적으로 살리기 위

해 특별지원 학교나 각종 전문학교 출신 신입 사원이나 젊은 사원들의 육성을 담당시키고 있다.

고령 직원들이 일하기 쉬운 작업 환경의 정비에도 노력하고 있다. 예를 들어, 피아노 공방 부문에서는 작업 공간에 개인 전용 부스를 설치해 이곳에 필요한 공구류와 소모 부품을 모아서 쓸데없는 보행과 체력 소모를 줄였고, 공방 내의 천장 조명을 LED화함으로써 작업 효율의 향상과 눈의 부담을 경감시켜 주었다. 아울러 트레이닝룸 설치 등 건강관리와 안전위생 측면에서도 다양한 대처를 하고 있다.

다. 운영 성과 및 향후 과제

현재 회사에서 근무하는 고령 종업원의 대부분은 피아노 공방 부문, 창고 내 피아노 이동 부문에서 청소·수리 업무나 피아노의 적재 등에 종사하고 있다. 향후는 관악기의 평가·매입·운반 업무를 소관하는 영업 부문의 종업 직원의 고령화가 진행되기 때문에, 동 부문의 직원이 계속해서 사내의 다른 부문에서 오랫동안 일할 수 있는 직무를 개발할 필요가 있다.

[사례 2] 글로리아[49]

특징 요약	팀워크를 통해 고령자가 오랫동안 일할 수 있는 직장 환경을 정비
제도 핵심	- 정년제 폐지에도 불구하고 처우는 퇴직 시까지 정년 전 제도를 계속 - 연수센터를 설치하여 고령자가 기술지도원으로 활약 - 작업 공정 세분화 및 작업 기구 개발로 작업 부담을 경감

---

49) 高齡·障害·求職者雇用支援機構(2022), 70歳雇用推進事例集, pp.29-32.

가. 회사 개요

기업 소개	창업: 1960년 업종: 섬유 제조업 종업원 수: 93명(2021년 현재) 소재지: 지바현

글로리아 주식회사는 1960년에 창업한 유니폼 전문 제조업체로 이 분야에서는 일본 내 높은 점유율을 자랑한다. 종업원 수는 2021년 4월 현재 93명으로 평균연령은 45세이고 60세 이상 자는 28명이다. 제조 부문에서는 직종별(봉제공, 재단공, 재단원 견습, 보전 업무 견습, 프레스 마무리)로 수시로 채용하고, 제조 이외 부문(총무, 영업, 품질보증)에서는 중도 채용으로 결원을 보충한다.

나. 제도 내용

(1) 배경

이 회사는 2016년 10월까지 2011년부터 실시한 70세 정년제를 유지하고 있었다. 제조 부문의 주력 종업원의 고령화가 진행되면서 경험과 스킬을 가진 직원들이 희망하는 한 오랫동안 일할 수 있는 환경을 정비할 필요가 있었다. 이를 위해 회사는 2016년 11월에 정년제를 폐지했다.

〈그림 3-5〉 글로리아의 제도 변경 개요

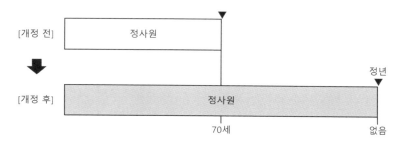

(2) 제도 개선 내용

고용 제도가 개정되기 전의 인사 제도를 살펴보자. 역직은 부장-과장-반장의 3랭크로 구성된다. 회사는 역직 정년을 실시하지 않았지만 65세가 된 직원이 역직을 내려놓고 요구를 하면 고용 형태를 파트 사원으로 전환해 업무를 바꾸어 준다.

이 회사의 월례급은 기본급과 직무 수당, 통근수당 등 제수당으로 구성된다. 기본급은 연령, 경험, 기능, 직무 수행 능력, 협조성 등을 바탕으로 정해지는 이른바 종합 결정급이다. 중도 채용자의 초봉은 임금표를 두지 않고 본인의 경력과 전직 급여 수준 등을 토대로 개별적으로 정하고 있다. 승급은 정년까지 이루어진다.

직무 수당은 직종별, 작업 공정별 숙련도(숙득도)에 따라 결정되는 임금이다. 제조 부문 이외에는 일정액이 지급되지만, 제조 부문은 과별로 복수 등급의 지급액이 설정되어 있다. 상여금은 '기본급×계수'로 결정되는데, 계수는 임직원의 업무일지 등을 기초로 임원회에서 정해진 일정 비율이 적용된다. 퇴직금은 중소기업 퇴직금 공제 제도를 이용해 지급된다.

정직원이 파트타임으로 전환한 경우에 기본급은 시급제, 상여는 일정 고정금액이 지급된다.

고용 제도가 개정되어 정년제가 폐지된 이후에 대해 살펴보자. 정년제가 폐지된 이후에도 인사 제도의 변경은 전혀 없었다. 퇴직금도 퇴직할 때까지 계속 적립된다.

물론 고령 종업원 전력화를 도모하기 위해 몇 가지 중요한 대책을 강구하였다.

첫째, 2018년에 연수센터를 설립하고 고령 종업원에 의한 기술·기능의 전승을 체계화하고 유니폼 제조 부문의 기술·기능의 매뉴얼화를 하였다.

둘째, 품질 안정화를 위해 작업 공정의 세분화, 작업용기계·기구의 개발, LED 조명의 도입, 제품이동 대차의 설치, 동선의 단축을 하였다.

다. 운영 성과 및 향후 과제

이 회사는 고령 종업원이 오랫동안 일할 수 있는 작업장 환경의 정비를 경영 과제로 내세우고, 팀워크로 작업 환경을 개선해 왔다. 그러나 종업원의 평균연령이 계속 올라가고 있기 때문에, 향후에는 제조 업무를 담당하는 젊은 종업원의 확보가 중요한 과제가 되고 있다.

[사례 3] 플로이드[50]

특징 요약	고령 직원 역할은 지도하고 상담받을 수 있는 교육자
제도 핵심	– 고령자는 외국인 직원의 생활상담과 일본어 교육 – IT기기 및 QR코드, 기계화로 고령자의 작업 시 부담을 경감 – 고령자의 컨디션이나 형편에 따라 근무시간을 유연화

가. 회사 개요

기업 소개	창업: 2002년 업종: 사회복지 및 개호사업 종업원 수: 60명(2021년 현재) 소재지: 아이치현

---

50) 高齢·障害·求職者雇用支援機構(2022), 70歳雇用推進事例集, pp.21-24.

주식회사 플로이드는 2002년에 '모든 사람의 미소를 목표로 한다'를 경영이념으로 하는 유한회사로서 주거형 유료 홈, 거택형 개호지원, 방문개호를 하고 있다. 종업원은 60명인데, 평균연령은 50.0세이고 60세 이상이 16명이다. 직종별로는 간호직 4명, 사무직 3명, 시설직 1명, 그 이외에는 모두 개호직이다.

나. 제도 내용

(1) 배경

　플로이드는 2017년에 정년을 60세에서 70세로 연장했다. 당시 60세 정년 후에도 계속고용되는 고령 종업원은 많았고 직무도 정년 전과 같았기 때문이다.

　정년연장 이후에도 고령 종업원은 70세 이후에도 계속 일하고 싶다는 요구가 많았고 회사도 이들이 필요하였다. 이에 따라 2019년에 정년을 폐지하였다.

(2) 제도 개선 내용

　플로이드의 임금은 기본급과 직능급과 제수당으로 이루어진다. 임금의 약 3/4을 차지하는 기본급은 연공을 반영하고 있고 60세까지 승급한다. 그 후에도 약간의 승급이 이어진다. 승급은 연 1회 이루어진다. 임금의 약 1/4을 차지하는 직능급은 직업능력평가 제도에 의한 평가에 근거하여 결정된다. 평가는 '입욕개호 시의 샤워 온도가 적절한가' 등 업무에 밀접한 170개 이상의 항목으로 이루어진다. 본인과 관리자가 평가하고 결과는 승급과 상여금에 반영된다. 상여금은 연 3회(봄, 여름, 겨울) 지급된다.

또한 희망자는 70세까지 확정급여형 기업연금에 가입할 수 있고, 회사가 일정액을 보조하고 있다. 퇴직금은 70세까지만 가입할 수 있다.

한편, 이 회사에서는 60세 이상의 파트 종업원은 컨디션이나 개인의 사정에 따라 단시간 근무를 선택할 수 있다. 개인의 컨디션이나 요망에 따라 유연하게 설정하고 있다. 단시간 근무제는 육아 세대가 빠지는 시간에 고령 세대가 근무하는 세대간 연계 근무를 편성하는데 유용하다.

그리고 고령 종업원을 위한 작업 환경 개선에도 노력하고 있다. 고령 종업원의 주업무인 시설 이용자의 혈압·체온·산소 포화도 등의 측정과 기록을 수월하게 하도록 태블릿에 의한 측정과 자동 입력으로 전환했다. 또한, 리프트 목욕 장치를 도입해 입욕조의 신체적 부담을 줄이고 이용자의 안전한 입욕을 가능하게 했다.

(3) 운영 성과 및 향후 과제

플로이드는 인력 부족에 시달리고 있다. 그리고 고령 직원이 가진 가치의 높이를 인식하고 있다. 그들은 인생 경험도 풍부하고 성실하고 일에 책임감도 강하다. 회사는 현장개호 업무에서 그들을 계속 활용한다는 방침이다.

아울러 향후에는 고령 직원의 역할을 젊은 직원 및 외국인 직원을 '지도'하고 '상담'을 하는 역할로 확대하여 그들에게 지도 및 상담기법 연수 기회를 제공할 계획이다.

[사례 4] 니시지마(西島)[51]

특징 요약	정년 없이 스스로 은퇴를 결정할 때까지 정규직으로 일할 수 있는 회사
제도 핵심	- 60세나 70세를 넘어도 심화되는 직원 기술력이 회사 경쟁력 원천 - 관리직은 청장년을 등용하고, 50대에 자리에서 물러나 '장인'으로 　현장에 전념

가. 회사 개요

기업 소개	창업: 1924년 업종: 생산기계 제조업 종업원 수: 139명(2022년 현재) 소재지: 아이치현

니시지마 주식회사는 1924년 경운기 등의 발동기를 제조하는 '니시지마 철공소'로 창업했다. 그런데 공구보다도 공구를 제조하는 기계(선반이나 공작기)에 주력하는 것이 기업 성장에 유리해짐에 따라 공작기 전문 제조업으로 변신하고 1998년에 현재 사명으로 변경하였다. 2002년에는 그간 쌓은 정밀가공 기술과 노하우를 응용하여 인공무릎관절의 제조 부문에 진출하였다. 종업원 수는 139명이고 평균연령은 41.8세이고 60세 이상은 20명이다.

나. 제도 내용
(1) 배경

니시지마의 경영이념은 '일류의 제품은 일류의 인격으로부터'이고, 경영 방침은 '정년 없음, 학력 관계 없음, 기술에 한계 없음'이다.

제조 부문의 직원은 숙련 기능과 기술 외에도 응용력이 요구된다.

---

51) 高齡·障害·求職者雇用支援機構(2023), 70歳雇用推進事例集, pp.41-43.

베테랑 직원의 종합 능력은 장기간에 걸쳐 길러지고 심화된다. 정년제 폐지를 통해 직원들이 고용과 생활 보장이 되어 불안이 없이 직무에 전념해 일생에 걸쳐 기능이나 기술을 높일 수 있다.

이 회사는 1990년대 중반의 버블 경제 붕괴 시 주요 고객이었던 자동차 업계로부터의 수주가 급감하면서 큰 위기에 처했다. 이 시기에 국화재배자 농업단체로부터 상자 포장을 모두 자동화하는 자동선화기의 개발을 수주하였다. 당시 60세대 사원들이 모여 그들의 경험과 노하우를 바탕으로 그 기계를 개발했다. 이 일을 계기로 이 회사는 고령 사원의 필요성을 절감하고 1995년에 정년 폐지를 정식으로 표명하였다. 현재 이 회사의 사원의 최고령은 80세이다. 정년이 없어서 직원은 자신의 판단으로 은퇴를 결정한다.

(2) 제도 개선 내용

이 회사의 모든 직원은 은퇴할 때까지 정규직이며 촉탁이나 재고용으로 신분이 바뀌지 않는다. 회사의 임금체계는 기본급과 제수당으로 이루어진다. 기본급은 연공을 기본으로 하는데 50대부터 연공적 자동 승급은 멈추고 업적에 따라 승급이 결정된다.

정년이 없는 이 회사에는 퇴직금 제도가 없다. 퇴직금은 없지만, 역직 정년으로 50대에는 직책을 내려 놓지만 임금 수준이 저하되지 않기 때문에 평생임금은 후한 수준이다.

현장으로 돌아온 베테랑은 '장인'으로서 제조의 최일선에서 본래의 직무를 수행할 뿐만 아니라, 자신의 노하우를 매뉴얼화하거나 후진의 지도에도 참여한다.

이 회사에서는 인사 고과를 연 2회 실시한다. 인물(인간성)과 능력(기술력)의 2개를 기준으로 '상대의 입장에 서서 행동했는가', '부하의 성장에 노력했는가' 등 20수 항목으로 평가한다. 평가 방법은 우선 본인 평가를 실시하고 사장 평가를 포함한 상사 평가의 7단계로 절대평가를 한다. 평가의 관점은 '목표한 역할을 완수했는가', '반년 전의 자신과 비교해 올해 얼마나 성장했는가'이다.

이 회사에서 근무하는 베테랑 사원은 원칙적으로 출장이나 잔업, 야근을 하지 않는다. 체력적 부담이 걸리는 사건에서 벗어나 현장 일에만 전념시키기 때문이다.

정년제가 없어서 50년 이상 재직하는 사원들이 있다. 그래서 이 회사는 근속 50년과 60년에 표창을 하고 각각 '50년 클럽'과 '60년 클럽'의 멤버로 등재시킨다.

다. 운영 성과 및 향후 과제

니시지마는 성별이나 국적, 연령뿐만 아니라 장애 여부에 관계없이 인력을 적극적으로 활용하고 있다. 이 회사는 다양한 사람들이 일하기 쉬운 시스템과 관행을 갖추고 있어서 고령자가 일하기 쉽다. 그리고 고령자도 언제까지나 일할 수 있는 회사이기 때문에, 평생에 걸쳐 커리어 형성을 하면서 기술력을 높이고 있다.

참고 문헌

〈국내 문헌〉

1. 고진수 외(2023), 고령 퇴직자 재취업 및 직업훈련 욕구조사, 고용노동부.
2. 고진수·김환일(2007), 임금피크제의 합리적 도입 방안과 정책과제, 한국경영자총협회.
3. 이강성·고진수(2006), 서울 지역 고령자 전용기업 설립 모형과 지원과제, 고용노동부.
4. 이강성·고진수(2009), 일본 기업의 고용창출형 워크세어링(work-sharing) 사례연구, 한국노동연구원부설 고성과작업장혁신센터.
5. 이강성·고진수(2013), 일본 기업의 고용연장과 임금조정 사례연구, 노사관계연구(제24권), 서울대.
6. 이강성·조봉순·김기태·고진수(2008), 일본 기업의 중고령자 인적자원관리 사례연구, 「중고령자 인적자원관리 연구」, 한국노동연구원.
7. 황기돈 외(2013), 장년근로자 업종별 적합 직무 개발을 위한 조사연구, 한국고용정보원.

〈일본 문헌〉

1. 高齢者雇用開發協會(2001), 雇用延長者の就勞實態と賃金等の處遇に關する調査研究.
2. 高齢·障害·求職者雇用(2007), 高齢者雇用の企業事例ベスト20.
3. 高齢·障害·求職者雇用支援機構(2016), 高齢社員の人事管理と展望―生涯現役に向けた人事戦略と雇用管理.
4. 高齢·障害·求職者雇用支援機構(2017), 65歳超雇用推進マニュアル.
5. 高齢·障害·求職者雇用支援機構(2018), 65歳超雇用推進事例集(2018年).
6. 高齢·障害·求職者雇用支援機構(2019), 65歳超雇用推進事例集(2019年).
7. 高齢·障害·求職者雇用支援機構(2020), 65歳超雇用推進事例集(2020年).
8. 高齢·障害·求職者雇用支援機構(2020), 70歳超雇用推進マニュアル.
9. 高齢·障害·求職者雇用支援機構(2021. 12), エルダー(No. 505).
10. 高齢·障害·求職者雇用支援機構(2022), 70歳超雇用推進事例集(2022年).
11. 高齢·障害·求職者雇用支援機構(2023), 70歳超雇用推進事例集(2023年).
12. 雇用振興協會 編(2001), 「60歳以上の雇用延長に伴う處遇上の課題」.
13. 廣田 薰(2004), 「65歳までの雇用延長制度導入と實務」, 日本法令.
14. 勞務行政研究所(2005), 「60歳超雇用制度設計と處遇の實務」.
15. 労務行政研究所編(2017), 定年後再雇用者の役割·延遇改善, 勞政時報第3929號.
16. 労務行政研究所編(2018), 65歳定年延長事例, 勞政時報第3960號.

17. 勞務行政研究所 編(2019), 65歲定年に向けた人事處遇制度の見直し實務.
18. 勞務行政研究所編(2021), 先進3社に見る65歲雇用への取り組み,勞政時報第4019號.
19. 藤本 眞(2011),「60歲 以降の勤續をめぐる實態」, 日本勞動研究雜誌(No. 616).
20. 藤原久嗣·新井通世(2007), 65歲雇用に向けた人事制度の設計プラン, 65歲 雇用時代の賃金·處遇管理, 産勞總合研究所.
21. 産勞總合研究所 編(2004),「定年65歲時代の中高齡者雇用活用マニュアル」, 經營書院.
22. 産勞總合研究所 編(2007),「65歲雇用時代の賃金·處遇管理」, 經營書院.
23. 産勞總合研究所(2015), 中高齡者雇用ハンドブック, 經營書院.
24. 三宮 寧(2022), 70歲就業時代高年齡者活用のポイント, 勞働調査會.
25. 三菱UFJサーチ&コンサルティング(2020), 65歲定年延長の戰略と實務, 日本經濟新聞出版社.
26. 森中謙介(2020), 人手不足を圓滑解決 現狀分析から始める再雇用·停年延長, 第一法規.
27. 涉谷康雄ㅊ·山田理審(2005), 65歲定年時代の高年齡者賃金最適設計ハンドブック, 日本法令.
28. 笹島芳雄(2000),「65歲への雇用延長と人事·賃金制度」, 勞働法令協會.
29. 伊藤實(2008),「日本における高年者雇用の政策と實態」, 日本勞働政策研究·研修機構.
30. 日本勞働研究機構(1999),「出向·轉籍の實態と展望」.
31. 日經連(1995), 新時代の日本的經營.
32. 田中丈夫(2005), 高齡社員を生かすキャリア開發の考え方と雇用制度整備のポイント,「60歲超雇用制度設計と處遇の實務」, 勞務行政研究所.
33. 樋口美雄(2002),「日本型ワークシェアリングの實踐」, 生産性出版.
34. パーソル総合研究所(2020.11), 企業のシニア人材マネジメントに関する実態調査.

〈서양 문헌〉

1. Alan Walker(1997), Combating age barriers in employment, European Fonudation.
2. Alan Walker and Philip Taylor(1998), Combating age barriers in employment – a european portfolio of good practice, European Fonudation.
3. Alan Walker(1998), Managing an ageing workforce – a guide to good practice, European Fonudation.
4. Australian Government(2018), Job Crafting Toolkit.
5. Australian Government(2023), Workforce planning guide.
6. Campion, M. A. et al.(2005), Work redesign, eight obstacles and opportunities, Human Resource Management(Vol. 44, No. 4), pp.367–390.
7. Canada Federal/Provincial/Territorial Minister Reponsible for Seniors(2012), Age-Friendly workforces: A Self-Assessment Tool for Employers.
8. EU(1997), Combating Age Barriers in Employment.
9. EU(1998), Managing An Ageing Wokkforce: a guide to good practice.
10. Fabisiak J., Prokurat S.(2012), Age Management as a Tool for the Demographic Decline in the 21st Century: An overview of its Characteristics, Journal of Entrepreneurship, Management and Innovation, Vol. 8(4), pp.83~96.
11. Gavin R. Slemp and Dianne Vella Brodrick(2013), job crafting questionnaire: A new scale to measure the extent to which employees engage in job crafting, International Journal of Wellbeing(Vol.3, No. 2), pp.126–146.
12. Justin M. Berg et. al.(2008), Job Crafting Exercise, Ross School of Business of Michigan University.
13. Lynda Gratton(2022), Redesigning work, The MIT Press.
14. Martochio, J. J.(2004), Strategic compensation, Eaglewood cliffs Prentice Hall.
15. Singapore National Employers Federation(2013), Age management toolkits.
16. Tims, M., & Bakker, A. B.(2010). Job crafting: Towards a new model of individual job redesign. South-African Journal of Industrial Psychology, 36, pp.1–9.
17. Tunga Kantarci & Arthur Van Scoest(2008), gradual retirement – preference and limitations.
18. Wrzesniewski, A., & Dutton, J. E.(2001). Crafting a job: Revisioning employees as active crafters of their work. Academy of management review, 26(2), 179-201.
19. Vijay Rawal et. al.(2000), A Life Course Approach to Health, WHO.